做一个理想的法律人

To be a Volljurist

法律人进阶译丛【案例研习】
李 昊／译丛主编

德国大学刑法案例辅导

司法考试备考卷·第二版

Fälle zum Strafrecht III
Klausurenkurs für Fortgeschrittene und Examenskandidaten, 2. Auflage

〔德〕埃里克·希尔根多夫／著
黄笑岩／译

北京大学出版社
PEKING UNIVERSITY PRESS

著作权合同登记号　图字：01-2018-0446

图书在版编目(CIP)数据

德国大学刑法案例辅导. 司法考试备考卷：第二版 / （德）埃里克·希尔根多夫著；黄笑岩译. —北京：北京大学出版社，2019.12

（法律人进阶译丛）

ISBN 978-7-301-30914-8

Ⅰ. ①德…　Ⅱ. ①埃… ②黄…　Ⅲ. ①刑法—案例—德国—高等学校—教学参考资料　Ⅳ. ①D951.64

中国版本图书馆 CIP 数据核字(2019)第 241954 号

Fälle zum Strafrecht III：Klausurenkurs für Fortgeschrittene und Examenskandidaten，2. Auflage，by Eric Hilgendorf

书　　名	德国大学刑法案例辅导（司法考试备考卷·第二版） DEGUO DAXUE XINGFA ANLI FUDAO（SIFA KAOSHI BEIKAO JUAN·DI-ER BAN）
著作责任者	〔德〕埃里克·希尔根多夫　著　黄笑岩　译
丛书策划	陆建华
责任编辑	陆建华　焦春玲
标准书号	ISBN 978-7-301-30914-8
出版发行	北京大学出版社
地　　址	北京市海淀区成府路 205 号　100871
网　　址	http://www.pup.cn　http://www.yandayuanzhao.com
电子信箱	yandayuanzhao@163.com
新浪微博	@北京大学出版社　@北大出版社燕大元照法律图书
电　　话	邮购部 010-62752015　发行部 010-62750672 编辑部 010-62117788
印 刷 者	三河市北燕印装有限公司
经 销 者	新华书店
	880 毫米×1230 毫米　32 开本　12.375 印张　267 千字 2019 年 12 月第 1 版　2020 年 3 月第 2 次印刷
定　　价	49.00 元

“法律人进阶译丛”编委会

主　编

李　昊

编委会

（按拼音排序）

班天可	陈大创	杜志浩	季红明	蒋　毅
李　俊	李世刚	刘　颖	陆建华	马强伟
申柳华	孙新宽	唐志威	夏昊晗	徐文海
查云飞	翟远见	张　静	张　挺	章　程

做一个理想的法律人（代译丛序）

近代中国的法学启蒙受之日本，而源于欧陆。无论是法律术语的移植、法典编纂的体例，还是法学教科书的撰写，都烙上了西方法学的深刻印记。即使中华人民共和国成立后兴盛了一段时期的苏俄法学，从概念到体系仍无法脱离西方法学的根基。20世纪70年代末，借助于我国台湾地区法律书籍的影印及后续的引入，以及诸多西方法学著作的大规模译介，我国重启的法制进程进一步受到西方法学的深刻影响。当前中国的法律体系可谓奠基于西方法学的概念和体系基础之上。

自20世纪90年代开始的大规模的法律译介，无论是江平先生挂帅的“外国法律文库”“美国法律文库”，抑或许章润、舒国滢先生领衔的“西方法哲学文库”，以及北京大学出版社的“世界法学译丛”、上海人民出版社的“世界法学名著译丛”，诸多种种，均注重于西方法哲学思想尤其是英美法学的引入，自有启蒙之功效。不过，或许囿于当时西欧小语种法律人才的稀缺，这些译丛相对忽略了以法律概念和体系建构见长的欧陆法学。弥补这一缺憾的重要转变，应当说始自米健教授主持的“当代德国法学名著”丛书和吴越教授主持的“德国法学教科书译丛”。以梅迪库斯教授的《德国民法总论》为开篇，德国法学擅长的体系建构之术和鞭辟入里的教义分析方法进入到了中国法学的视野，辅以崇尚德国法学的我国台湾地区法学教科书和专著的引入，德国法学在中国当前的法学教育和法学研究中的地位日益尊崇。然而，“当代德国法学名著”丛书虽然遴选了德国当代法学著述中的上乘之作，但囿于撷取名著的局限及外国专家的视角，丛书采用了学科分类的标准，而未区分注重体系层次的基础教科书与偏重思辨分析的学术专著，与戛然而止的“德国法学教科书译丛”一样，在基础教科书书目的选择上尚未能充分体现当代德国法学教育的整体面貌，是为缺憾。

职是之故，自2009年始，我在中国人民大学出版社策划了现今的“外国法学教科书精品译丛”，自2012年出版的德国畅销的布洛克斯和瓦尔克的《德国民法总论》（第33版）始，相继推出了韦斯特曼的《德国民法基本概念》（第16版）（增订版）、罗歇尔德斯的《德国债法总论》（第7版）、多伊奇和阿伦斯的《德国侵权法》（第5版）、慕斯拉克和豪的《德国民法概论》（第14版），并将继续推出一系列德国主流的教科书，涵盖了德国民商法的大部分领域。该译丛最初计划完整选取德国、法国、意大利、日本诸国的民商法基础教科书，以反映当今世界大陆法系主要国家的民商法教学的全貌，可惜译者人才梯队不足，目前仅纳入“日本侵权行为法”和“日本民法的争点”两个选题。

系统译介民商法之外的体系教科书的愿望在结识季红明、查云飞、蒋毅、陈大创、葛平亮、夏昊晗等诸多留德小友后得以实现，而凝聚之力源自对“法律人共同体”的共同推崇，以及对案例教学的热爱。德国法学教育最值得我国法学教育借鉴之处，当首推其“完全法律人”的培养理念，以及建立在法教义学基础上的以案例研习为主要内容的教学模式。这种法学教育模式将所学用于实践，在民法、公法和刑法三大领域通过模拟的案例分析培养学生体系化的法律思维方式，并体现在德国第一次国家司法考试中，进而借助于第二次国家司法考试之前的法律实训，使学生能够贯通理论和实践，形成稳定的“法律人共同体”。德国国际合作机构（GIZ）和国家法官学院合作的《法律适用方法》（涉及刑法、合同法、物权法、侵权法、劳动合同法、公司法、知识产权法等领域，由中国法制出版社出版）即是德国案例分析方法中国化的一种尝试。

基于共同创业的驱动，我们相继组建了“中德法教义学”QQ群，推出了“中德法教义学苑”微信公众号，并在《北航法律评论》2015年第1辑策划了“法教义学与法学教育”专题，发表了我们共同的行动纲领：《实践指向的法律人教育与案例分析——比较、反思、行动》（季红明、蒋毅、查云飞执笔）。2015年暑期，在谢立斌院长的积极推动下，中国政法大学中德法学院与德国国际合作机构法律咨询项目合作，邀请民法、公法和刑法三个领域的德国教授授课，成功地举办了第一届“德国法案例分析暑期班”并延续至今。2016年暑期，季红明和夏昊晗也积极策划并参与了由西南政法大学黄家镇副教授牵头、民商法学院举办的“请求权基础案例分析法课程”暑期培训班。2017年暑期，加盟中南财经政法大学法学院的“中德法教义学苑”团队，成功举办了“案例分析暑期培训班”，系统地在民法、公法和刑法三个领域以德国的鉴定式模式开展了案例分析教学。

中国法治的昌明端赖高素质法律人才的培养。如中国诸多深耕法学教育的启蒙者所认识的那样，理想的法学教育应当能够实现法科生法律知识的体系化，培养其运用法律技能解决实践问题的能力。基于对德国奠基于法教义学基础上的法学教育模式的赞同，本译丛期望通过德国基础法学教程尤其是案例研习方法的系统引入，能够循序渐进地从大学阶段培养法科学生的法律思维，训练其法律适用的技能，因此取名“法律人进阶译丛”。

本译丛从法律人培养的阶段划分入手，细分为五个子系列：

——法学启蒙。本子系列主要引介关于法律学习方法的工具书，旨在引导学生有效地进行法学入门学习，成为一名合格的法科生，并对未来的法律职场有一个初步的认识。

——法学基础。本子系列对应于德国法学教育的基础阶段，注重民法、刑法、公法三大部门法基础教程的引入，让学生在三大部门法领域能够建立起系统的知识体系，同时也注重增加学生在法理学、法律史和法学方法等基础学科上的知识储备。

——法学拓展。本子系列对应于德国法学教育的重点阶段，旨在让学生能够在三大部门法的基础上对法学的交叉领域和前沿领域，诸如诉讼法、公司法、劳动法、医疗法、网络法、工程法、金融法、欧盟法、比较法等有进一步的知识拓展。

——案例研习。本子系列与法学基础和法学拓展子系列相配套，通过引入德国的鉴定式案例分析方法，引导学生运用基础的法学知识，解决模拟案例，由此养成良好的法律思维模式，为步入法律职场奠定基础。

——经典阅读。本子系列着重遴选法学领域的经典著作和大型教科书（Grosse Lehrbücher），旨在培养学生深入思考法学基本问题及辨法析理之能力。

我们希望本译丛能够为中国未来法学教育的转型提供一种可行的思路，期冀更多法律人共同参与，培养具有严谨法律思维和较强法律适用能力的新一代法律人，建构法律人共同体。

虽然本译丛先期以德国法学教程和著述的择取为代表，但并不以德国法独尊，而注重以全球化的视角，实现对主要法治国家法律基础教科书和经典著作的系统引入，包括日本法、意大利法、法国法、荷兰法、英美法等，使之能够在同一舞台上进行自我展示和竞争。这也是引介本译丛的另一个初衷。通过不同法系的比较，取法各家，吸其所长。也希望借助于本译丛的出版，展示近二十年来中国留学海外的法学人才梯队的更新，并借助于新生力量，在既有译丛积累的丰富经验基础上，逐步实现对外国法专有术语译法的相对统一。

本译丛的开启和推动离不开诸多青年法律人的共同努力，在这个翻译难以纳入学术评价体系的时代，没有诸多富有热情的年轻译者的加入和投入，译丛自然无法顺利完成。在此，要特别感谢积极参与本译丛策划的季红明、查云飞、蒋毅、陈大创、黄河、葛平亮、杜如益、王剑一、申柳华、薛启明、曾见、姜龙、朱军、汤葆青、刘志阳、杜志浩、金健、胡强芝、孙文、唐志威（留德）、王冷然、张挺、班天可、章程、徐文海、王融擎（留日）、翟远见、李俊、肖俊、张晓勇（留意）、李世刚、金伏海、刘骏（留法）、张静（留荷）等诸位年轻学友和才俊。还要特别感谢德国奥格斯堡大学法学院的托马斯·M. J. 默勒斯（Thomas M. J. Möllers）教授慨然应允并资助其著作的出版。

本译丛的出版还要感谢北京大学出版社副总编辑蒋浩先生和策划编辑陆建华先生，没有他们的大力支持和努力，本译丛众多选题的通过和版权的取得将无法达成。同时，本译丛部分图书得到中南财经政法大学法学院徐涤宇院长大力资助。

在系统引介西方法律的法典化进程之后，将是一个立足于本土化、将理论与实务相结合的新时代。在这个时代，中国法律人不仅需要怀抱法治理想，更需要具备专业化的法律实践能力，能够直面本土问题，发挥专业素养，推动中国的法治实践。这也是中国未来的“法律人共同体”面临的历史重任。本译丛能预此大流，当幸甚焉。

李　昊

2018年12月

中文版序

短短四十年间，中国在经济和社会领域取得的全面成就，足以使世界各国为之惊讶和钦佩。不容忽视的是，中国在法治建设方面亦取得了长足进步。20世纪70年代初期，中国的法律制度还不完善；中国现代的法律制度是从20世纪70年代末期逐步发展起来的。显然，相较于盎格鲁–撒克逊判例法，大陆法系对中国法律制度的影响更为深远。

德国刑法的体系思维深深地影响了中国刑法，尤其是德国刑法总论的诸多组成元素为中国刑法所吸收和接纳。相对而言，德国刑法分论对中国学界的影响还较微弱，其间或许有历史、文化和政治的原因。不过，对于刑法分论的研究，每个国家都须找到一条适合自己的道路，当然这并不排斥与其他国家的经验交流和互相学习。

中国对德国刑法教义学的了解和研究已达到了新的高度，德国和中国的刑法学者已然可以互通有无地进行学术讨论。于2011年成立的中德刑法学者联合会（der Chinesisch-Deutsche Strafrechtslehrerverband）的任务在于促进中德两国刑法学者的学术交流。联合会已成立近八年，并举办了四次学术会议，两国刑法学者经常在会议中碰撞出思想的火花，可以说学术交流的目的已基本实现，我们期待它继续成功地举办下去。

目前在理论探讨之外，还应重视具体的法律适用。刑法理论本身不是目的，它是要为司法实践服务的。如此是为了控制甚至避免法官恣意适用刑法。背后的理念是，法律适用应严守立法者制定的法律规则。

在德国，法律专业的大学生从第一学期就开始学习解析案例的方法。法学教育和司法实践紧密相连。本案例集最早可回溯到1993年，从2010年开始以三卷案例集（新生卷、进阶卷、司法考试备考卷）的形式在德国出版。书中详尽收录了在德国法学教育中富有讨论价值的刑法案例，展现了案例解析的结构，并为学生提供了练习的机会。这三卷案例集，可使读者独立掌握在法治国框架内解析刑法案例的方法。

这三卷案例集能被翻译为中文并在中国出版，于我是莫大的荣誉。希望通过这三卷案例集的中译本，为中国的刑法发展贡献一份绵薄之力。希望读者开卷有益！

埃里克·希尔根多夫

2019年6月11日于法伊茨赫希海姆寓所

目录 | Contents

案例 1：生死临界 …………………………………………… 001
［不作为的故意杀人罪；受嘱托杀人罪；遗弃罪；不进行救助罪；界定作为与不作为；不作为犯罪的期待可能性；保证人地位；同意；阻却违法的紧急避险］

案例 2：司法考试的试卷 ………………………………… 025
［制作不真实的文书（文书的概念、文书的真实性、思想性理论）；变造真实的文书；使用不真实的文书、变造的文书；扣压文书罪；诈骗罪；侵占罪］

案例 3：老虎机 ……………………………………………… 049
［盗窃罪；侵占罪（财物的他主性）；骗取给付罪；计算机诈骗罪（数据概念、使用数据、未经授权使用数据）］

案例 4：逃亡之旅 …………………………………………… 066
［抗拒执行公务之官员罪；过失杀人罪；侵害道路交通罪；危害道路交通罪（与酒精相关的无能力驾驶、错误超车）；归责；竞合］

案例 5：原告的证人 ……………………………………… 092
［虚伪宣誓罪（虚假陈述的概念）；剥夺他人自由罪；强制罪；投放毒物；阻却违法的紧急避险；界定教唆犯与共同正犯］

案例 6：遗产风云 …………………………………………… 117
［盗窃罪；侵占罪；背信罪；诈骗罪；窝赃罪；未遂；间接正犯］

案例 7：混乱的百货商场 …………………………………… 143
［盗窃罪（占有飞地、望风）；抢劫性盗窃罪；严重抢劫罪；损坏财物罪；扣压文书罪；危险伤害罪；共同正犯］

案例 8：不在场证明 ………………………………………… 175
［未经宣誓的虚假陈述罪；虚假陈述罪的教唆犯；不作为的虚假陈述罪的帮助犯；诱骗他人作虚假陈述罪；具有紧急避险性质的陈述；强制罪；阻挠刑罚罪］

案例 9：药品商店的火灾 …………………………………… 196
［抢劫性敲诈勒索罪；抢劫性敲诈勒索罪未遂；纵火犯罪；主动悔罪；保险滥用罪；保险诈骗］

案例 10：退休的警察 ……………………………………… 216
［入室盗窃罪；诈骗罪；合意/同意；(假想的)共同正犯；间接正犯；未遂（直接着手）；教唆犯；容许构成要件错误］

案例 11：儿童绑架案 ……………………………………… 239
［刑讯逼供罪；伤害罪；未经宣誓的虚假陈述罪；诱骗他人作虚假陈述罪；阻挠执行；教唆犯；未遂(直接着手)；违法阻却事由］

案例 12：借记卡专家 ……………………………………… 264
［盗窃罪；侵占罪；背信罪；计算机诈骗罪；滥用支票卡和信用卡罪；伪造文书罪；扣压文书罪；扣压数据；窥探数据罪］

案例 13："荣誉谋杀" ……………………………………… 292
［德国刑法中的其他价值观；谋杀罪；伤害罪；侮辱罪；强制罪；剥夺他人自由罪；教唆犯］

案例1：生死临界

关键词：不作为的故意杀人罪；受嘱托杀人罪；遗弃罪；不进行救助罪；界定作为与不作为；不作为犯罪的期待可能性；保证人地位；同意；阻却违法的紧急避险

难　度：中等

一、案情

三位重伤患者X、Y、Z被送到了一家乡下医院。三人由于身负同等重伤，因此都需要使用呼吸机，然而这家医院因为条件有限只有两台呼吸机。X、Y、Z都有相同的存活概率。负责治疗的主治医生A决定将两台呼吸机给年纪更轻的两位重伤患者X、Y使用，而将Z尽快转到附近另一家有呼吸机的医院去救治。Z在转院途中死亡。

几天之后，医院对Y的病情无计可施。在A向Y详细解释了他的情况后，意识清醒的Y和他的亲属经过商量请求A关掉呼吸机。A满足了他的愿望。Y随即死亡。

医院同样对X的病情也无计可施。A给X使用了强效镇痛药。然而，这种药物会缩短X本就所剩无几的存活时间。此外，镇痛药物缓解X疼痛的时间越来越短。最终，意识清醒的X请求照顾他的护士S解除他的痛苦。一开始，S对此严词拒绝。然而几天之后，S给已经不记得自己有求死念头的X注射了致死的药剂。

试问A、S的刑事可罚性？

二、分析提纲

（一）第一组行为：对Z不予医治 …… 1

1. 不作为的故意杀人罪，《德国刑法典》第212条第1款、第13条 …… 1

a) 构成要件 …… 2

aa) 客观构成要件 …… 2

① 未实施被要求且可期待的救助行为 …… 2

② 保证人地位 …… 6

③ 等价条款 …… 10

bb) 主观构成要件 …… 11

b) 违法性 …… 12

c) 结论 …… 15

2.《德国刑法典》第323c条、第221条第1款 …… 17

3. 对第一组行为的结论 …… 18

（二）第二组行为：Y的死亡 …… 19

1. 受嘱托杀人罪，《德国刑法典》第216条 …… 19

a) 构成要件 …… 20

b) 结论 …… 24

2. 不作为的受嘱托杀人罪，《德国刑法典》第216条、第13条 …… 25

a) 构成要件 …… 26

aa) 因果关系 …… 27
bb) 期待可能性 …… 28
cc) 保证人地位 …… 29
b) 结论 …… 31
3. 不进行救助罪,《德国刑法典》第323c条 …… 32

（三）第三组行为：X的死亡 …… 33

1. A的刑事可罚性 …… 33
a) 故意杀人罪,《德国刑法典》第212条 …… 33
b) 故意杀人罪未遂,《德国刑法典》第212条、第22条、第23条 …… 34
aa) 预先检验 …… 35
bb) 行为决意 …… 36
cc) 直接着手 …… 38
dd) 违法性 …… 39
① 阻却违法的同意 …… 40
② 阻却违法的紧急避险 …… 42
(a) 避险情势 …… 43
(b) 避险行为 …… 44
(c) 利益衡量 …… 45
ee) 结论 …… 52
2. S的刑事可罚性 …… 53
a) 受嘱托杀人罪,《德国刑法典》第216条 …… 53
aa) 客观构成要件 …… 54
bb) 主观构成要件 …… 55

三、案情分析

（一）第一组行为：对Z不予医治

1. 不作为的故意杀人罪，《德国刑法典》第212条第1款、第13条

1 A没有给Z使用呼吸机，涉嫌触犯《德国刑法典》第212条第1款、第13条的规定，可能构成不作为的故意杀人罪。

提示：这里界定作为与不作为[①]毫无问题，所以不用进行特别阐述。

a) 构成要件

aa) 客观构成要件

① 未实施被要求且可期待的救助行为

2 A没有给Z使用呼吸机，这种不作为与Z的死亡结果之间存在因果关系，设想若存在这个法律上要求的行为，则构成要件结果以几近确定的概率不会发生。而且，给Z使用呼吸机对于A而言并不困难。

提示：在这里，先不需要考虑不可能给三位重伤患者同时使用呼吸机的情况。这将在期待可能性以及阻却违法的义务冲

① 对此也可参见*Kühl* AT §18 Rn. 13 ff.

突（rechtfertigende Pflichtenkollision）的范围内进行讨论。

3 问题在于，A将Z转入附近医院的行为能否算作履行作为义务。反对意见认为，在这个案件中，对Z使用呼吸机进行抢救十分必要。当然转院也是为了抢救Z，然而这并不是实现抢救目的最合适的手段。

4 接下来的问题在于，能否期待[①]A给Z使用呼吸机，因为这样一来，他必须牺牲X和Y其中一人。可将期待可能性作为规制原则（regulatives Prinzip）来理解，它在不作为犯罪中已经限定了作为义务。[②]这种对期待可能性的特殊定位可参见《德国刑法典》第323c条。立法者将期待可能性明确列入这个真正不作为犯的构成要件之中。

5 然而使人怀疑的是，"期待可能性"的概念极其模糊，许多不同的因素都被涵摄其中，特别是那些在作为犯中需要在违法性层面或者在罪责层面被检验的因素。因此，为了不使刑法评价阶层的结构消弭，需要对此进行严格解释。[③]如果一个行为会严重损害行为人自身的利益，对此行为则无期待可能性。本案中，对Z使用呼吸机首先并不涉及A自身的利益，而是涉及X和Y的利益。在此，A的刑事可罚性并不因救助行为的期待可能性而得以排除。[④]A未实施被要求且可期待的救助行为，并且导致

---

① *Fischer* § 13 Rn. 81。依照其他观点，不真正不作为犯要在罪责层面检验期待可能性，参见本页脚注③。

② *BGH* JR 1994, 510; Fischer § 13 Rn. 80 ff.; *Lackner/Kühl* § 13 Rn. 5; Schönke/Schröder/*Stree/Bosch* Vor § 13 Rn. 155附有进一步的明证。

③ 此外通说认为，期待可能性在作为犯中要归入罪责层面。参见LK/*Hirsch* Vor § 32 Rn. 194 ff.; *Baumann/Weber/Mitsch* AT § 15 Rn. 19; *Kühl* AT § 18 Rn. 33; *Wessels/Beulke/Satzger* AT Rn. 1040。

④ 在这一点上用相应的论证也可主张其他结论。

了Z的死亡。

② 保证人地位

6 此外，A必须是Z生命的保证人。依据《德国刑法典》第13条第1款第1子句的规定，在不作为犯罪中，行为人必须负有依法保证损害结果不发生的义务。由此就出现了行为人的保证人地位问题：并不是每个人都有义务避免结果的发生，必须是负有特别的法律义务，即保证人义务的人。

7 依照传统学说[①]，保证人地位具有四个形成理由，即法律明文规定、合同、密切的私人关系以及危险前行为［先行行为（Ingerenz）］。现代学说[②]从保证人地位的实质来源出发，将其分为监督型保证人（Sicherungsgaranten）和保护型保证人（Obhutsgaranten）。

8 监督型保证人义务源于由自身引起的或者由其所负责之物或人引起的危险。[③] 本案中，A对Z不负有此种义务。

9 不过，A可能是Z的保护型保证人。此类保证人义务源于自然的紧密关系（natürliche Verbundenheit）、共同体关系（Gemeinschaftsbeziehungen）或者自愿承担保护义务。本案中，Z被送进医院，保护义务在（医疗）合同[④]的范围内出于自愿承担而形成。A自然就是保护型保证人。

提示：前提是A在事实上接管了Z的治疗。如果假设A在医

① *Lackner/Kühl* § 13 Rn. 7–11.

② *Jescheck/Weigend* AT S. 621; Schönke/Schröder/*Stree/Bosch* § 13 Rn. 9 ff. 附有进一步的明证。

③ 详见 *Hilgendorf/Valerius* AT § 11 Rn. 54 ff.

④ *Wessels/Beulke/Satzger* AT Rn. 1010 ff. 附有进一步的明证。即便从《德国民法典》第630a条中也不会得出其他结论（2013年《德国民法典》修改时将医疗合同进行了规范解释并将其纳入服务合同法之下）。

院门外拒绝治疗Z，那么他就不具有保证人地位，可以依据《德国刑法典》第323c条的规定对A进行处罚。需要注意的是，仅从A的医生职业不能推导出保证人地位。[①]

③ 等价条款

进一步需要满足的前提是，由不作为实现的法定构成要件要与由作为实现该构成要件具有等价性（《德国刑法典》第13条第1款第2子句）。这个等价条款（Entsprechungsklausel）只针对行为定式犯（verhaltensgebundene Delikte），不针对像《德国刑法典》第212条这样的结果犯。[②] 10

bb) 主观构成要件

《德国刑法典》第212条、第13条规定的主观构成要件需要对所有客观构成要件要素具有故意（《德国刑法典》第15条）。A在将Z转院时明知他在做什么，也能够预见Z会死亡，因此A具有间接故意。 11

b) 违法性

进一步需要检验的是，A的行为是否具有违法性。这里可能存在阻却违法的义务冲突，即行为人身负多重法律上的作为义务而无法兼顾，如果他满足其中一个作为义务，则必须以其他作为义务为代价，也就是必须违反另一个作为义务。 12

A不仅有义务治疗Z，也有义务治疗X和Y。然而，A只能给三位重伤患者中的两位使用挽救生命的呼吸机。A不可避免地陷入了必须违反一个作为义务的境地。这就是阻却违法的义 13

① 值班医生的情形与此不同，参见*Kühl* AT § 18 Rn. 73 f.; Schönke/Schröder/*Stree/Bosch* § 13 Rn. 28a附有进一步的明证。

② *Kühl* AT § 18 Rn. 122 ff.

务冲突的基本结构。当行为人面对数个同等义务的冲突且无法通过其他方法解决时，只要他竭尽所能满足作为义务，即使他必然不能满足所有义务，其行为也不违法。① 本案中，A给重伤患者X和Y使用了呼吸机。因为没有第三台呼吸机可供使用，他必须将Z转院。这已经符合阻却违法的义务冲突的前提。

14 问题在于，是否允许A只将Z转院。X、Y、Z都有同等的存活机会。A决定将Z转院是因为他是三人中最年长的。就这一点而言会使人产生质疑，因为法秩序并不会出于病情、较大的年纪或者其他原因承认存在“更低价值的”生命。② 另外需要衡量的是，如果医生处于像本案这样的极端决定困境，人们会希望他有义务列出所有被容许的与做出决定相关的因素，并将其抽象地确定为一个衡量目录（Abwägungskatalog）。这种考量的实际意义在于对医生裁量权的监督，保证医生的最终决定可以为法秩序所接受，只要医生的决定不与专业判断明显相悖③，即不具有恣意性。④ 本案中并不存在明显的裁量不当。

c)结论

15 由此存在阻却违法的义务冲突。A的行为并不违法。

16 A不构成《德国刑法典》第212条、第13条规定的不作为的故意杀人罪。

---

① *Wessels/Beulke/Satzger* AT Rn. 1035 ff. 的典型案例中只有两种作为义务相冲突。如果这两种作为义务的位阶不同，行为人为履行更高位阶的作为义务而违反较低位阶的作为义务，同时符合阻却违法的义务冲突的其他前提，其行为就不违法。

② 参见*Lackner/Kühl* Vor § 211 Rn. 5; 概括参见*Küper* JuS 1981, 785。二者附有进一步的明证。

③ 在此与决定相关的因素主要为医学—生物因素。

④ 详见*Auer/Menzel/Eser* S. 134; LK/*Jähnke* Vor § 211 Rn. 19。

2.《德国刑法典》第323c条、第221条第1款

同理，A也不构成《德国刑法典》第323c条规定的不进行救助罪、第221条规定的遗弃罪。 17

提示：显然出于同样的理由不构成以上罪名，在此不需要一一详述。

3.对第一组行为的结论

A无罪。 18

（二）第二组行为：Y的死亡

1.受嘱托杀人罪，《德国刑法典》第216条

A为了满足Y的愿望而关掉呼吸机，涉嫌触犯《德国刑法典》第216条的规定，可能构成受嘱托杀人罪。 19

a)构成要件

符合构成要件的结果已然出现，即Y在关掉呼吸机后死亡。问题在于，这里对A进行谴责是因其积极作为还是不作为。如果分离出来观察，关掉呼吸机的行为是A意志支配下的积极行为，即作为。[①] 相反，如果考虑行为意义，则可以将其认定为中断治疗，即对进一步治疗的不作为。对这种情形如何处理，理论和判例存在争论[②]： 20

第一组意见认为应取决于能量投入（Energieeinsatz）的重 21

① 可参考第三人潜入病房关掉呼吸机的情形，这里只能视为积极作为。

② 德国联邦最高法院2010年在BGHSt 55, 191一案中合理地确定了中断治疗除了是对继续治疗的不作为之外，也包括积极要素。中断治疗的刑事可罚性或者不可罚性不应取决于作为与不作为的界定，而应取决于病患意思。教义学上对于作为和不作为的界定在此不受影响，而中断治疗究竟可罚还是不可罚，其结果须得根据作为犯或不作为犯各自的规则得出。

点位于何处。① 如果依据这一标准，应当认定此处是作为。然而能量投入并不能被足够准确地测量，所以在真正疑难的案件中无法得出精确的结论。像本案这样的情形必须依赖非经验性的要素才能得到解决。

22 由此可以主张，原则上首先将其认定为作为，只有当结果不具有可归责性，不能追溯行为人的刑事可罚性时，才会将其认定为不作为，并且将整个事件按照不作为犯罪的规则进行检验。② 如果同意该观点，本案中应将A的行为认定为作为。这一观点相较于上文的立场，在精确性上更具优势。然而为何应优先认定为作为，该理论却无法给出令人信服的论证。

23 因此通说认为，行为在刑法上是否具有重要意义，关键在于规范视角和行为社会意义上的考量。③ 为了使得这个不是特别精确的公式更具可操作性，需要设置对照的案例情形。可适当地参照一下对比案例。一般认为，如果医生停止对重伤员实施心肺复苏，应当认定为不作为。这同样也适用于停止人工呼吸的情况。如果这些活动由机器完成，则从医生的动机以及对病患的结果而言，关掉机器应当等同于停止人工治疗。

提示： 更为清楚的是这样一种情形，即预先设置呼吸机固定的运行时间，之后就要靠再次按下按键才能使呼吸机继续运行。不按下按键显然就属于不作为。

---

① *Engisch*, FS Gallas, 1973, S. 163, 173 ff.; *Otto/Brammsen* Jura 1985, 530, 531.

② *Fischer* Vor § 13 Rn. 17.

③ BGHSt 6, 46, 59; *Wessels/Beulke/Satzger* AT Rn. 987. 当然不能忽视的是，这一表述只不过是体现自身法感情的一种工具（详见 *Jescheck/Weigend* AT S. 604 f.）。不过，在刑法教义学成功发展出更为精确的界定标准之前，该表述仍具有优势。

b) 结论

根据以上意见，可认定本案A的行为属于不作为。[①] 因此排除积极作为的受嘱托杀人行为。 24

2. 不作为的受嘱托杀人罪，《德国刑法典》第216条、第13条

然而，可以考虑《德国刑法典》第216条、第13条的不作为的受嘱托杀人罪。 25

a) 构成要件

行为结果即Y的死亡已然出现。Y也对A明示且真诚地要求想要死去。而A亦放弃了对Y进行必要的救助，即放弃继续治疗。 26

aa) 因果关系

如果要认定A构成不作为犯罪，首先需要解决的问题就是，确定该不作为与Y死亡结果之间的因果关系。设想若行为人实施了被要求的行为，则构成要件结果以几近确定的概率不会发生，那么该不作为与结果之间就存在因果关系。[②] 如果继续进行治疗，那么Y肯定不会那么快死去。因此可以肯定关掉呼吸机与Y死亡结果之间存在因果关系。 27

提示：判例在这里适用条件公式时并不要求具体形态的结果，而只是要求构成要件描述的抽象结果，这也是为了对不作为的责任予以限制。[③]

bb) 期待可能性

然而问题在于，对（继续）实施抢救生命措施的期待可能 28

---

① 通说也是如此，参见Schönke/Schröder/*Eser/Sternberg-Lieben* Vor § 211 Rn. 32中的明证。

② BGHSt 37, 106, 126 f.; LK/*Weigend* § 13 Rn. 70 ff.

③ 参见 *BGH* JZ 1973, 详见 *Wessels/Beulke/Satzger* AT Rn. 1000; 也可参见 *Hilgendorf*, GA 1995, 515。

性。Y在其意识清醒的时候向A请求关闭呼吸机。借此可以论说不能期待A继续实施救治。然而，由合义务行为的期待可能性出发讨论所有可能限制行为人刑事可罚性的要素是错误的。对某个行为不可期待是指实施该行为会极大地损害行为人自身值得肯定（billigenswert）的利益。Y不继续治疗的请求只涉及A对于Y的义务地位，并不涉及A相对Y 的利益。甚至完全可以想象，继续治疗Y对A是有利的。因此Y中断治疗的请求与继续治疗的期待可能性无关，而只关系到A的保证人地位，应在保证人地位中进行检验。

cc)保证人地位

29 A接管了Y的治疗，因此他对Y，特别是对Y的生命就具有保证人地位。A是保护型保证人（详见上文边码9）。问题在于，Y放弃治疗的请求会对A的保证人地位产生什么样的影响。这种经病患同意的放弃治疗可考虑以下几种解决方案：一种观点认为，放弃治疗的请求与医生的保护义务原则上无关。《德国刑法典》第216条奠定了评价基础，即受被害人明示且真诚之要求而将其杀死只是减轻刑罚，而不是免予惩处。据此,生命法益是不可以自由处分的。[①]

30 然而这种解决方案完全忽视了病患的自主决定权（Selbstbestimmungsrecht）。正如病患可自由选择主治医生一样，他也可以中止一个已经开始的治疗。不可期待医生强迫一个抗拒治疗的病患接受帮助。因此有观点进一步认为,《德国刑法典》第216条的限制从一开始就只针对由他人积极杀害的情形。[②] 自杀

① 当然这个问题极具争议。参见Schönke/Schröder/*Eser/Sternberg-Lieben* § 216 Rn. 1中的大量明证。

② Schönke/Schröder/*Eser/Sternberg-Lieben* Vor § 211 Rn. 28 und § 216 Rn. 10.

（Suizid）不可罚的观点也支持对《德国刑法典》第216条进行目的性限缩（teleologische Reduktion）。即使因法条未明文规定仅限于积极杀害的情形而不对《德国刑法典》第216条作限缩解释[①]，在病患同意放弃治疗的情况下，也应排除主治医生的保证人地位。Y明确无误地表达了他不想继续治疗的愿望。此外，他就此与亲属进行了商量，这一事实表明他并不是在匆忙或意识不清醒的状态下作出的决定。[②] A对Y的这一愿望负有义务。因此A的保护义务随着Y自我答责地放弃治疗而告终。[③]

b)结论

由于不具有保证人地位，A不构成《德国刑法典》第216条、第13条规定的不作为的受嘱托杀人罪。 31

提示：参考德国联邦最高法院关于中断治疗的判决（参见BGHSt 55, 191=BGH NStZ 2010, 630），本案也可有其他解决方案：依据这一判决，中断治疗既可以是不作为也可以是积极作为。中断治疗，即通过对已经开始的治疗措施予以不为、设限或终止的方式来实现安乐死，就如本案这样（关掉呼吸机）。如果中断治疗符合病患事实上的（或推定的）意思，且目的在于让没有治疗介入就会死亡的疾病过程自然发展下去，就可以排除违法性。中断治疗的合法性来源于病患的自主决定权（《德国基本法》第1条第1款、第2条第1款）。[④] 学生如果采取新发展出的中断治疗独立分类的解决思路，也要在排除违法性的框架

---

① 通说持此立场，参见BGHSt 13, 162, 166; 32, 367, 373 ff.;批判性注释详见 *Eser* MedR 1985, 6 f.

② 同类案件中亲属的角色参见*Auer/Menzel/Eser* S. 116 f.

③ 其他解决方案的概览参见*Auer/Menzel/Eser* S. 107 ff.; *Hoerster*, Sterbehilfe im säkularen Staat, 1998。

④ Schönke/Schröder/*Eser/Sternberg-Lieben* Vor §§ 211 ff. Rn. 28a ff.附有进一步的明证。

内探讨以上方案中涉及不作为的保证人地位的相同问题。在某种程度上可以说，这种解决思路跳过了疑难的构成要件问题，直接处理核心问题，即病患意思的效力。病患同意的方案较容易论证，尤其上述判决尊重了《德国民法典》第1901a条及以下诸条关于病患预嘱的规定，这些规定也被认为间接限制了医生的治疗义务。然而，这绝不意味着（在积极或消极的中断治疗中）承认同意的可能性就一定会明显背离《德国刑法典》第216条的规定。相反，德国联邦最高法院的观点支持同意排除违法性的结论：如果满足中断治疗的前提，则只要同意有效作出，就可以排除违法性，不像以前的观点那样认为因法益不可处分而不能排除违法性。如果存在一个德国联邦最高法院判决意义上的所谓中断治疗，则病患意思是在某个具体的情况下明确对第三人说明不要进行治疗或者应该结束治疗，还是提前通过书面形式表达并在未来某个时间点生效，在法律意义上没有任何区别。德国联邦最高法院在《德国刑法典》第212条的基础上发展出中断治疗这一类型，其也必然适用于作为减轻构成要件的《德国刑法典》第216条。

3. 不进行救助罪，《德国刑法典》第323c条

32 还可以考虑《德国刑法典》第323c条规定的不进行救助罪，此时就必须存在第323c条意义上的意外事故。意外事故意味着给人或有价值的财物带来巨大危险的突发事件。[①] 本案中并不存在意外事故，因为Y的状态已经持续了较长时间，案情中并没有提到突然恶化的字眼。[②] 因此，A不构成《德国刑法典》第323c条规定的不进行救助罪。

---

① BGHSt 3, 65, 66; 11, 135, 136.

② 参见*Fischer* § 323c Rn. 3附有的进一步明证。

（三）第三组行为：X的死亡

1. A的刑事可罚性

a) 故意杀人罪，《德国刑法典》第212条

A给X服用镇痛药物，涉嫌触犯《德国刑法典》第212条的规定，对X可能构成故意杀人罪。但是X必须因服用镇痛药物而死亡。然而X的死亡是S给其注射致死药剂造成的，这一新出现的因果链条（Kausalkette）完全中断了A所设置的条件［超越的因果关系（überholende Kausalität）］。因此A不构成《德国刑法典》第212条规定的故意杀人罪。 33

b) 故意杀人罪未遂，《德国刑法典》第212条、第22条、第23条

还可以考虑《德国刑法典》第212条、第22条、第23条规定的故意杀人罪未遂。 34

aa) 预先检验

行为没有既遂且故意杀人罪未遂可罚（《德国刑法典》第212条、第23条第1款、第12条第2款）。 35

bb) 行为决意

首先存在疑问的是A的行为决意。行为决意包括了对所有客观构成要件要素的故意以及其他可能存在的主观构成要件要素。如果对案情作符合日常生活经验的解释，可以认定A对镇痛药物会缩短X的生命是知情的。对于当今的镇痛治疗，很难想象会将缩短生命视为减轻疼痛外的纯粹难以预料的附随结果。[①] A明知镇痛药物的效用，但他还是给X服用并有意地认可 36

① 因此Schönke/Schröder/*Eser/Sternberg-Lieben* Vor § 211 Rn. 26将被允许的风险作为解决方案，然而并不使人信服。

接受了缩短X生命的结果。在这种情况下，可以肯定A具有间接故意。[①]

37 部分观点认为，给病患服用具有镇痛效果但会缩短生命的药物，需要视死亡时间点的提前究竟是医事行为的原本目的，还是无心且无法避免的附随结果而加以区别。如果是后者，则要根据事件特殊的“社会意义内涵以及价值内涵”自始排除杀人行为的存在。[②] 然而根据对安乐死通常的教义学理解，此处针对死亡结果出现的间接故意足以满足故意杀人罪未遂的主观要求，如果背离这一教义，在法治国层面就无法令人信服。正是因为该问题涉及生死临界，十分疑难并且在道德上棘手，才更需要保证教义学结构不因其他宽泛甚至任意的理由而遭到放弃，这些理由通常是为了达到法政策上希望的结论而尽力发展出的委婉表述。因此本案中应肯定A具有杀害他人的行为决意。

cc) 直接着手

38 A还必须已经直接着手实现构成要件（《德国刑法典》第22条）。由于A已经将药物交给X，即实施了实行行为，可以认定为直接着手。

dd) 违法性

39 然而，A的行为可能不具有违法性。对此必须存在有利于他的违法阻却事由。

① 阻却违法的同意

40 首先可以考虑阻却违法的同意，因为X请求护士S结束自己

---

① 不同的故意形式以及特别是故意和过失的界定参见*Frister* AT Kap. 11 Rn. 13, 21 ff.; *Wessels/Beulke/Satzger* AT Rn. 316 ff., 325 ff.; 详见Roxin AT I § 12 Rn. 1, 21 ff.

② 参见*Wessels/Hettinger* BT 1 Rn. 32 附有的进一步明证。此处正是理论上所谓“双重作用说”（Lehre von der Doppelwirkung）的应用。

的生命。然而反对成立同意的意见[①]认为，X对护士如此表示是在其服用镇痛药物很长时间以后，所以并不能由此推断出X对A作出了同意。

不过还可以考虑默示同意（konkludent erklärte Einwilligung）的存在，即X并没有反对服用镇痛药物，其实他完全可以询问镇痛药物的副作用并且拒绝服用。由此可以推断出，他甘心接受镇痛药物具有的缩短生命的效用。然而这一方案仍不可行，因为依据通说，《德国刑法典》第216条的规定排除了对主动杀害自己的行为予以同意的可能性。[②]生命不是可处分的法益。[③] 41

② 阻却违法的紧急避险

其次还可以考虑《德国刑法典》第34条规定的阻却违法的紧急避险。 42

(a) 避险情势

第一，法益必须面临现时的危险，即存在避险情势。[④]《德国刑法典》第34条当然也包含持续性的危险。本案中，X受到疼痛的持续折磨，这是对其身体完整性的损害，可以认定存在避险情势。 43

(b) 避险行为

第二，必须除了A给X服用镇痛药物的行为外，不存在其 44

---

① 表示同意（Einwilligungserklärung）与《德国刑法典》第216条意义上的明示且真诚之要求的区别参见RGSt 68, 306, 307。

② Schönke/Schröder/*Eser/Sternberg-Lieben* § 216 Rn. 13附有进一步的明证。

③ BGHSt 37, 379; 也可参见 *Giesen* JZ 1990, 933; 也可参见上文对于德国联邦最高法院关于中断治疗的判决的提示。德国联邦最高法院在此认可同意成立，由此将生命置于法益持有人的意愿之下。

④ Vgl. *Zieschang* AT Rn. 247.

他行为作为避免危险的手段（避险行为）。[①] 避险行为意味着适当且最温和的避免危险的手段。由于本案中不存在其他更为温和的消除疼痛的手段，所以这个前提得以符合。

(c) 利益衡量

45 问题在于，《德国刑法典》第34条第1句末尾规定的利益衡量（Interessenabwägung）。为了得出合理且可接受的结论，必须清楚区分与决定相关的各种因素[②]：

46 首先需要回答的问题是，根据所涉及法益的位阶关系（Rangverhältnis）会得出何种结论（法益角度）。本案中涉及的是X的身体完整性相对X的生命。一般而言，生命被视为最高位阶的法益。这里涉及一个即将逝去的生命，且原则上也不会发生任何改变。通过衡量法益，会得出A的行为不能排除违法性的结论。然而需要考虑的是，立法者在制定《德国刑法典》第34条时并不只是涉及法益的衡量，还明示了要考虑综合利益情势的进一步意见。这就意味着违法性绝不是仅由利益抽象的价值关系来决定的，而是要考虑具体个案中的所有情形。

47 在众多因素中，立法者明确提到了其中一种，即威胁到冲突各方法益的危险（die den kollidierenden Rechtsgütern drohenden Gefahren）（危险角度）。该因素要求从得到保护的一方（Erhaltungsseite）考虑即将发生的损失范围以及通过避险行为事实上能保护法益的概率。从被侵犯的一方（Eingriffsseite）同样要考虑损失范围。服用镇痛药物可以消除X不可承受的疼

① Vgl. *Zieschang* AT Rn. 247.

② 参见 *Zieschang* AT Rn. 247。详见 *Roxin* AT I § 16 Rn. 26–90; Schönke/Schröder/*Lenckner*/*Perron* § 34 Rn. 22–45。

痛，并且可以全面避免对他的身体安宁造成危险。虽然从被侵犯一方来看，这会加快死亡结果的发生，但是需要破例考虑X已经处于无论如何都会失去生命的边缘。

提示：此处涉及双方利益同属X一人的内部利益衡量。

48 甚至可以认为，要进行利益衡量的并不是X的生命，而是他不服用镇痛药物能够延长的存活时间。如此则在检验受威胁法益时，就能得出有利于A的、可以排除违法性的结论。

49 与此同时，相关因素的涵盖范围尚未穷尽。其他因素还包括从当事人角度进行审视，尤其要注意特别的危险承担义务①（Gefahrtragungspflichten）以及相应的危险承担权利（Gefahrtragungsrechte）。病患有权自行决定是否愿意承受痛苦的折磨。医生不得依据所谓概括的“理性”而违背病患意思给其服用可缩短生命的镇痛药物。不过，实务中一般会默认病患对于减轻疼痛存在合意这一前提。本案中，X并没有对服用镇痛药物提出异议；案情也并没有提到A违背了X的意思。从被侵犯的一方来看，需要考虑A作为医生原则上有义务减轻病患的疼痛。然而，不计任何代价去维持无法救治且即将逝去的生命，尤其是通过会给病患带来疼痛折磨的手段，是否仍属于医生的义务，至少是存疑的。② 从当事人的角度来看，A的行为也应更偏向于排除违法性。

50 其次，行为人的具体行为也是利益衡量中需要考虑的因素

① Schönke/Schröder/*Lenckner/Perron* § 34 Rn. 34 附有进一步的明证。

② 参见Schönke/Schröder/*Eser/Sternberg-Lieben* Vor § 211 Rn. 29中的明证。

（行为角度）。[①] 对此重要的是，避险行为的目的本就在于侵犯他人法益，还是法益侵害仅为无法避免的附随结果。这里A实施的行为只为减轻X的疼痛。生命的缩短只是用药带来的非故意的、甚至违人心愿的附随结果。相比于把缩短生命作为A行为的直接目的的情况而言，这种行为严重程度较低。本案从行为角度同样可以得出A的行为排除违法性的结论。

51 最后还需要考虑，如果A的行为依据《德国刑法典》第34条的规定排除违法性，对法秩序整体具有何种意义；如果否定排除违法性，对法秩序整体又具有何种意义（法秩序角度）。该因素的侧重点在于《德国刑法典》第34条第2句的适当性条款（Angemessenheitsklausel）。[②] 这里需要检验的是，如果依据《德国刑法典》第34条的规定排除违法性成为可能，会不会违背一般性法律原则或者最高法价值。本案中首先要注意的原则是，通过故意毁灭他人生命来救助其他法益永远不可能排除违法性。这同样适用于通过牺牲生命以拯救生命的情况。[③] 在法律上，每一个生命都体现了绝对的最高价值。据此，应否定A的行为可依据《德国刑法典》第34条的规定排除违法性。然而需要注意的是，这里涉及法益同属一人的情况。X无论如何都会失去自己的生命，A的行为只是帮助其在剩余的存活时间内尽可能远离疼痛，以及享有人格尊严。在此前提下就不能认为A给X服用镇痛药物与人类生命最高位阶性原则相背离。[④] 因此可以确定，A给X服用镇痛药物的行为可以依据《德国刑法典》第34

① *Hilgendorf/Valerius* AT § 5 Rn. 81 ff.

② 适当性条款的问题详见 Schönke/Schröder/*Lenckner/Perron* § 34 Rn. 46 f.

③ *Fischer* § 34 Rn. 15 f.

④ 详见 *Auer/Menzel/Eser* S. 122 f.

条的规定排除违法性。[①]

ee)结论

A对X不构成《德国刑法典》第212条、第22条、第23条规定的故意杀人罪未遂。A无罪。 52

2. S的刑事可罚性

a)受嘱托杀人罪,《德国刑法典》第216条

S给X注射致死药剂，涉嫌触犯《德国刑法典》第216条的规定，可能构成受嘱托杀人罪。 53

aa)客观构成要件

S借助药剂杀害了X。问题在于，X是否明示且真诚地要求S将自己杀死。对此,《德国刑法典》第216条不仅仅要求存在被害人的同意。[②] X以明确且不会引起误解的方式，即《德国刑法典》第216条意义上的明示，要求S将其杀死。X在其意识清醒的时候作出了以上表示。单从X随后忘记自己的求死要求，不能认定这里不存在真诚的表示。[③] 该要求也是S行为的动因。 54

bb)主观构成要件

问题在于，X在其生命终结的时刻根本不记得自己有求死念头这一情状会产生什么样的影响。就这一点而言,《德国刑法典》第216条的适用会遭受质疑，因为该条以明示的杀害要求为前提。 55

单从法条本身并不能得出该问题的答案，因此必须考虑《德国刑法典》第216条的意义以及目的。可以认为《德国刑法 56

① 通说也持此观点，参见 *Otto*, DJT-Gutachten 1986, Bd. 1, D 56; Schönke/Schröder/*Eser*/*Sternberg-Lieben* Vor § 211 Rn. 26。也可参见BGHSt 42, 301, 305。需要注意的是，德国联邦最高法院的这个判决涉及积极安乐死（aktive Sterbehilfe）的情况。

② RGSt 68, 306, 307.

③ 要求的真诚性参见LK/*Jähnke* § 216 Rn. 7。

典》第216条的立法理由仅在于减轻行为人在应被害人明示要求将其杀害的冲突情境下的罪责。[①] 对于S而言，可以肯定这种冲突的存在。X态度的改变无法从外观上辨识，因而没有改变这种冲突，仍可以适用《德国刑法典》第216条。然而需要考虑的是，从该条规定的被害人的杀害要求，即等级更高的特殊形式的同意中，也可以推知立法者希望减轻不法性（Unrechtsminderung）。[②] 由于在行为时间点上已经不存在被害人的同意，所以不能适用《德国刑法典》第216条，而应考虑适用第212条。

57 不过这个问题最终也可不作回答，因为毕竟S仍相信存在对方明示且真诚的要求。因此，S的行为符合《德国刑法典》第16条第2款规定的前提，即因构成要件错误而排除S的杀人故意。所以应依据《德国刑法典》第216条的规定对S进行处罚。

b)结论

58 S构成《德国刑法典》第216条规定的受嘱托杀人罪。

59 基于补充关系，《德国刑法典》第223条第1款、第224条第1款第1项和第5项排除适用。

（四）最终结论

60 A无罪。S构成《德国刑法典》第216条规定的受嘱托杀人罪。

四、案例评价

本案涵括了《德国刑法典》第212条第1款、第13条规定的不

---

① 详见 *Wessels/Hettinger* BT 1 Rn. 158。

② 详见 *Arzt/Weber/Heinrich/Hilgendorf* BT § 3 Rn. 13; Schönke/Schröder/*Eser/Sternberg-Lieben* § 216 Rn. 1; *Lackner/Kühl* § 216 Rn. 1。

作为的故意杀人罪的构成要件以及第216条规定的受嘱托杀人罪的构成要件的一般性问题。在分析时最好将Z的死亡、Y的死亡以及X的死亡区别开来，分别通过三个不同的行为集合进行讨论。

第一组行为考查以不作为的方式杀害Z。较好的分析思路是，不急于一开始就探讨义务冲突的问题，而是首先讨论实施被要求的救助行为的期待可能性以及保证人地位问题。在此还需要再次指出，也有强势观点认为，应在罪责层面讨论实施被要求的行为的期待可能性问题。在检验义务冲突的框架内要探讨单单不让Z使用呼吸机的行为是否可以排除违法性。此外，至少须简略提及不进行救助罪以及遗弃罪的刑事可罚性。

对于Y的死亡只需要考虑《德国刑法典》第216条。这里首先需要界定关掉呼吸机的行为属于积极作为还是不作为。此外还须讨论，应Y的要求中断治疗是否可以排除保证人地位。这里就要衡量病患的自主决定权和《德国刑法典》第216条所依据的价值。自2010年以来，这个问题也被统一置于“阻却违法的中断治疗”的关键词下进行讨论，即对于被允许的中断治疗不再需要人为界定不作为和积极作为。这两种解决路径都是可取的，但是不允许简单跳过中断治疗的相关问题，尤其要对同意的被允许性、病患的自主决定权以及医生治疗义务的范围进行深入分析。

针对X的死亡要区分A的刑事可罚性和S的刑事可罚性。对于给X服用镇痛药物的A，需要考虑是否构成故意杀人罪未遂，在检验时首先要探讨《德国刑法典》第34条的阻却违法的紧急避险。接下来要在利益衡量的框架内检验是否可以从X无论如何都会失去生命的角度进行考量。因为这里涉及两种利益同属一人，即所涉生命和身体完整性均属于X的内部衡量，所以这种考量并不显得牵强。

检验S的刑事可罚性时，存在X在失去生命的时间点上不记得自己做出求死要求的情况会产生何种影响的问题，这可能会排除《德国刑法典》第216条的适用。这取决于《德国刑法典》第216条规定的减轻处罚的原因在于行为人决定杀人时的特别的冲突情形，还是因为存在“等级更高”的同意。在此也可考虑构成《德国刑法典》第212条规定的故意杀人罪既遂。但由于S不知道X思想态度的转变，符合《德国刑法典》第16条第2款规定的前提，因此不再需要对这个观点冲突作出判断。

其他延伸阅读：*EGMR* NJW 2002, 2851–2856（英国自杀法案与人权公约的一致性）；*BGH* NJW 2003, 1588–1594（一则所谓生前预嘱的约束力）= BGHZ 154, 205–230; *BGH* NJW 2003, 2326–2328（受欲自杀者欺骗而实施的不具有故意的积极安乐死）；*BGH* NJW 2005, 1876–1879（食人者案）= BGHSt 50, 80–93.

Führ, Die Abgrenzung von Tun und Unterlassen im Strafrecht, Jura 2006, 265–270; *Geppert*, Die unterlassene Hilfeleistung (§ 323c StGB), Jura 2005, 39–48; *Janes/Schick*, Sterbehilfe-im Spiegel der Rechtstatsachenforschung, NStZ 2006, 484–489; *Kühl*, Die strafrechtliche Garantenstellung. Eine Einführung mit Hinweisen zur Vertiefung, JuS 2007, 497–504; *Küpper*, Der Täter als „Werkzeug“ des Opfers? JuS 2004, 757–760 (zu *BGH* NJW 2003, 2326 und *OLG Nürnberg* NJW 2003, 454).

案例2：司法考试的试卷

关键词：制作不真实的文书（文书的概念、文书的真实性、思想性理论）；变造真实的文书；使用不真实的文书、变造的文书；扣压文书罪；诈骗罪；侵占罪

难　度：简单

一、案情

A的法律知识虽然还很缺乏，但他还是参加了第一次州司法考试。在考完四门闭卷考试[①]后，他认识到自己应该再准备一年才有把握通过考试。为了使最后两门考试至少及格，他请求一直暗恋自己、学习很好的B帮忙：B需要在她最后两门考试的答卷上写上A的考试号[②]，而A则在答卷上写上B的考试号。B很想帮助A，就答应了A的请求，不过她只愿在第五门考试按照A的要求去做。A必须先自己答卷，如果他觉得还是和前四门一样考得不行，就在交卷时趁着人声喧哗给B一个手势，B就会在答卷上写上A的考试号，相应地，A则在他的答卷上写上B的考试号。为了不拉低自己州司法考试六门考试的平均分，B只想帮A这一次。最后一门考试中，A应自己答卷并写上他的考试号。

A在第五门考试时果然不会答卷，因此他在交卷时向B作出

① 德国巴伐利亚州第一次州司法考试总共六门闭卷考试：三门民法、一门刑法、两门公法。

② 为保证公平，参加州司法考试的考生只允许在答卷写上自己的考试号，而不允许写上自己的名字，以防阅卷人认识考生而打分过高。

了约定的手势，并在答卷上写了B的考试号。B之前已在答卷写了自己的考试号，但是看到A的手势后，用笔划掉了自己的考试号，写上了A的考试号。之后，她就交卷了。第二天举行第六门考试，B在答卷上写了自己的考试号。由于B有急事，在交卷时她请求A帮忙代交。A觉得有机可乘，待B走后，便擦掉答卷上她的考试号，写上自己的考试号，同时在自己的答卷写上B的考试号。

试问A、B的刑事可罚性？

二、分析提纲

（一）第一组行为：第五门考试的小动作 …………………………… 1

1. B的刑事可罚性 …………………………………………… 1

a) 伪造文书罪，《德国刑法典》第267条第1款………… 1

aa) 客观构成要件 ……………………………………… 2

①选择性构成要件之“制作不真实的文书”（第一种情形）…………………………………………… 2

(a) 文书 ………………………………………… 3

(aa) 保存功能 ………………………………… 4

(bb) 证据功能 ………………………………… 5

(cc) 保证功能 ………………………………… 6

(dd) 中间结论 ………………………………… 7

(b) 不真实性 …………………………………… 8

(c) 制作 ………………………………………… 9

②选择性构成要件之“变造真实的文书”（第二种情形）……10
③选择性构成要件之“使用不真实的或变造的文书”（第三种情形）……11
bb) 主观构成要件 ……12
cc) 违法性 ……14
dd) 罪责 ……15
ee) 中间结论 ……16
b) 扣压文书罪，《德国刑法典》第274条第1款第1项 …17
aa) 客观构成要件 ……18
bb) 中间结论 ……20
c) 损坏财物罪，《德国刑法典》第303条第1款 ……21
d) 诈骗罪，《德国刑法典》第263条第1款 ……22
aa) 客观构成要件 ……23
bb) 中间结论 ……26
e) 间接伪造文书罪，《德国刑法典》第271条第1款 …27
f) 间接伪造文书罪未遂，《德国刑法典》第271条第1款、第22条、第23条第1款 ……28
2. A的刑事可罚性……29
a) 伪造文书罪，《德国刑法典》第267条第1款 ……29
b) 诈骗罪，《德国刑法典》第263条第1款 ……30
c) 伪造文书罪的教唆犯，《德国刑法典》第267条第1款、第26条 ……31
aa) 客观构成要件 ……32
bb) 主观构成要件 ……33

cc)违法性与罪责 …………………………………… 34
dd)中间结论 ……………………………………… 35
3.对第一组行为的结论 …………………………… 36

（二）第二组行为：第六门考试的小动作 …………………… 37

1.扣压文书罪，《德国刑法典》第274条第1款第1项 … 37
2.损坏财物罪，《德国刑法典》第303条第1款 ………… 39
3.伪造文书罪，《德国刑法典》第267条第1款 ………… 40
a)客观构成要件 …………………………………… 41
aa)选择性构成要件之"制作不真实的文书"（第一种情形）………………………………………… 41
① 文书 ……………………………………… 41
② 文书的不真实性 …………………………… 42
bb)选择性构成要件之"变造"（第二种情形）……… 49
b)中间结论 ……………………………………… 50
4.诈骗罪，《德国刑法典》第263条第1款（对B）……… 51
5.侵占罪，《德国刑法典》第246条第1款 ……………… 52
6.背托侵占罪，《德国刑法典》第246条第2款 ………… 55
7.伪造文书罪，《德国刑法典》第267条第1款 ………… 56
8.对第二组行为的结论与竞合 ……………………… 57

（三）最终结论与竞合 …………………………………… 58

三、案情分析

（一）第一组行为：第五门考试的小动作

1. B的刑事可罚性

a)伪造文书罪，《德国刑法典》第267条第1款

B在第五门考试的小动作，即替换考试号，涉嫌触犯《德国刑法典》第267条第1款的规定，可能构成伪造文书罪。 1

aa)客观构成要件

提示：这里也可以将每个选择性构成要件作为独立的构成要件进行检验。不过考虑到刑法闭卷考试的时间有限，在策略上建议合并简写。

① 选择性构成要件之“制作不真实的文书”（第一种情形）

首先可以考虑制作不真实的文书（《德国刑法典》第267条第1款第一种情形）。据此B写上A考试号的答卷必须是一个不真实的文书。 2

(a)文书

《德国刑法典》第267条意义上的文书是对（人类）思想的书面表示［保存功能（Perpetuierungsfunktion）］，可在法律事务交往中作为证据使用［证据功能（Beweisfunktion）］并可识别出具人［保证功能（Garantiefunktion）］。[①] 3

提示：在此重要的是了解文书的不同功能，并且准确定位

① Schönke/Schröder/*Heine/Schuster* § 267 Rn. 2.

各种问题。[1]

(aa)保存功能

4 B写上A考试号的答卷上写着B自己对试题的分析答案。这是对智识内容的记述（Fixierung），因而属于一个对B思想的书面表示（保存功能）。在此可以提出异议，答卷由多张答题纸组成，因此不是一个，而是多个对B思想的表示。然而需要注意的是，州司法考试的答卷会被装订或插入封夹。如此一来，单页的纸张便整合为一个整体，只要符合文书概念的其他前提，便可将其视为一个组装的文书（eine zusammengesetzte Urkunde）。[2]

(bb)证据功能

5 第一次州司法考试的目的在于检验考生的法律知识。笔试答卷就是对法律知识的证明。[3] 因此它具有证据功能。

(cc)保证功能

6 这一对思想的书面表示必须标明出具人或者可识别出具人，即指示该表示背后的创制者。《德国刑法典》第267条意义上的出具人并不是指制作文书实体的人，而是文书表示的内容在法

---

① *Lackner/Kühl* § 267 Rn. 1.

② 关于区分组装文书和整体文书（eine Gesamturkunde）的提示：如果一些单个文书组合成一个文本（Schriftstück），并不会必然失去各自的独立性。依照通说，当一些单个文书组合成有意义以及有序的整体，并且这种组合在原有单个文书的思想内容之外，还具有其独特的表示和证据内涵，就是一个整体文书。参见Schönke/Schröder/*Heine/Schuster* § 267 Rn. 30。*Wessels/Hettinger* BT 1 Rn. 814 ff.还额外要求整体文书能够依据法律、习惯或者当事人的约定体现持续法律关系中某一确定范围的详尽样态。

本案中可以得出以下结论：州司法考试中单科考试的答卷并不符合上述整体文书的意义，因为答卷（从自然角度）由数页答题纸组成，并且主要通过固定位置的连接方式（装订、别起或者插入封夹）组合成为一个证据单数（Beweismitteleinheit），因此属于单个文书。如果州司法考试所有六门考试答卷都被装入考生的考试档案中，就可将其视为一个整体文书。

③ RGSt 68, 240, 241; BGHSt, 17, 297, 298.

律事务交往中可被归属的那个人，亦即在思想上创制表示的那个人[所谓思想性理论（Geistigkeitstheorie）]。而考生在每一份答卷写上自己的考试号就是为了识别答卷的出具人。至于评卷人只能看见考试号，而不清楚对应考生姓名的情况，在此无关紧要，因为州司法考试院已将考试号编列，并与考生的姓名一一对应。因此答卷也具有保证功能。

dd) 中间结论

B完成的答卷属于《德国刑法典》第267条意义上的文书。 **7**

b) 不真实性

接下来还要检验该文书是否真实。如果一个文书就表示 **8**
人的身份存在欺骗，造成文书出自他人而非真实出具人的印象，那么该文书就是不真实的。① 这里的出具人仅指思想创制者（geistiger Urheber），而非实体化的制作人。② 本案中文书的思想内容源自B，然而考试号却显示创制者为A。这里会出现的问题是，为何不能根据类推代理（Stellvertretung）的规则而将思想内容直接归属于A。如果代理人与本人达成合意，以本人名义办理事务，且法律上允许代理该事务，则代理人为本人提出文书性质的表示并签署本人的姓名，就不是制作不真实的文书，而是真实的文书。③ 本案中B划掉自己的考试号并写上A的考试号，是为A而行为，而A也对此表示同意。然而从事物性质上

---

① 也可参见 *Wessels/Hettinger* BT 1 Rn. 821 ff.

② 所谓思想性理论，参见 BGHSt 13, 382; *Krey/Hellmann/Heinrich* BT 1 Rn. 1001 ff.; *Wessels/Hettinger* BT 1 Rn. 801; 批判参见 *Puppe* JR 1981, 441。

③ *Wessels/Hettinger* BT 1 Rn. 829; 也可参见 BGHSt 33, 159, 161 f.; *OLG Stuttgart* NJW 1981, 1223。

来说，法律上并不允许在考试中进行这样的代理。[①] 因此可以排除B成立代理的可能性，应认定这个文书是不真实的。

(c)制作

9 B通过划掉自己的考试号并写上A的考试号的行为制作了不真实的文书。在此不需要考虑她作弊技巧的拙劣，以致会让人怀疑她和A，因为无论如何，《德国刑法典》第267条第1款第一种情形规定的客观构成要件已经得以符合。因此，B制作了一个不真实的文书。

② 选择性构成要件之“变造真实的文书”（第二种情形）

10 问题在于，B将自己的考试号划掉，写上A的考试号，是否还变造了一个真实的文书（《德国刑法典》第267条第1款第二种情形）。B原先写有自己考试号的答卷是一个真实的文书，因为其思想内容源自B本人。变造文书指的是未经许可事后改动文书内容。[②] 改动文书内容就意味着对证据指向（Beweisrichtung）和思想内容进行改动，以至于改动后的表述与先前不一致。本案中B并没有改动文书的内容，她只是改动了出具人。因此，B的行为不构成《德国刑法典》第267条第1款第二种情形意义上的变造真实的文书。[③]

③ 选择性构成要件之“使用不真实的或者变造的文书”（第三种情形）

11 B的行为还可能符合《德国刑法典》第267条第1款第三种情形意义上的使用不真实的文书。使用不真实的文书是指让人

---

① RGSt 68, 240; *BayObLG* JZ 1981, 201, 202.

② *Lackner/Kühl* § 267 Rn. 20.

③ *BGH* NJW 1954, 1375.

获悉不真实的文书可供使用。[1] B修改了答卷上的考试号并提交了答卷，之后评卷人会看到该答卷。因此，她使用了一个不真实的文书，符合《德国刑法典》第267条第1款第三种情形规定的构成要件。

bb) 主观构成要件

B在行为时必须具有故意（《德国刑法典》第15条），即具有实现构成要件的认知和意欲。B在行为时具有对第一种情形和第三种情形的所有客观构成要件要素的故意。此外，她必须在法律事务交往中将不真实的文书用于欺骗，即意欲使他人认为该文书是真实的并以此确定一个法律上的重要行为。[2] B意图促使州司法考试院负责的专职人员将这份答卷归入A的名下，并让他得到这份答卷的评分，这属于一个法律上的重要行为。因此，她的行为就是为了在法律事务交往中进行欺骗。这样一来，主观构成要件得以符合。 12

由此，《德国刑法典》第267条第1款第一种情形和第三种情形规定的构成要件得以符合。 13

cc) 违法性

B的行为还必须违法。问题在于，B的行为能否借助违法阻却事由排除违法性。此处可以考虑阻却违法的同意。然而这里存在阻碍，因为《德国刑法典》第267条及以下诸条保护的法益仅是通过将文书或者技术信息记录（technische Aufzeichnung）作为证据而实现法律事务交往中的安全性和可靠性。[3] 这属于个 14

① *Rengier* BT II § 33 Rn. 31.
② *Rengier* BT II § 33 Rn. 39.
③ *Schmidhäuser* BT 14/4f.

体不能处分的超个人法益（überindividuelle Rechtsgüter）。[①] 因此，B缺乏对该法益的支配权。所以不能依据同意排除B的行为的违法性。

dd) 罪责

15 B的行为有责。

ee) 中间结论

16 制作和使用不真实的文书成立犯罪单数，因此B只是实施了单一的伪造文书行为。[②] B构成《德国刑法典》第267条第1款规定的伪造文书罪。

提示：行为人先伪造再使用文书，若制作伪造文书时就已计划使用，那么他只是实施了单一的伪造文书行为，这是被一致接受的观点。然而，其理由却具有争议。[③] 一种意见认为，使用不真实的文书在这种情形下被视为共罚的事后行为（mitbestrafte Nachtat），因为犯罪重点在于“制作”，参见Rengier BT II Rn. 37；另一种意见认为，制作不真实的文书是使用该文书的共罚的事前行为（mitbestrafte Vortat），因为制作是实质上的准备行为，参见Wessels/Hettinger BT 1 Rn. 853。如果在制作伪造文书的时间点上还不具有使用的意图，那么这就是两个（独立的）行为（《德国刑法典》第53条）。

b) 扣压文书罪，《德国刑法典》第274条第1款第1项

17 此外，B划掉自己的考试号，涉嫌触犯《德国刑法典》第274条第1款第1项的规定，或可构成扣压文书罪。

---

① *Hilgendorf/Valerius* AT § 5 Rn. 116.

② Schönke/Schröder/*Heine/Schuster* § 267 Rn. 79 f. 附有进一步的明证。

③ 梗概参见 *Freund* JuS 1994, 128; LK/*Gribbohm* § 267 Rn. 287 ff.

aa)客观构成要件

标明本人考试号的答卷是一个真实的文书（详见上文边码10及以下），而且必须是一个不“属于”或者至少不专“属于”B的文书。[①]《德国刑法典》第267条及以下诸条保护的法益表明，不能将《德国刑法典》第274条第1款第1项范围内的“属于”一词进行所有权（Eigentumsrecht）意义的理解。它更多地意味着谁有权将文书作为证据使用。[②]如果法秩序要求所有权人有义务通过他人交出或准备文书用于举证（Beweisführung），所有权人也可以成为行为主体，例如《德国民法典》第810条规定的查阅文书。 18

本案中的答卷应上交给监考人员。但这里并不存在将答卷交给评卷人批阅的义务，不上交答卷并且接受相应的成绩（零分处理）在法律上也没有任何问题。由此可确定在这个时间点上，对文书的举证权仅归属于B。 19

bb)中间结论

B不构成《德国刑法典》第274条第1款第1项规定的扣压文书罪。 20

c)损坏财物罪，《德国刑法典》第303条第1款

B也不构成《德国刑法典》第303条第1款规定的损坏财物罪，因为如果答卷的纸张由考试院准备，则该答卷的所有权至少在B写满答案后就转移给了她，不再属于他人财物（《德国民法典》第950条）。 21

---

① 对此详见Schönke/Schröder/*Heine/Schuster* § 274 Rn. 5。

② Vgl. §§ 442 ff. ZPO; § 810 BGB.

提示：该罪名并不重要，在时间紧迫的情况下可不予考虑。

d) 诈骗罪，《德国刑法典》第263条第1款

22 最后，B提交动过手脚的答卷，涉嫌触犯《德国刑法典》第263条第1款的规定，可能对联邦州构成诈骗罪。

aa) 客观构成要件

23 B必须通过提交动过手脚的答卷就事实进行欺骗，使他人产生错误认识而进行财产处分，并由此遭受财产损失。可将提交动过手脚的答卷视为一个就答卷人身份的欺骗行为。问题在于，这是否使州司法考试院或者评卷人产生了错误认识。可以论说，B并没有擦除自己的考试号，而只是将其简单划掉，其欺骗意图如此显而易见，以至于不会使人产生错误认识。但无论是特别拙劣的欺骗手段，还是特别轻信的被害人，都不会排除构成诈骗罪。[①] 至于是否使评卷人产生错误认识，只是一个事实问题（Tatfrage）。

24 如果认为使州司法考试院或评卷人产生了错误认识，接下来的问题就是政府机关方面的财产处分。财产处分意味着所有直接导致财产减损的作为、容忍或者不作为。[②] 这里首先可以将对A答卷的评分以及允许他参加口试视为财产处分。但这两个行为都不会直接导致联邦州的财产减损。

提示：如果认为通过这场考试就意味着A肯定能通过州司法考试，从而成为（担任司法职务的）见习公务员，就存在财产处分。然而，这在财产损失的认定上仍然会存在问题。

---

① Schönke/Schröder/*Perron* § 263 Rn. 43; *Lackner/Kühl* § 263 Rn. 20.

② *Wessels/Hillenkamp* BT 2 Rn. 515.

因此，并不存在政府机关的财产处分。 25

bb) 中间结论

B对联邦州不构成《德国刑法典》第263条第1款规定的诈骗罪。 26

e) 间接伪造文书罪，《德国刑法典》第271条第1款

B的行为还可能构成《德国刑法典》第271条第1款规定的间接伪造文书罪。然而案情中并不存在《德国民事诉讼法》第415条第1款意义上的公文（Beurkundung）。由于不存在公文，所以B不构成《德国刑法典》第271条规定的间接伪造文书罪。 27

f) 间接伪造文书罪未遂，《德国刑法典》第271条第1款、第22条、第23条第1款

仍要考虑B的行为可能构成《德国刑法典》第271条第1款、第22条、第23条第1款规定的间接伪造文书罪未遂。然而，本案中并不能看出B具有相应的行为决意。[①] 28

提示：此处显然不存在公文，所以对以上两个罪名的检验并不重要，如未提及也不会影响评分。

2. A的刑事可罚性

a) 伪造文书罪，《德国刑法典》第267条第1款

A在自己的答卷写上了B的考试号，从而制作了一个不真实的文书。A的行为构成《德国刑法典》第267条第1款第一种情形规定的伪造文书罪（详见上文边码2及以下）。通过提交动过手脚的答卷，他也使用了这个不真实的文书，从而符合《德国刑法典》第267条第1款第三种情形意义上的使用不真实的文书 29

① *OLG Hamm* NJW 1977, 640.

（详见上文边码13）。制作和使用不真实的文书成立犯罪单数。[①] A构成《德国刑法典》第267条第1款规定的伪造文书罪（详见上文边码16）。

提示：出于和前述相同的理由，这里显然也可以排除A构成《德国刑法典》第274条第1款第1项规定的扣压文书罪，第303条第1款规定的损坏财物罪，第271条第1款规定的间接伪造文书罪，第271条、第22条、第23条规定的间接伪造文书罪未遂。基于时间原因不必重复检验这些罪名。

b) 诈骗罪，《德国刑法典》第263条第1款

30 出于同样的原因，A也不构成诈骗罪（详见上文边码22及以下）。

c) 伪造文书罪的教唆犯，《德国刑法典》第267条第1款、第26条

31 A可能构成《德国刑法典》第267条第1款、第26条规定的伪造文书罪的教唆犯。

aa) 客观构成要件

32 教唆意味着故意唆使他人实施故意且违法的行为，教唆行为可通过使用任意手段而实现。[②] 上文已经确定B构成《德国刑法典》第267条第1款规定的伪造文书罪，属于故意且违法的主行为，A必须唆使她实施这个行为。唆使意味着引起他人的行为决意。[③] 本案中A请求B在第一次州司法考试时给予帮助，并建议二人通过互换考试号的方式作弊。B对此表示同意并实施了

---

① Schönke/Schröder/*Heine/Schuster* § 267 Rn. 79 f. 附有进一步的明证。

② *Fischer* § 26 Rn. 2 ff. 其他观点参见 *Jakobs* AT 22/21 ff.; 也可参见 *Hilgendorf* Jura 1996, 9。

③ *Fischer* § 26 Rn. 3.

伪造文书行为。[①] 因此，她被唆使实施行为。教唆犯的客观构成要件得以符合。

bb) 主观构成要件

A在行为时必须具有双重教唆故意。A对B故意且违法的伪造文书行为具有故意。然而问题在于，他是否对唆使具有故意。B虽然答应了A的请求，但是变动了A的原始计划，她只愿意在第五门考试替换考试号，而且只是在A不能完成答卷的情况下。这样就出现了一个问题，即A针对实行行为的教唆故意是否足够具体化。教唆故意以及具体的主行为必须在本质上相符合。[②] 虽然B将A的建议进一步精确，同时进行了部分删改，但她并没有改变犯罪类型、基本想法以及行为的时间地点。A已经预先认识到了主行为不法（Haupttatunrecht）的本质层面。他的教唆故意已经足够具体化，因此他对唆使具有故意。 33

cc) 违法性与罪责

A的行为违法且有责。 34

dd) 中间结论

A构成《德国刑法典》第267条第1款、第26条规定的伪造文书罪的教唆犯。 35

3. 对第一组行为的结论

A构成《德国刑法典》第267条第1款规定的伪造文书罪以及第267条第1款、第26条规定的伪造文书罪的教唆犯，二者成立《德国刑法典》第53条的犯罪复数（实质竞合，数罪并罚）。 36

① 在这里似乎也可考虑构成共同正犯（《德国刑法典》第25条第2款）。然而，A既没有自任主角意思（animus auctoris），也不具有犯罪行为支配（Tatherrschaft）。

② BGHSt 34, 63, 66 附有 *Roxin* 的注释 JZ 1986, 908。

B构成《德国刑法典》第267条第1款规定的伪造文书罪。

（二）第二组行为：第六门考试的小动作

1. 扣压文书罪，《德国刑法典》第274条第1款第1项

37 A擦掉B答卷上B的考试号，涉嫌触犯《德国刑法典》第274条第1款第1项的规定，可能构成扣压文书罪。A擦掉B的考试号，就损坏了这个文书，同时否定了该文书的证据价值。这个文书是《德国刑法典》第274条第1款第1项意义上不"属于"A的他人文书。A短暂地占有该文书并不会对此产生任何改变。A在行为时具有故意。问题在于，A是否有不利于他人的意图。不利在此意味着对他人举证权的任何妨害。[①]

提示：并不需要具有造成财产损失的目的。

38 本罪只需要具有无条件故意，即明知（第二级直接故意）即可，并不要求狭义上的"蓄意"。[②] 本案中，A明知他擦掉B答卷上考试号的行为会阻止将该答卷归入B名下，从而妨害B行使举证权。A行为的目的恰恰是为了阻止将文书的思想内容在具体场合下作为证据。他至少具有认知地实施了行为。所以扣压文书罪的主观构成要件得以符合。A的行为符合《德国刑法典》第274条第1款第1项规定的扣压文书罪的构成要件。

A的行为违法且有责。A构成《德国刑法典》第274条第1款第1项规定的扣压文书罪。

---

① BGHSt 29, 192, 196.

② *BGH* MDR 1958, 140; *OLG Hamburg* NJW 1964, 736, 737。立法者的表达方式并不完全统一，参见*Jescheck/Weigend* AT S. 298。

2. 损坏财物罪,《德国刑法典》第303条第1款

A的行为同时构成《德国刑法典》第303条第1款规定的损坏财物罪（功能阻碍），因为A擦掉B的考试号，由此损坏了他人财物的功能性。但是损坏财物罪相对于扣压文书罪退居次位，排除适用（补充关系）。 39

3. 伪造文书罪,《德国刑法典》第267条第1款

A在B的答卷上写上自己的考试号，涉嫌触犯《德国刑法典》第267条第1款的规定，可能构成伪造文书罪。 40

a) 客观构成要件

aa) 选择性构成要件之“制作不真实的文书”（第一种情形）

① 文书

答卷属于文书（详见上文边码3及以下）。 41

② 文书的不真实性

问题在于，这个被做了手脚的答卷是否是一个不真实的文书。不真实的文书意味着它并非出自标记的出具人。A在答卷上写上了自己的考试号，他就将自己标记为答卷的出具人。如果该答卷实际上并非由A创制，那么它就是不真实的。 42

B完成了答卷，她是该文书的创制者。A在她的答卷上写上自己的考试号，就可将B的智力成果据为己有。 43

提示：在考试中经常忽视这种处理。这里必须仔细区分单个行为。

普遍被认可的是，文书的出具人不一定是亲手制作文书的人［所谓实体性理论（Körperlichkeitstheorie）］，而是文书思想 44

内容的创制者（所谓思想性理论）。[①] 因此可以考虑，如果有人将并非由自己撰写的文书内容据为己有，就意味着他将该实体化的智识内容冒充为自己的表示，并且想让他人确信自己就是文书的出具人。[②] A在B的答卷上写上自己的考试号，正是这种行为。

45 然而反对理由认为，A压根就不清楚文书的内容。以下进一步的思考有助于理解：律师在一份由其秘书所写的文件上签名，即便他之前没有阅读过这份文件，他也毫无疑问地制作了一个真实的文书。本案存在相同的情况，即A将他一无所知的思想内容据为己有。他的一无所知不会产生任何问题。

46 进一步的疑问是，A是不是根本不可能将B的答卷据为己有，因为考试内容必须由本人亲笔所写。考试内容由本人亲笔所写的要求甚至不允许他人代写。[③] 如此一来，就可以认为，某人不可能将他人所写的答卷简单据为己有并作为自己的答卷上交。[④] 然而，这并不会与仅依据签名来确定文书真实性的观点相对立[⑤]，因为若依照亲笔所写的要求排除A将B的答卷作为自己答卷上交的可能，就会出现思想创制者和出具人不一致的情况。相反，这里关键性的思考在于，亲笔所写的形式要求和文书概念完全无关。由于答卷并不是由A亲笔所写，所以该答卷

① RGSt 75, 46, 47; BGHSt 13, 382, 385; LK/*Gribbohm* § 267 Rn. 28 ff.; Schönke/Schröder/*Heine/Schuster* § 267 Rn. 55; 质疑见 *Schroeder* GA 1974, 225。

② *Puppe* JR 1981, 441.

③ RGSt 68, 240, 241; 也可参见 *BayObLG* NJW 1981, 772 附有 *Schroeder* 的注释 JuS 1981, 417。

④ *OLG Düsseldorf* NJW 1966, 749 (附有 *Mohrbotter* 反对的注释 NJW 1966, 1421) 与此类似，该判决认为，若遗嘱的内容并不是由被继承人亲笔所写，而只是由他签名的，依照亲笔所写的形式要求，该遗嘱就应是一个不真实的文书。赞同见 *Ohr* JuS 1967, 255。

⑤ Vgl. Schönke/Schröder/*Heine/Schuster* § 267 Rn. 59.

不符合考试的相关规定。但是，这并不能由此轻易得出它是一个不真实的（unecht）文书的结论。它其实只是一份内容不真实（unwahr）的答卷。

因此可以得出以下结论，A将B的答卷作为自己的表示据为己有，在答卷写上自己的考试号，并没有制作一个不真实的文书。① 47

此外，A也没有就出具人的情况进行欺骗，因为他自己已经成为了他上交考卷的出具人以及（假想的）答卷创制者。他默示地主张了答卷由其本人所写。这只是（在事实上）缺乏真实性（Wahrheit），并不会导致“答卷”变成不真实的文书。② 48

提示：这里与第一组行为的区别在于，此处行为人是对他人而非本人的试卷动手脚。

bb) 选择性构成要件之“变造”（第二种情形）

问题在于，除此之外A是否还对一个真实的文书进行了变造（《德国刑法典》第267条第1款第二种情形）。A没有对文书内容进行任何改变，仅是改动了出具人。因此，这并不符合《德国刑法典》第267条第1款第二种情形（详见上述边码10）。 49

b) 中间结论

A不构成《德国刑法典》第267条第1款规定的伪造文书罪。 50

4. 诈骗罪，《德国刑法典》第263条第1款（对B）

A在答卷上交时做的手脚涉嫌触犯《德国刑法典》第263条第1款的规定，对B可能构成诈骗罪，形式为三角诈骗，评卷人是受骗者，B是被害人。然而这里仍然缺乏财产处分，因为B第 51

① 也可参见*BGH* NJW 1954, 1375; *BayObLG* NJW 1981, 772 附有*Schroeder*的注释 JuS 1981, 417; *Wessels/Hettinger* BT 1 Rn. 829。

② *Wessels/Hettinger* BT 1 Rn. 825 ff.

六门考试的成绩不佳并不会直接导致财产损失。此外，这里也不存在对财产的直接危险。[①] 因此，A不构成《德国刑法典》第263条第1款规定的诈骗罪。

5. 侵占罪，《德国刑法典》第246条第1款

52 还可以考虑A在B的答卷上写上自己考试号的行为可能构成《德国刑法典》第246条第1款规定的侵占罪。

53 答卷对于A而言属于他人动产。A必须将答卷据为己有。与《德国刑法典》第242条的盗窃罪不同的是，侵占罪中的据为己有（Zueignung）必须是客观实施的。为此需要宣示据为己有的意思，本案中体现为A写上自己的考试号。A通过擦除答卷上B的考试号，至少在短时间内充作答卷的所有权人，同时持续性地排除了B的所有权人地位（参见《德国民法典》第950条）。至于A随即直接上交了答卷，对此不会产生任何影响，因为他本就想将其作为自己的答卷上交。A在行为时具有故意，行为违法且有责。

54 A构成《德国刑法典》第246条第1款规定的侵占罪。

6. 背托侵占罪，《德国刑法典》第246条第2款

55 A的行为还可能构成《德国刑法典》第246条第2款规定的背托侵占罪。[②] 对此，答卷须得委托给A。这里并不以特殊的信赖关系为前提，只要行为人的占有得到他人基于信任的授权即可，行为人被认为只会在授权范围内行使支配权。[③] 可认为本案中存在这种情形，因为B没有理由怀疑A，尤其她在前一天的考

① 对此详见 *Krey/Hellmann/Heinrich* BT 2 Rn. 445 ff.

② 背托侵占罪是侵占罪的加重构成要件，参见 *Fischer* § 246 Rn. 16 ff.

③ *Lackner/Kühl* § 246 Rn. 13.

试中还慷慨地帮助了A。因此，A构成《德国刑法典》第246条第2款规定的背托侵占罪。

7. 伪造文书罪，《德国刑法典》第267条第1款

A在自己的答卷上动手脚，仍然是制作不真实的文书的行为（《德国刑法典》第267条第1款第一种情形），因为A在文书上标记了另一个出具人。他提交答卷也是使用不真实的文书的行为（《德国刑法典》第267条第1款第三种情形）。 56

8. 对第二组行为的结论与竞合

侵占罪相对于背托侵占罪退居次位，排除适用（特殊关系），由此A构成《德国刑法典》第246条第2款规定的背托侵占罪。制作和使用不真实的文书成立犯罪单数，只存在一个单一的伪造文书行为。[①] 问题在于《德国刑法典》第246条第2款和第274条第1款第1项的竞合关系。因为两罪涉及不同法益（《德国刑法典》第246条是所有权，第274条第1款第1项是举证利益），尽管存在适用于《德国刑法典》第246条第2款[②]的补充性条款，但是仍然可以认定二者成立犯罪单数。[③] 因此，依据《德国刑法典》第246条第2款、第267条第1款、第274条第1款第1项、第52条的规定，A构成背托侵占罪、伪造文书罪、扣压文书罪，三者成立犯罪单数（想象竞合，从一重处罚）。 57

（三）最终结论与竞合

提示：文书犯罪之间不成立自然的行为单数，因为行

---

① Schönke/Schröder/*Heine/Schuster* § 267 Rn. 79 f. 附有进一步的明证。

② *Rengier* BT I § 5 Rn. 64 ff.

③ Schönke/Schröder/*Eser/Bosch* § 246 Rn. 32.

为并不是快速连续实施的，且通说也否定适用“继续行为”（fortgesetzte Handlung）的形态。① 其他认为构成想象竞合的理由并不明显。

58 最终结论如下：A在第二组行为中构成《德国刑法典》第246条第2款规定的背托侵占罪，第267条第1款规定的伪造文书罪，第274条第1款第1项规定的扣压文书罪，三者成立《德国刑法典》第52条的犯罪单数（想象竞合，从一重处罚）。A在第一组行为中构成《德国刑法典》第267条第1款规定的伪造文书罪，第267条第1款、第26条规定的伪造文书罪的教唆犯，二者成立《德国刑法典》第53条规定的犯罪复数（实质竞合，数罪并罚）。

B构成《德国刑法典》第267条第1款第一种情形规定的伪造文书罪。

四、案例评价

本案对于州司法考试而言难度较低，却需要学生掌握关于文书犯罪的精细知识。本案尤其涉及伪造文书罪重要的常规问题，以及与该领域其他构成要件的综合处理。学生务必掌握并知道如何处理该规范的所有构成要件要素以及中心问题。学生必须熟悉该领域中不同的构成要件行为，伪造文书罪与扣压文书罪之间的关系以及对竞合问题的解决。学生要尤其注意练习文书犯罪，因为它在考试中一直频繁地作为边缘犯罪

① 参见 *Wessels/Beulke/Satzger* AT Rn. 1078 ff.; BGHSt (GS)40, 138; *Jescheck/Weigend* AT S. 715 附有进一步的明证。

（Randdelikte）出现，同时大学课堂并没有将其作为重点讲述。

单纯依靠法条并不能对文书犯罪进行全面检验，必须事先掌握相关问题，在分析案情时尤其要列举重要的关键词，比如保证功能和保存功能。然而考试中经常会以不熟悉的情形考查文书犯罪，因此必须认识及理解这些概念。在检验这些犯罪时也要借助立法意义和目的以及不同的功能提出论证。

此外，本案的特殊性在于还要检验一些边缘构成要件。这些构成要件的检验本身并不存在很大问题，对于学生而言重要的是对其进行思考，找到问题重点以及相应的解决方案。识别并论证诈骗罪的刑事可罚性对于分析本案非常重要。对于这种简短案例而言，清晰展示并充分论证最终结论以及对竞合问题的处理是极有意义的。

总之，本案为学生提供了一个非常好的练习文书犯罪的机会，尽管文书犯罪在大学课堂上练习不多，但它对州司法考试却十分重要。

其他延伸阅读： BGHSt 3, 82; 4, 284; 13, 239; 33, 160; *OLG München* NJW 2006, 2132–2133; *OLG Stuttgart* NJW 2006, 2869–2870; *OLG Zweibrücken* NJW 1998, 2918–2919 m. Anm. *Beckemper*, JuS 2000, 123–128.

Beck, Kopien und Telefaxe im Urkundenstrafrecht, JA 2007, 423–427; *Böse*, Rechtsprechungsübersicht zu den Urkundendelikten, NStZ 2005, 370–376; *Freund*, Grundfälle zu den Urkundendelikten, JuS 1993, 731–737, 1016–1022, JuS 1994, 30–36, 125–129, 207–212, 305–309; *Hellmann/Beckmper*, Zahlung mit dem guten Namen,

JA 2004, 891–897; *Hilgendorf*, Was meint „zur Tat bestimmen “ in § 26 StGB?, Jura 1996, 9–13; *Meurer*, Urkundenfälschung durch Verwendung des eigenen Namens, NJW 1995, 1655–1657; *Samson*, Grundprobleme der Urkundenfälschung, JA 1979, 526–531, 658–663; *Schroeder*, Urkundenfälschung durch Examenstäuschung?, JuS 1981, 417–419 (Bspr. Zu BayObLG NJW 1981, 772–774).

案例3：老虎机

关键词：盗窃罪；侵占罪（财物的他主性）；骗取给付罪；计算机诈骗罪（数据概念、使用数据、未经授权使用数据）
难　度：偏难

一、案情

A和B非法购置了一个电脑程序，并希望将其用于洗劫一台老虎机。老虎机一般的运作方式是先向机器内投入硬币启动机器，随后机器会产生一连串的数字组合，并且机器不能改变数字的序列。玩家借助风险按钮可以影响游戏进程。一定的数字序列被确定为"中奖号码"。机器运营者预先秘密设置了数字序列以及中奖号码。数字序列通过一个存储在机器内部芯片中的程序生成。

A和B所购置的程序含有老虎机显示的数字序列以及中奖号码。他们通过这个程序可以知道机器是以什么样的序列显示数字组合。他们耐心等待着对他们有利的一局。在这一局中，他们可以有针对性地按下风险按钮以影响游戏进程，使其向对他们有利的方向发展。经过一晚上的努力，A和B在这台机器上轻松赢了1 000欧元。

试问A、B的刑事可罚性？也要考虑依据《德国反不正当竞争法》（UWG）的刑事可罚性。

二、分析提纲

（一）盗窃罪的共同正犯，《德国刑法典》第242条第1款、第25条第2款 …… 1

1. 客观构成要件 …… 2

a) 动产 …… 3

b) 他人 …… 4

c) 拿走 …… 5

2. 结论 …… 6

（二）侵占罪的共同正犯，《德国刑法典》第246条第1款、第25条第2款 …… 7

1. 客观构成要件 …… 8

2. 结论 …… 10

（三）骗取给付罪的共同正犯，《德国刑法典》第265a条第1款第一种情形、第25条第2款 …… 11

1. 客观构成要件 …… 12

2. 结论 …… 13

（四）计算机诈骗罪的共同正犯，《德国刑法典》第263a条第1款、第25条第2款 …… 14

1. 客观构成要件 …… 15

a) 数据 …… 16

b) 对程序作非正确的调整或者使用非正确或不完全的数据（第一种情形和第二种情形）………… 17
c) 未经授权使用数据（第三种情形）………… 18
aa) 使用 ………… 19
bb) 未经授权 ………… 21
d) 其他影响（第四种情形）………… 27
e) 影响数据处理进程的结果 ………… 28
f) 财产损失………… 29
2. 主观构成要件 ………… 30
3. 违法性与罪责 ………… 31
4. 结论………… 32

（五）窥探数据罪，《德国刑法典》第202a条 ………… 33

（六）泄露商业秘密或经营秘密罪的共同正犯，《德国反不正当竞争法》第17条、《德国刑法典》第25条第2款 ………… 34

1. 客观构成要件 ………… 35
a)《德国反不正当竞争法》第17条第2款第1项 ………… 35
b)《德国反不正当竞争法》第17条第2款第2项 ………… 37
2. 主观构成要件 ………… 41
3. 违法性与罪责 ………… 42
4. 结论………… 43

（七）最终结论与竞合 ………… 44

三、案情分析

提示：本案中的共同正犯特征非常明显，因此不用再详加论述。这里并没有必要在构成要件层面对行为人进行交互归责，A、B以本人亲手行为的方式（in eigener Person）实现了全部客观构成要件要素。因此可直接将A、B在《德国刑法典》第25条第2款的范围内合并检验。

（一）盗窃罪的共同正犯，《德国刑法典》第242条第1款、第25条第2款

1 A、B在老虎机上轻易赢取1 000欧元，涉嫌触犯《德国刑法典》第242条第1款、第25条第2款的规定，对机器摆放者（Automatenaufsteller）可能构成盗窃罪的共同正犯。

1.客观构成要件

2 A、B必须拿走了他人动产。

a)动产

3 老虎机吐出的钱币属于[①]动产（Bewegliche Sache）。

b)他人

4 问题在于，钱币对于玩家而言是否属于他人（Fremd）动产。如果符合《德国刑法典》第242条所规定的“他人”，则意味着在行为时钱币仍归另一个人所有，亦即在老虎机付现的时刻，钱币的物权尚未发生转移。先前德国联邦最高法院拒绝将无权使用他人借记卡在自动取款机上取款的行为视为金钱

① 这里还可能存在一种纯建构性的方案，即对每一枚钱币个体单独认定，这样就会涉及多个动产，这种方案在此可不予考虑，因为毕竟在最终的竞合层面也只会认定为一个盗窃罪。

发生物权转移。[①] 但是本案的不同之处在于，老虎机在技术上本来就设计为不需要通过客观有形标识（ein objektiv greifbares Kennzeichnen）来区分玩家和其他使用机器的人。[②] 不过，如果出于其他原因否定构成盗窃罪，这个复杂的问题最终也可以搁置不议。

c)拿走

5 拿走（Wegnahme）钱币极具争议。拿走意味着破坏他人的占有（Gewahrsam）而建立新的，不一定是行为人本人的占有。[③] 破坏占有（Gewahrsamsbruch）意味着未经他人同意或违背他人意志使其丧失对物的事实支配。本案是否存在破坏占有是有争议的。可以认为，行为人利用程序将钱币拿走违背了机器运营者（Automatenbetreiber）的意志。[④] 这就必须认定，原占有人默认只有在玩家按照机器摆放者的设想操作时，从机器里可能吐出的钱币才会交付给这些玩家。然而这种构建思路会导致巨大的法不确定性，因为它可能会使刑事可罚性单纯取决于机器摆放者的主观保留，即便是在技术上完全正确地操作机器。[⑤] 因此，在自动完成交付动作的场合，应当认定存在原占有人对占有转移的概括合意，而不是在每个个案中具体认定合意是否存在。通过密码合规地从自动取款机取出现金，也应认定存在这种概括合意。这同样适用于在老虎机上赢钱的情况：A、

---

① BGHSt 35, 152, 161.

② 并不存在一个“刑法上”的财产概念（Eigentumsbegriff）。民法上关于取得以及丧失财产的规定是决定性的。

③ *Lackner/Kühl* § 242 Rn. 8; 详见 *Rengier* BT I § 2 Rn. 10 ff.

④ 参见 *AG Neunkirchen/Saar* CR 1988, 1028 f. 和 *LG Saarbrücken* NJW 1989, 2272。

⑤ BGHSt 35, 152, 160; 38, 120, 122 f.; 偏于非主流的另一种观点，*Mitsch* JuS 1986, 769 ff.

B在外观上完全正确地操作了机器。所以，从机器里吐出的钱币并没有像《德国刑法典》第242条要求的那样被拿走；相反，这些从机器里吐出的钱币的占有已经转移给了玩家。此处并不存在破坏占有，因为吐出钱币符合机器摆放者的意志，达成了转移的合意。

提示：如果A、B利用暴力对老虎机产生影响，就会产生另外的结论。[①]

2.结论

6 A、B不构成《德国刑法典》第242条第1款规定的盗窃罪的共同正犯。[②]

（二）侵占罪的共同正犯，《德国刑法典》第246条第1款、第25条第2款

7 A、B把从机器里吐出的钱币放进衣袋，涉嫌触犯《德国刑法典》第246条第1款、第25条第2款的规定，可能构成侵占罪的共同正犯。

1.客观构成要件

8 对此，A、B他们必须将他人动产违法据为己有。这里就再也不能回避从机器里吐出的钱币对于A、B而言是否属于“他人”的问题。正如上文提到，德国联邦最高法院认为无权使用他人借记卡在自动取款机上所取的钱款仍具有他人性，物权并没有合法转移。对此，德国联邦最高法院特别指出了银行对于

① Vgl. *Neumann* JuS 1990, 538.

② 也可参见*OLG Gelle* JR 1990, 347; *Neumann* JuS 1990, 538; *Schlüchter* NStZ 1988, 58。

使用自动取款机的商业条款。[1] 然而对于老虎机并不存在可比对的规则，尤其是缺乏与个人密码相对应的要素。

因此，不能依据客观而可验证的标准来限制老虎机所有权人（Spielautomateninhaber）就机器所吐钱币的占有转移要约。机器摆放者纯主观的保留也不足以对其进行限制。相反必须认定，转移要约适用于每一个在外观上正常操作机器而赢得钱币的人。据此，当钱币从机器吐出时，钱币的占有就已经有效转移给了A、B，对于他们而言，钱币就不再属于他人。 9

2.结论

A、B不构成《德国刑法典》第246条第1款规定的侵占罪的共同正犯。[2] 10

（三）骗取给付罪的共同正犯，《德国刑法典》第265a条第1款第一种情形、第25条第2款

A、B滥用机器，涉嫌触犯《德国刑法典》第265a条第1款第一种情形、第25条第2款的规定，可能构成骗取给付罪的共同正犯。 11

1.客观构成要件

《德国刑法典》第265a条的客观构成要件以“骗取”为前提。依照通说，“骗取”意味着行为人以合乎规范的假象或者逃避检查来享受他人给付的所有违规行为。[3] 其他意见将骗取要素 12

---

① BGHSt 35, 152, 161 f.

② 同样参见 *OLG Celle* JR 1990, 347; *Neumann* JuS 1990, 538 f.; *Schlüchter* NStZ 1988, 58. 主张另外一种意见。

③ 如 *Lackner/Kühl* § 265a Rn. 6。对于自动售货机（Warenautomat）以及自动服务机（Leistungsautomat）的（陈旧）区分，参见 *Hilgendorf* JuS 1997, 130 f.

在滥用自动售货机等机器时作宽泛理解，认为任何通过违规使用技术装置（technische Vorrichtung）获得给付（Inanspruchnahme einer Leistung）的行为均可满足。[①] 行为人在赢取老虎机内所有钱币时合规地使用了机器，只不过他们掌握额外信息。根据上述两种意见，A、B都不构成骗取。在主观构成要件方面，他们也不具有不支付使用老虎机所需对价的目的。

2.结论

13 A、B不构成《德国刑法典》第265a条第1款第一种情形、第25条第2款规定的骗取给付罪的共同正犯。

（四）计算机诈骗罪的共同正犯，《德国刑法典》第263a条第1款、第25条第2款[②]

14 A、B的行为涉嫌触犯《德国刑法典》第263a条第1款、第25条第2款的规定，可能构成计算机诈骗罪的共同正犯。

1.客观构成要件

15 对此，A、B须得通过对程序作非正确的调整、使用非正确或不完全的数据、未经授权使用数据或者未经授权作用于程序运行，从而影响数据处理进程的结果。

a)数据

16 数据（Daten）是指已被编码或可编码化的信息（参见《德国刑法典》第202a条）。[③] A、B 所持有的数字序列就是这样一种信息，因此符合《德国刑法典》第263a条意义上的“数据”。

---

① 详见 *Wessels/Hillenkamp* BT 2 Rn. 670。

② 由于不存在导致被害人产生错误认识的适格欺骗，本案不构成《德国刑法典》第263条第1款的诈骗罪。

③ *Lackner/Kühl* § 263a Rn. 3.

b) 对程序作非正确的调整或者使用非正确或不完全的数据（第一种情形和第二种情形）

此处可以排除《德国刑法典》第263 a条第1款第一种情形和第二种情形规定的构成要件，因为A、B并没有重新编写、变更或删除现有的程序（或者单个程序部分）（第一种情形）。他们只是使计算机程序运行受到了影响，而数据处理的结果在客观上并未出现错误。并且，老虎机中所输入的数据也没有被转移［即所谓输入操纵（Input-Manipulation）；第二种情形］。 **17**

c) 未经授权使用数据（第三种情形）

不过仍可以考虑A、B的行为符合《德国刑法典》第263a条第1款第三种情形规定的未经授权使用数据。 **18**

aa) 使用

首先必须使用数据。文献中有一种观点主张，使用数据专指行为人向自动化的数据处理进程添加数据，从而使机器按照行为人的意思只处理他所输入的数据，不处理其他数据的行为。[①] 若遵循这种观点，则本案就不符合《德国刑法典》第263a条第1款第三种情形规定的计算机诈骗。虽然通过按下风险按钮也可以向游戏程序输入一定的指令，同时基于未经授权而得到的信息有针对性地按下风险按钮，也影响了老虎机软件的功能。但是这里并没有将以上信息输入到数据处理进程之中。[②] **19**

然而，上述对“使用数据”要素的解释并不见得无法反驳。 **20**

---

① 如Schönke/Schröder/*Perrson* § 263a Rn. 8; *Kindhäuser* BT II § 28 Rn. 20, 55; *Neumann* JuS 1990, 536。

② Schönke/Schröder/*Perron* § 263a Rn. 8; 依照这种意见，此类型案件涉及《德国刑法典》第263a条第1款第四种情形。明显反对的观点参见*BGH* NJW 1995, 669, 670。

根据法条的字面含义，任何对数据的使用行为都应涵括在内[①]，也并不存在通过体系解释或目的解释来对词义进行限缩的理由。因此应对“使用数据”要素作宽泛解释。[②] 据此，本案中存在使用数据的行为。

bb) 未经授权

21 A、B必须“未经授权”使用数据。然而，解释“未经授权”要素极具争议。

22 根据法条的字面含义，未经授权意味着违背权利人的真实意志，本案中权利人是机器运营者（主观解释）。[③] 据此，这里存在未经授权使用数据的行为。

23 在文献中可以找到很多对该构成要件要素进行限缩解释的建议，这些建议之间差异显著。[④] 在判例中也出现了向这一方向的尝试。例如主张未经授权使用数据必须涉及计算机的特定操作。[⑤] 部分文献以及德国联邦最高法院新近要求，为了维持计算机诈骗罪的诈骗罪结构，必须像《德国刑法典》第263条规定的欺骗那样向计算机输入与现实相悖的数据。依此可将《德国刑法典》第263a条意义上的“未经授权”评价为一个在这个意义上的“等同欺骗”的行为。[⑥]

24 然而反对意见认为，对这个条文进行这样的限缩并不具有

---

① 这种解释符合立法者的意志，详见 *BayObLG* NJW 1991, 438, 440, 提示见 BT-Drs. 10/318 S. 20。

② 除了 BayObLG 之外，还可参见 *OLG Celle* JR 1990, 346。

③ BGHSt 40, 331 附有 *Ranft* 的注释 JuS 1997, 19; *BayObLG* NJW 1991, 438, 440; *Kindhäuser*, BT II § 28 Rn. 23; *Maurach/Schroeder/Maiwalt* BT 1 § 41 Rn. 233; *Hilgendorf* JuS 1997, 132。

④ 参见 *Achenbach* Jura 1991, 227 的梗概，und in *OLG Köln* JR 1992, 249, 250 f. 附有 *Otto* 的注释 S. 252 ff.

⑤ *OLG Celle* JR 1990, 346; 同样观点的参见 *LG Freiburg* NJW 1990, 2636 f.

⑥ Vgl. *Lackner/Kühl* § 263a Rn. 12 ff.; *BGH* NJW 2002, 905, 906; 2013, 1017, 1018.

说服力。而且如何在个案中鉴别出“计算机的特定操作”，极不清晰。虽然必须承认《德国刑法典》第263a条与第263条同源，因此原则上须得在解释上与诈骗罪的构成要件保持一致，但却不要求做出与诈骗罪构成要件完全相等同的解释。[①] 将每一个不顾处分权人可明辨或者可推定的意志而实施的行为称为“未经授权”，更为可取。这就致使像本案这样的情形中存在使用数据的“未经授权性”。[②] 这种相对宽泛的解释也并不违背刑法的“明确性要求”[③]。[④]

25 进一步的问题在于，《德国刑法典》第263a条第1款第三种情形意义上的未经授权使用数据是否以介入一个已在运行的数据处理进程为前提。[⑤] 这可能会导致以未经授权使用数据的方式启动数据处理进程的情形不能被涵摄于《德国刑法典》第263a条第1款第三种情形之下。特别是《德国刑法典》第263a条第1款第四种情形使用了数据处理进程的“运行”（Ablauf）这一措辞。然而，对《德国刑法典》第263a条第1款第四种情形作如此解释，即将启动数据处理进程排除在规范之外，已经不具有说服力[⑥]，更不用说将此种解释适用于第三种情形了；而且也看

---

① 若认为计算机诈骗罪是诈骗罪的特别情形，就必须确定能否将使用数据视为《德国刑法典》第263条第1款意义上的对事实的默示欺骗，就好像面对一个自然人一样。如果将本案面对老虎机的情形类比面对一个自然人，则行为人默示地欺骗了他对结果，即机器内部运作完全不知情。因此就存在错误认识。依据特别型诈骗罪的立场，存在“未经授权”要素。在赢空老虎机方面，“使用数据”的要素仍会存在问题。

② 还可参见 BGHSt 40, 331（然而此处肯定了《德国刑法典》第263a条第1款第四种情形）; *BayObLG* NJW 1991, 438, 440 f.; *Weber*, FS Krause, 1990, S. 433 f. 另外一种界定建议参见 *Hilgendorf* JR 1997, 347 ff.

③ 刑法中的明确性要求详见 *Roxin* AT I § 5 Rn. 67 ff.

④ BGHSt 38, 120, 121; 然而对这一方向的疑虑详见 *Ranft* wistra 1987, 79, 83 f.

⑤ 如 *Ranft* wistra 1987, 79。

⑥ BGHSt 38, 120, 121, *OLG Köln* JR 1992, 249, 250.

不出任何立法者将构成要件的适用范围作如此限缩的理由。此外，老虎机在玩家按下风险按钮的时候已经运行。就这一点而言，可以认定存在已在运行的数据处理进程。[①]

26 因此A、B未经授权使用了数据。

d)其他影响（第四种情形）

27 此外，还可能实现了第四种情形。不过普遍认为这是一个兜底条款（Auffangtatbestand），因此只起补充作用。[②]

提示：若排除符合第三种情形的可能，就必须检验第四种情形。判例和部分文献肯定这里构成其他影响。[③] 这里对“未经授权”要素的解释同第三种情形。

e)影响数据处理进程的结果

28 未经授权使用数据必须导致影响数据处理进程的结果。数据处理是指通过数据采集、数据分析、程序运算得出运行结果的技术进程。A、B知道何时针对性地按下风险按钮可以赢得钱币。对于游戏而言，改变程序进程一般是指提高赢利概率，但也可以包括提升亏损的风险。通过“对运行施加影响”（Einwirkung auf den Ablauf）排除失败的风险，玩家影响了老虎机的赢利分配，即“数据处理进程的结果”。[④] 这种人为操纵的行为导致电脑程序送出了1 000欧元。因此数据处理进程的结果被影响。

---

① *BayObLG* NJW 1991, 438, 440.

② *Fischer* § 263a Rn. 18.

③ Vgl. BGHSt 40, 331, 334; *BGH* NJW 2013, 1017, 1018; Schönke/Schröder/*Perron* § 263a Rn. 8, 17; LK/*Tiedemann* § 263a Rn. 62.

④ BGHSt 40, 331.

f)财产损失

此外，必须存在财产损失。A、B 通过人为操纵老虎机获得1 000欧元，使老虎机运营者蒙受了1 000欧元的损失。因而这里存在财产损失。 29

2. 主观构成要件

A、B在行为时具有故意，并具有获利目的。特别是他们的赢利与财产损失具有素材同一性。他们所谋求的财产损失是违法的，且A、B对此具有故意，因此主观构成要件得以符合。 30

3. 违法性与罪责

A、B的行为违法且有责。 31

4. 结论

A、B构成《德国刑法典》第263a条第1款第三种情形、第25条第2款规定的计算机诈骗罪的共同正犯。 32

（五）窥探数据罪，《德国刑法典》第202a条

A、B的行为是否还符合《德国刑法典》第202a条规定的构成要件，属于事实问题。案情对此并没有说明。 33

提示：由于案情没有说明，若对这个构成要件进行详细检验则是不正确的。

（六）泄露商业秘密或经营秘密罪的共同正犯，《德国反不正当竞争法》第17条、《德国刑法典》第25条第2款

A、B 涉嫌触犯《德国反不正当竞争法》第17条、《德国刑法典》第25条第2款的规定，可能构成泄露商业秘密或经营秘密罪的共同正犯。 34

1. 客观构成要件

a)《德国反不正当竞争法》第17条第2款第1项

35 案情并没有交代行为人如何购置电脑程序，所以不符合《德国反不正当竞争法》第17条第2款第1项规定的情形。

36 由于A、B并没有基于雇佣关系而托付“秘密”，所以也不符合《德国反不正当竞争法》第17条第1款规定的情形。

b)《德国反不正当竞争法》第17条第2款第2项

37 相反，A、B的行为可能符合《德国反不正当竞争法》第17条第2款第2项规定的情形。对此，A、B所使用的数字序列须得涉及经营秘密。① 可以肯定制造商对数字序列的保密利益享有合法权利。② 如果数字序列已被公开，自然就不能再将其认定为经营秘密。③ 这里毕竟除制造商外还有两个人，即A、B知道该数字序列。至于这个数字程序究竟非法传播到何种范围，案情并未交代，因此应否定大面积扩散的可能性。与此相对的问题是，A、B本身的认识是否足以排除经营秘密的要素，因为公开意味着事实已被普遍知晓或随意泄露。④ 然而本案并不属于这种情况。数字序列可被视为《德国反不正当竞争法》第17条意义上的经营秘密。

38 该经营秘密必须通过《德国反不正当竞争法》第17条第1款、第2款第1项规定的行为或者其他未经授权的手段获得。A、

---

① 对于商业秘密（Geschäftsgeheimnis）和经营秘密（Betriebsgeheimnis）的区别，参见Ohly/Sosnitza/*Ohly* § 17 Rn. 5。商业秘密主要涉及商业方面，而经营秘密则更多涉及技术领域。

② *Neumann* JuS 1990, 539; *Schlüchter* NStZ 1988, 55.

③ 参见*AG Augsburg* CR 1989, 1004 附有的*Etter*的注释。

④ Köhler/Bornkamm/*Köhler* § 17 Rn. 7; 同样观点可参见*BayObLG* NJW 1991, 438, 439。

B非法获取了数字序列的内容，即未经授权获得了经营秘密。①

39 此外必须利用未经授权获得的数据。利用意味着对秘密的经济性开发，包括任何对受保护数据的使用。②本案中存在以人为操纵老虎机为目的而使用数据的行为，属于利用。③

40 利用必须是未经授权的。未经授权意味着任何损害秘密持有人保密利益的使用。④ 相比于《德国刑法典》第263a条，该要素在《德国反不正当竞争法》第17条下的宽泛解释并不具有争议。⑤ 因此很容易就可以肯定该要件的成立。

2. 主观构成要件

41 A、B在主观方面具有故意并具有利己目的（《德国反不正当竞争法》第17条第2款）。

3. 违法性与罪责

42 A、B的行为违法且有责。

4. 结论

43 A、B 构成《德国反不正当竞争法》第17条第2款第2项、《德国刑法典》第25条第2款规定的泄露商业秘密或经营秘密罪的共同正犯。依据《德国反不正当竞争法》第17条第5款的规定，该罪告诉才处理。

（七）最终结论与竞合

44 依据《德国反不正当竞争法》第17条第2款第2项，《德国

---

① Vgl. Köhler/Bornkamm/*Köhler* § 17 Rn. 47.

② Köhler/Bornkamm/*Köhler* § 17 Rn. 41.

③ 详见 *BayObLG* NJW 1991, 438, 440。

④ Köhler/Bornkamm/*Köhler* § 17 Rn. 43.

⑤ 对《德国刑法典》第263a条的检验详见上文边码21—26。

刑法典》第25条第2款、第263a条、第25条第2款的规定，A、B构成泄露商业秘密或经营秘密罪的共同正犯、计算机诈骗罪的共同正犯。二者成立《德国刑法典》第52条规定的犯罪单数（想象竞合，从一重处罚）。

四、案例评价

本案并不是特别简单，要求对某些不常见的构成要件（如计算机诈骗罪）或者一般并不为人熟知的来自公平交易法的刑法条文进行检验。这个案例的难点在于将熟悉的体系转移到不熟悉的规范中，并且需要学生展示相应的转换能力。

学生首先要对《德国刑法典》第242条、第246条进行准确检验，判断是否存在拿走他人动产的行为。这里为支持论证，可同时参考借记卡问题（参见案例12）的处理。但最重要的是通过全面思考而提出自己具有说服力的论证，这样的观点绝不是“错误”的。

随后要探讨计算机诈骗罪的问题（《德国刑法典》第263a条），这属于本案重点。主要问题是使用数据的权限，特别是如何限缩这个被宽泛理解的构成要件，以及哪一个时间点对于介入是重要的。本案的行为究竟被涵摄于《德国刑法典》第263a条第1款第三种情形还是第四种情形之下，并不会对分析的质量产生关键性影响。重要的是学生能够识别这些问题并且就“未经授权”要素的解释问题进行深入探讨。

一般而言，第一次州司法考试的笔试并不要求检验附属刑法，如依据《德国反不正当竞争法》第17条的刑事可罚性。[①]如果案情没有明确要求检验该规范，就不必对它进行检验。若学生重视这个规范，对其简要说明即可。

相反，学生在司法考试的口试中可能会面对自己完全不熟悉的刑法规范。当然也不需要对此具备特别知识。此处更多取决于学生是否对刑法体系具有坚实的基础理解以及向案例转化的问题意识。对于不熟悉的法律概念可从熟悉的定义中进行推导。这里可以借鉴《德国刑法典》第203条意义上的秘密标准，简单和经营相联系，从而推导出《德国反不正当竞争法》第17条第2款第2项的经营秘密的定义。同样的，总论问题也可以通过这种“勾连”得到很好的检验。

其他延伸阅读：*Bühler*, Geldspielautomatenmissbrauch und Computerstrafrecht, MDR 1991, 14; *Ernst*, Computerstrafrecht 2007, DS 2007, 335–340; *Hecker*, Entscheidungsbesprechung zum Computerbetrug, JuS 2015, 756–758; *Hilgendorf*, Grundfälle zum Computerstrafrecht, JuS 1996, 509–512, 702–706, 890–894, 1082–1084; JuS 1997, 130–136, 323–331; *Marberth-Kubicki*, Neuregelungen des Computerstrafrechts , ITRB 2008, 17–19; *Többens*, Die Straftaten nach dem Gesetz gegen den unlauteren Wettbewerb (§§ 16–19 UWG), WRP 2005, 552–561.

① 然而不能完全排除对这类规范的检验，必须借助理解且在不具备特别知识（Einzelwissen）的情况下解决试卷中的问题。对此参见 *VGH Mannheim*, Urt. Vom 11. 12. 1985 – 9 S 2823/85 (n. v.)。

案例4：逃亡之旅

关键词：抗拒执行公务之官员罪；过失杀人罪；侵害道路交通罪；危害道路交通罪（与酒精相关的无能力驾驶、错误超车）；归责；竞合

难　度：中等

一、案情

A在一个轻松愉快的晚上看了一场刺激的动作电影，并且喝了很多酒。情绪很高昂的他在午夜开车回家。在维尔茨堡的核心地段，A超速行驶的行为引起了警察的注意。警察对A出示停车指示牌让其接受检查，但他对此不予理睬继续行驶。于是警察就驾车追了上去。在警车刚想超越A车时，A突然将车开到警车之前，所以警车不能超越以迫使其停下。警车只有通过全力刹车才避免了两车相撞。

之后，这样的过程又重复了两次。追赶A的警察不得不请求支援。警察X与其同事Y正驾驶警车在附近巡逻，收到总部的指令后马上驾车赶来协助。两辆警车开启蓝色闪光灯和警笛并尝试阻断A的去路。突然从左侧出现了一个想横穿道路的自行车骑行者。一辆警车由于车速过快，躲闪不及撞死了这个自行车骑行者。

赶来协助的第三辆警车成功阻断了A车的去路。这辆警车横向停于行车道，想迫使A停车。A以很高车速行驶，马上就

要接近这辆用于阻挡的警车。他仔细一看是辆警车，并且认为车内可能有人。但他出于想要逃脱的念头还是没有减速驾驶。在快要撞上的一刻，警车内的警察紧急跳车。A在撞击中受重伤。事后，A的血样显示其血液中酒精含量达到了1.2‰。

试问A的刑事可罚性？

二、分析提纲

（一）第一组行为：危险超车 …………………………………… 1

1.抗拒执行公务之官员罪，《德国刑法典》第113条第1款 …………………………………………………… 1

a)客观构成要件……………………………………………… 2

b)主观构成要件……………………………………………… 4

c)违法性……………………………………………………… 5

d)罪责………………………………………………………… 6

e)量刑………………………………………………………… 7

aa)携带武器或危险工具，《德国刑法典》第113条第2款第2句第1项 ………………………………… 8

bb)危险，《德国刑法典》第113条第2款第2句第2项 …………………………………………………… 11

cc)中间结论 ………………………………………………… 12

f)结论………………………………………………………… 13

2.强制罪，《德国刑法典》第240条 ………………………… 14

3.恐吓罪，《德国刑法典》第241条第1款 ………………… 15

4. 危害道路交通罪，《德国刑法典》第315c条 …… 16
a) 客观构成要件 …… 17
aa)《德国刑法典》第315c条第1款第1项a …… 17
bb)《德国刑法典》第315c条第1款第2项b第二种情形 …… 22
b) 主观构成要件 …… 23
c) 违法性与罪责 …… 24
d) 结论 …… 25
5. 酒后驾驶罪，《德国刑法典》第316条第1款 …… 26
6. 侵害道路交通罪，《德国刑法典》第315b条第1款第2项 …… 27
a) 客观构成要件 …… 28
b) 结论 …… 31
7. 对第一组行为的结论 …… 32
（二）第二组行为：自行车骑行者的死亡 …… 33
1. 过失杀人罪，《德国刑法典》第222条 …… 33
a) 构成要件 …… 34
b) 违法性、罪责与结论 …… 37
2. 对第二组行为的结论 …… 38
（三）第三组行为：与阻挡警车相撞 …… 39
1. 抗拒执行公务之官员罪，《德国刑法典》第113条第1款 …… 39
a) 客观构成要件 …… 40

b) 主观构成要件 …… 41
c) 违法性与罪责 …… 42
d)《德国刑法典》第113条第2款第2句第1项的原则性例示 …… 43
e) 结论 …… 47
2. 侵害道路交通罪,《德国刑法典》第315b条第1款、第3款和第315条第3款 …… 48
a) 客观构成要件 …… 49
aa)《德国刑法典》第315b条第1款的客观构成要件 …… 49
① 毁坏或损坏交通工具,《德国刑法典》第315b条第1款第1项 …… 49
② 其他类似的危险侵害行为,《德国刑法典》第315b条第1款第3项 …… 52
bb)《德国刑法典》第315b条第3款的客观构成要件和第315条第3款 …… 55
b) 主观构成要件 …… 58
c) 违法性与罪责 …… 59
d) 结论 …… 60
3. 谋杀罪未遂,《德国刑法典》第211条、第22条、第23条第1款 …… 61
a) 预先检验 …… 62
b) 行为决意 …… 63
c) 直接着手 …… 64
d) 违法性与罪责 …… 65

e)没有中止 …… 66
f)结论 …… 67
4.损坏财物罪,《德国刑法典》第303条第1款 …… 68
5.损坏公共财物罪,《德国刑法典》第304条第1款 …… 69
a)客观构成要件 …… 70
b)结论 …… 71
6.毁坏重要工作设备罪,《德国刑法典》第305a条第1款 …… 72
7.对第三组行为的结论与竞合 …… 73
(四)最终结论与竞合 …… 74

三、案情分析

(一)第一组行为:危险超车

1.抗拒执行公务之官员罪,《德国刑法典》第113条第1款

1 A突然将车开到了想超越他的警车之前,涉嫌触犯《德国刑法典》第113条第1款第一种情形的规定,可能构成抗拒执行公务之官员罪。

a)客观构成要件

2 对此,A必须阻碍公务员执行公务或对其进行攻击。本案中巡视的警察属于公务员(《德国刑法典》第11条第1款第2项a)。A试图驾车逼迫警车的行为是一种以有形暴力[①]进行的阻碍

① 暴力概念在这里争议不大,参见*Wessels/Hettinger* BT 1 Rn. 628和Rn. 383 ff.

行为（《德国刑法典》第113条第1款第一种情形）。但是需要注意的是，纯粹避开警察检查，即逃脱追踪本身还未满足“以暴力阻碍”的前提，因为“以暴力”要求对执法公务员施加实体性胁迫措施，主要是身体力量、积极的行为。① 本案中，A不仅涉及避开警察的检查，还有三次阻碍警车超越的行为，即尝试挤开警车的带有强制性质的积极行为。因此，A以暴力阻碍警察执法。②

3 问题在于，A的行为是否构成《德国刑法典》第113条第1款意义上的阻碍执行公务。对此，不是对普通检查措施的阻碍，而是阻碍具体的执法行为，即对个案的执行。③ 警车巡逻还不能被视为是《德国刑法典》第113条意义上的执法行为。④ 相反，需要警察像本案这样依据《德国道路交通条例》第36条第1款、第5款的规定，要求特定的驾驶员因其值得注意的驾驶方式而停车接受检查，即交通警察的检查措施。因而此处存在执法行为。⑤

b) 主观构成要件

4 依据《德国刑法典》第15条的规定，A在行为时必须具有故意，即实现构成要件的认知和意欲。A蓄意地实施了行为，因而对所有行为情状具有故意。

c) 违法性

5 公务行为是合法的（排除适用《德国刑法典》第113条第3

① *BGH* NStZ 2013, 336.

② 也可参见 *OLG Köln* NJW 1968, 1247。

③ Vgl. Schönke/Schröder/*Eser* § 113 Rn. 13.

④ *KG* NStZ 1989, 121.

⑤ BGHSt 25, 313。进一步的明证参见 Schönke/Schröder/*Eser* § 113 Rn. 13。

款第1句）。A的行为违法。

提示：《德国刑法典》第113条第3款规定的公务行为的违法性在教义学上的地位存在争议。一种观点认为，公务行为缺乏合法性可作为违法阻却事由。另有一种观点认为，缺乏合法性属于客观处罚条件。还有观点认为，缺乏合法性是刑罚排除事由。①

d) 罪责

6 尽管A喝了酒，但是在案情中并没有发现可适用《德国刑法典》第21条的线索（血液中酒精含量达到2.0‰就可认定为存在减弱的罪责能力，有时在血液中酒精含量低于2.0‰的情形下也会适用《德国刑法典》第21条，但需要考虑其他因素，比如疲劳或衰竭症状）。② 因此A的行为有责。

e) 量刑

7 问题在于，A的行为是否符合《德国刑法典》第113条第2款的原则性例示（Regelbeispiel）。

aa) 携带武器或危险工具，《德国刑法典》第113条第2款第2句第1项

8 首先可以考虑《德国刑法典》第113条第2款第2句第1项。对此，A必须携带武器或危险工具，用于阻碍执行公务。这里可以考虑A用作强制工具的汽车是否属于武器。迄今为止的判例和主流观点认为，对武器概念的解释可等同于对《德国刑法典》第224条第1款第2项第二种情形以及第244条第1款第1项

① 明证参见*Fischer* § 113 Rn. 10。

② 详见Schönke/Schröder/*Perron/Weißer* § 20 Rn. 16 ff.

a第二种情形中的危险工具的解释。[①] 据此可以将汽车视为《德国刑法典》第113条第2款第2句第1项意义上的武器。[②] 如此解释却有违德国联邦宪法法院在2008年作出的判决，依据该判决，将汽车视为武器不符合《德国基本法》第103条第2款的明确性要求，属于违宪。不过将危险工具也纳入《德国刑法典》第113条第2款第2句第1项构成要件的原则性例示，就使得上述问题不再具有讨论的意义。对“危险工具”要素的解释等同于对《德国刑法典》第224条的危险工具的解释，汽车自然隶属在内。[③]

A有意驾驶汽车作出排挤动作，利用了该工具固有的潜在危险。 **9**

因此，《德国刑法典》第113条第2款第2句第1项的原则性例示得以符合。 **10**

bb)危险，《德国刑法典》第113条第2款第2句第2项

A可能实施了暴力行为，造成警车里的警察死亡或重伤的具体危险（《德国刑法典》第113条第2款第2句第2项）。由于警察只有全力刹车才能避免与A的汽车相撞，所以可以认定本案存在这种具体的危险。问题在于，A这种阻止超车的动作能否被视为“暴力行为”。如《德国刑法典》第125条体现的那样，暴力行为意味着通过具有显著攻击性的作为直接对他人施加有形力量。[④] 因此暴力行为属于暴力的特别升格形式。A的作为毫无疑问是危险的，但是否属于上述意义上的暴力行为，则依然 **11**

---

① Schönke/Schröder/*Eser* § 113 Rn. 63; *Fischer* § 113 Rn. 38.

② BGHSt 26, 176.

③ Schönke/Schröder/*Eser* § 113 Rn. 63.

④ BGHSt 23, 46 (Laepple-Urteil); 此外参见 *Lackner/Kühl* § 125 Rn. 4。

存疑。如不想泛化这个概念[①]，就应将该概念限制在直接身体侵略性特别严重的特例情况，由此就应否定A的行为在本案中构成“暴力行为”。此外，A还缺乏必要的危险故意（Gefährdungsvorsatz）。通过对案情作符合日常生活经验的解释，虽然可认为行为人认识到对尾随警察造成一般身体伤害的可能性并对此予以放任，但是并没有任何线索显示A的故意内容中含有造成他人死亡或者重伤的目的。因此，A的行为不符合《德国刑法典》第113条第2款第2句第2项规定的情形。[②]

cc) 中间结论

12 A的行为符合《德国刑法典》第113条第2款第2句第1项规定的特别严重情形。

f) 结论

13 A构成《德国刑法典》第113条第1款和第2款第2句第1项规定的抗拒执行公务之官员罪之特别严重情形。他一共实施了三次阻止超车行为。由此，他构成了三起抗拒执行公务之官员罪之特别严重情形（自然的行为单数）。[③]

2. 强制罪，《德国刑法典》第240条

14 A同时也构成强制罪（《德国刑法典》第240条第1款和第2款），但该规定相对于《德国刑法典》第113条第1款和第2款，退居次位，排除适用（特殊关系）。

---

① 如只考虑暴力概念的精神化，对此参见*Krey/Hellmann/Heinrich* BT 1 Rn. 385 f.; *Wessels/Hettinger* BT 1 Rn. 383 ff.; 出自判例BVerfGE 92, 1，一方面参见*BGH* NJW 1995, 2643 ff.，另一方面参见*Swoboda* JuS 2008, 862 ff.

② 可主张其他观点（对重伤具有间接故意）。

③ *Heinrich* AT Rn. 1413 ff.

3. 恐吓罪，《德国刑法典》第241条第1款

15 由于A并没有威胁对警察实施某一具体重罪（如故意杀人罪），所以不构成《德国刑法典》第241条第1款规定的恐吓罪。

4. 危害道路交通罪，《德国刑法典》第315c条

16 此外，还可考虑A可能构成《德国刑法典》第315c条规定的危害道路交通罪。

a) 客观构成要件

aa)《德国刑法典》第315c条第1款第1项a

17 首先可考虑《德国刑法典》第315c条第1款第1项a。对此，A必须陷入（因饮酒）不适合驾驶的情形而仍然在道路上驾驶汽车，且最后造成了《德国刑法典》第315c条第1款规定的危险情势。A在公共道路（öffentliche Straße）上驾驶汽车，也就是在道路交通中驾驶汽车。此外，A必须由于饮酒而不适合驾驶。这里需要区分相对不适合驾驶和绝对不适合驾驶。

18 相对不适合驾驶意味着血液中酒精含量达到0.3‰以上，并同时存在其他因饮酒而引起的机能缺失。判例将绝对不适合驾驶的界限值确定为血液中酒精含量达到1.1‰。[①] 事后经过检测，A血液中酒精含量达到了1.2‰。因此他属于绝对不适合驾驶，并不属于单纯的相对不适合驾驶。[②] 所以这里并不考虑A的其他特别行为，比如过高的车速或者危险的阻止超车行为。

19 A须得因其不适合驾驶的情形而危及他人身体、生命或贵重物品。A阻止超车的行为至少给尾随的警察的身体完整性带来了直接危险［幸免事故（Beinahe-Unfall）］。

---

① BGHSt 37, 89; 详细的梗概参见 *Lackner/Kühl* § 315c Rn. 6 ff.

② 对此参见 *Lackner/Kühl* § 315c Rn. 7。

20 然而问题在于，饮酒与危险情势之间是否存在违法性关联。[1] 危险必须由因饮酒而导致的不适合驾驶状态造成。A阻止超车的行为并不是这种情况。A的不当行为（Fehlverhalten）是源自其逃脱警察追踪的决意，至少不能明确证明其行为方式受到了饮酒的影响。由此，饮酒与危险情势之间并不存在违法性关联。

21 因此，A的行为不符合《德国刑法典》第315c条第1款第1项a规定的情形。[2]

bb)《德国刑法典》第315c条第1款第2项b第二种情形

22 A的行为还可能符合严重违反交通规则且毫无顾忌地不当超车或超车进程中不当驾驶的情形。严重违反交通规则（Grob verkehrswidrig）意味着严重的交通违章并毫无顾忌。毫无顾忌意味着出于自私目的无视对其他交通参与者的义务。A在警车意图超车时出人意料地用自己的车挡住警车，阻挡了警车的去路，行为符合在超车进程中不当驾驶的构成要件要素。其阻止超车的行为是严重的交通违章。A出于自私目的而无视其他交通参与者法定的安全利益。由此，他严重违反了交通规则并毫无顾忌地实施了行为。[3] 他的行为造成了《德国刑法典》第315c条第1款意义上的具体危险。《德国刑法典》第315c条第1款第2项b第二种情形规定的客观构成要件得以符合。

b) 主观构成要件

23 问题在于，A在行为时是否具有故意。毫无异议，他对严

---

① 详见 *Lackner/Kühl* § 315c Rn. 27。

② 可主张其他观点。

③ *Wessels/Beulke/Satzger* AT Rn. 642将毫无顾忌视为特别的罪责要素。也可参见 *Wessels/Hettinger* BT 1 Rn. 998。

重违反交通规则具有故意。然而他还必须具有针对危及他人身体、生命或贵重物品的危险故意。[①] A有意创设了这个危险情势以便阻止警察的追踪。他认可接受了发生事故的可能性以及由此对警察和警车造成的危险。因此至少可以认定A对损坏警车，即贵重物品具有间接故意。

c)违法性与罪责

A的行为违法且有责。 **24**

d)结论

A构成《德国刑法典》第315c条第1款第2项b第二种情形规定的危害道路交通罪。他一共实施了三次阻止超车的行为。由此，他实现了三起危害道路交通罪（自然的行为单数）。 **25**

5.酒后驾驶罪,《德国刑法典》第316条第1款

《德国刑法典》第316条第1款规定的酒后驾驶罪相对于《德国刑法典》第315c条第1款第2项b第二种情形规定的危害道路交通罪，退居次位，排除适用。[②] **26**

提示：原则上可以考虑在第一组行为中依据《德国刑法典》第316条第2款的规定检验至少过失的酒后驾驶行为。但由于同属一个驾驶行为，过失犯罪相对于故意犯罪被排除适用，且案情事实也缺乏更多线索，所以可以忽略对该行为的检验。

6.侵害道路交通罪,《德国刑法典》第315b条第1款第2项

A阻止警车超车涉嫌触犯《德国刑法典》第315b条第1款第2项的规定，可能构成侵害道路交通罪。 **27**

---

① Schönke/Schröder/*Sternberg-Lieben/Hecker* § 315c Rn. 38 ff.

② Schönke/Schröder/*Sternberg-Lieben/Hecker* § 316 Rn. 30。其他观点参见*Lackner/Kühl* § 316 Rn. 7（只是相对于第315c条第1款第1项a属于补充关系）。

a)客观构成要件

28 对此，他必须以设置障碍的方式侵害道路交通安全，因而危及他人身体、生命或贵重物品。

29 然而《德国刑法典》第315b条原则上并不适用于交通运行中的事件，这种交通事件更多地被归入《德国刑法典》第315c条第1款第2项的适用范围内。[①]《德国刑法典》第315b条是对非交通运行本身的、来自外部的侵害道路交通安全的行为进行处罚。也有来自交通运行中的事件被认为是来自外部的交通侵害的特例。

30 这里的关键因素在于有意滥用汽车，以交通事件满足不当（Pervertierung）目的，即将危险侵害视为目的而非行为结果。[②]此外依据新近判例，行为人在行为时必须至少具有间接的损害故意。[③]本案中A的目的是阻止警车的追踪。他知道以他的驾驶方式可能会给警车上的警察带来危险，但并不能认为他至少认可接受了一种损害。因此，A的行为不符合《德国刑法典》第315b条第1款第2项规定的情形。

b)结论

31 A不构成《德国刑法典》第315b条第1款第2项规定的侵害道路交通罪。

7.对第一组行为的结论

32 A构成《德国刑法典》第113条第1款第一种情形和第2款第2句第1项规定的抗拒执行公务之官员罪之特别严重情形（三

---

① BGHSt 22, 7; 23, 4; Schönke/Schröder/*Sternberg-Lieben/Hecker* § 315b Rn. 7.

② *BGH* NStZ 1985, 267; Schönke/Schröder/*Sternberg-Lieben/Hecker* § 315b Rn. 8 附有进一步的明证。对这个观点的批判，参见 *Solbach/Kugler* JR 1970, 121。

③ BGHSt 48, 233, 237 f.

起）以及《德国刑法典》第315c条第1款第2项b第二种情形规定的危害道路交通罪，二者成立《德国刑法典》第52条的犯罪单数（想象竞合，从一重处罚）。

提示：这里也可考虑A构成《德国道路交通法》第24a条规定的血液中酒精含量在道路交通中超标的违反秩序行为，但这里已经构成了犯罪，违反秩序行为依据《德国违反秩序法》第21条第1款第1句的规定相对于犯罪行为具有补充性，排除适用。

（二）第二组行为：自行车骑行者的死亡

1.过失杀人罪，《德国刑法典》第222条

A涉嫌触犯《德国刑法典》第222条的规定，对自行车骑行者可能构成过失杀人罪。 **33**

a)构成要件

自行车骑行者已然死亡。A的行为是造成死亡结果的原因。设想如果不存在A逃避追踪的驾驶行为，则自行车骑行者的死亡，即具体形态的死亡结果就不会发生（条件公式）。 **34**

此外，A的驾驶方式在客观上违反了注意义务。一个谨慎理智的汽车驾驶员会遵守《德国道路交通条例》关于行驶车速的规定而不会从事危险的闪避行为，并且会遵循警察的指示。同时，自行车骑行者的死亡必须在客观上是可预见的。客观预见可能性应当根据行为人交往圈子中一个谨慎之人所能够预见的情况加以确定。[①] 对于极端反常的事件进程不存在客观预见 **35**

① *Jescheck/Weigend* AT S. 586 f.; Schönke/Schröder/*Sternberg-Lieben/Schuster* § 15 Rn. 135.

可能性。一辆追踪A的警车由于刹车不及撞死了自行车骑行者，这并不是非典型的、不可预见的因果进程，因为城市中高速追捕的过程并不能完全排除逃跑车辆或者追踪警车撞上无关自行车骑行者的可能性。

36 然而问题在于，能否将由警察直接造成的自行车骑行者的死亡归责于A。当第三人自我答责地设置实现构成要件结果的原因时，通常会中断先前行为的结果归责。[①] 虽然警察造成了自行车骑行者的死亡，但这是在追踪A的过程中发生的，仍在警察执行公务的范围内。只有当警察在追踪过程中的行为违反了注意义务时，对A的归责才能被排除。然而本案并不存在这样的线索。由于自行车骑行者在警笛长鸣以及警车快靠近的情况下横穿道路，也可考虑他应自负其咎（Selbstverschulden）。但是案情并没有交代他能够及时听见警笛声以及可以及时作出反应，所以这里就不存在被害人的自担责任。由此可在客观上将自行车骑行者的死亡归责于A。[②]

b)违法性、罪责与结论

37 由于A的行为违法且有责，所以A构成《德国刑法典》第222条规定的过失杀人罪。

2.对第二组行为的结论

38 A构成《德国刑法典》第222条规定的过失杀人罪。

---

① 详见SK/*Rudolphi* Vor § 1 Rn. 96–121, 里面明确地认为客观归责理论不过是对不同归责概念的混合。风险提升说特别参见*Roxin* AT I § 11 Rn. 44 ff.，尤其是Rn. 88 ff.

② 可主张其他观点。尤其可主张虽然警察在执行公务的范围内享有一定的裁量权，但这种裁量权也受到日常交往中必要的注意的约束。危险预防原则（Gefahrverhütungsgrundsatz）和比例原则（Prinzip der Verhältnismäßigkeit）同样也适用于警察。所以警察在此本身也可能违反了《德国道路交通条例》规定的行为准则，即便承认警察可以享有一定的“特别权利”。因此这里就属于警察完全负责的行为，中断了对A的归责关联。

提示：A在这一组行为以及第三组行为中都构成了《德国刑法典》第316条规定的酒后驾驶罪。该罪已在第一组行为中得到检验。由于A没有中断驾驶，不存在导致新的行为决意的间隔，所以这里只涉及一个单一的酒后驾驶行为。因此在第二组行为和第三组行为中就不再对其进行检验。

（三）第三组行为：与阻挡警车相撞

1.抗拒执行公务之官员罪，《德国刑法典》第113条第1款

39 A可能构成《德国刑法典》第113条第1款规定的抗拒执行公务之官员罪。

a)客观构成要件

40 进行检查的警察是公务员（详见上文边码2）。他们想让A停车接受检查的行为属于执行公务。A尝试撞击警车的行为是以有形暴力（physische Gewalt）阻碍警察执法。由此，《德国刑法典》第113条第1款第一种情形规定的客观构成要件得以符合。

b)主观构成要件

41 A在行为时具有故意。

c)违法性与罪责

42 A的行为违法且有责。

d)《德国刑法典》第113条第2款第2句第1项的原则性例示

43 此外，A的行为可能符合《德国刑法典》第113条第2款的原则性例示。

44 由于依据德国联邦宪法法院的判决，汽车不被视为武器，所以应排除对《德国刑法典》第113条第2款第2句第1项第一种情形（详见上文边码8）的适用。但是这并不能改变A有意

地攻击并带有损害目的地使用汽车的事实。在这里就可将汽车视为危险工具（详见上文边码8）。鉴于A有意并且有针对性地驶向警车，他就是将自己的汽车作为危险工具冲向警察。由此，《德国刑法典》第113条第2款第2句第1项第二种情形规定的原则性例示得以符合。

45 与横向停着的警车相撞也可能符合《德国刑法典》第113条第2款第2句第2项意义上的暴力行为。暴力行为意味着通过攻击行为对他人直接施加有形力量。[①] A驾车撞向坐有警察的警车，属于暴力行为。即便警察在A驾车即将撞向警车的一刻紧急跳车，也可认定A的暴力行为造成了第2项所要求的有他人死亡或者至少重伤的危险。

46 A对暴力行为以及造成具体危险具有故意。

提示：虽然原则性例示并不是构成要件，而是量刑规则，但是依据主流观点，行为人须对此具有故意。这也适用于相关的具体危险。[②]

e)结论

47 A的行为符合《德国刑法典》第113条第1款和第2款第2句第1项、第2项规定的抗拒执行公务之官员罪之特别严重情形。

2.侵害道路交通罪，《德国刑法典》第315b条第1款、第3款和第315条第3款

48 A驾车撞向警车，涉嫌触犯《德国刑法典》第315b条第1款、第3款和第315条第3款的规定，可能构成侵害道路交通罪。

---

① *Fischer* § 113 Rn. 39.

② BGHSt 26, 180; Schönke/Schröder/*Eser* § 113 Rn. 67.

a) 客观构成要件

aa)《德国刑法典》第315b条第1款的客观构成要件

① 毁坏或损坏交通工具,《德国刑法典》第315b条第1款第1项

首先可以考虑A的行为可能符合《德国刑法典》第315b条第1款第1项规定的毁坏或损坏交通工具。虽然可以肯定A驾车撞向警车会导致警车遭到毁坏或至少严重损坏，但光凭这一点还不足以符合《德国刑法典》第315b条第1款第1项规定的情形。 **49**

普遍获得承认的是，须对《德国刑法典》第315b条进行限缩解释，以避免同《德国刑法典》第315c条重合。《德国刑法典》第315c条主要针对汽车驾驶员在交通运行或静止时的错误行为[①]，而《德国刑法典》第315b条则只针对来自外部的交通侵害。[②] A有意违反用途地使用汽车阻碍交通运行。有别于第一组行为，此处他在行为时还额外具有损害故意。所以应当肯定这里存在“来自外部的交通侵害”[③]，原则上应当考虑适用《德国刑法典》第315b条。 **50**

反对适用《德国刑法典》第315b条第1款第1项的意见认为，A之所以造成警车的毁坏或损坏，是因为其快速驶向并撞上作为路障的警车。但是《德国刑法典》第315b条第1款第1项要求的侵害道路交通安全必须是第1项所列举行为的结果。[④] 然而这里A通过加速驶向作为路障的警车已经创设了对于道路交通的危险，这个危险最终在冲撞中实现。 **51**

---

① Vgl. *BayObLG* JR 1975, 164.

② BGHSt 23, 4。进一步的明证参见*Lackner/Kühl* § 315b Rn. 4。

③ 对此，一方面参见BGHSt 26, 51，另一方面参见*BGH* NStZ 1985, 267。

④ *Fischer* § 315b Rn. 6 最后。

提示：看上去可以主张适用《德国刑法典》第315b条第1款第1项，但会在检验“危及他人身体、生命或贵重物品”要素时出现特殊问题。①

② 其他类似的危险侵害行为，《德国刑法典》第315b条第1款第3项

52 A的行为可能构成《德国刑法典》第315b条第1款第3项规定的其他类似的危险侵害行为。他驾车加速冲向作为路障的警车，就是将汽车作为胁迫及冲撞工具，可以将其视为来自外部的交通危险侵害。从这个角度来看，警车的损坏就是这个侵害行为的结果。此外，由于A至少认可接受了撞上警车以及伤害车内警察的结果，所以他在行为时具有新近判例②所要求的损害故意（详见上文边码28及以下）。

53 此外，A的行为必须侵害道路交通安全，这里只需要在性质上造成一般侵害即可，不要求在个案中证实侵害。③ 由于可以认定A的驾驶方式不仅给警车造成危险，还可能伤害其他交通参与者甚至造成他人死亡，所以这里显然可以认为他的行为足以造成侵害。

54 最后，A给他人身体、生命或贵重物品造成了具体危险。A的行为造成了警车至少严重受损的结果。由A所创设的危险已然在严重的财产损失中实现。同时，车中警察也面临身体和生命的具体危险，能够及时跳车逃过一劫仅是偶然事件（也可主张其他观点）。

---

① Vgl. *BGH* NZV 1990, 77; MDR 1991, 360.

② BGHSt 48, 233, 237 f.

③ Schönke/Schröder/*Sternberg-Lieben/Hecker* § 315b Rn. 3.

bb)《德国刑法典》第315b条第3款的客观构成要件和第315条第3款

还须检验A的行为是否符合《德国刑法典》第315b条第3款和第315条第3款的前提。 55

A在行为时必须具有引发交通事故的目的。可将与警车相撞视为《德国刑法典》第315条第3款第1项a意义上的交通事故。[①] 然而问题在于，A的主要意图是否就是要撞击横在路中间的警车。在此将A的行为目的主要解释为逃避警察的追踪，仅是认可接受了相撞的可能性，更为合理。因此，A的行为不符合《德国刑法典》第315b条第3款和第315条第3款第1项规定的情形。 56

不过A还可能构成《德国刑法典》第315条第3款第1项b规定的意图实施或掩盖其他犯罪行为。A在驾车逃跑途中已经实现了《德国刑法典》第113条、第315c条、第316条的构成要件，而且他对此也知情。因此依照日常生活经验解释案情，可以认定他具有《德国刑法典》第315条第3款第1项b规定的掩盖意图。[②] 虽然A触犯《德国刑法典》第113条和第315c条规定的行为已经被发现，但对此不会产生任何影响，因为只要具有掩盖自己身份的意图即可。[③] 因此，A的行为符合《德国刑法典》第315b条第3款和第315条第3款规定的前提。 57

---

① 《德国刑法典》第315条第3款意义上的“交通事故”的概念，参见*Fischer* § 315 Rn. 22。

② 当然在实践中需要一审法官对事实作更加深入的评价。

③ *Lackner/Kühl* § 211 Rn. 12. A在自己的汽车中实施了行为，这就是说（可推断）警察已经知道了车主的车牌号，可以确定他的身份。但这里以行为人自身的设想为准，行为人以为或是希望不被发现即可。

b) 主观构成要件

58 A在行为时对基本构成要件以及加重构成要件具有故意。

c) 违法性与罪责

59 A的行为违法且有责。

d) 结论

60 A构成《德国刑法典》第315b条第1款第3项、第3款和第315条第3款第1项b规定的侵害道路交通罪。

3. 谋杀罪未遂，《德国刑法典》第211条、第22条、第23条第1款

61 A的行为还涉嫌触犯《德国刑法典》第211条、第22条、第23条第1款的规定，可能构成谋杀罪未遂。

a) 预先检验

62 A的行为没有既遂。依据《德国刑法典》第23条第1款、第12条第1款的规定，谋杀罪未遂可罚。

b) 行为决意

63 尽管A认为警车内可能有人，但仍然全力加速驶向作为路障的警车。他肯定已经考虑到了横向停着的警车不再是“撞击缓冲区”（Knautschzone），车内乘坐的警察极有可能会在冲撞中死亡。但A还是驾车冲撞上去，这体现了他对车内警察的死亡持放任或内心认可接受的态度。[①] 虽然对杀人故意的认定原则上需要达到很高的心理门槛[②]，此处仍然可以肯定A具有杀人故意。A在行为时具有掩盖其他犯罪行为的意图（详见上文边码57）。[③]

---

① 关于间接故意的不同理论参见*Jescheck/Weigend* AT S. 299 ff.

② MünchKommStGB/*Schneider* § 212 Rn. 12 附有进一步的明证。

③ 这里不能排除间接故意和掩盖意图（Verdeckungsabsicht），参见*Rengier* BT II § 4 Rn. 57 ff.

因此可以认定A具有指向谋杀的行为决意。

c)直接着手

可以认定A的行为构成《德国刑法典》第22条意义上的直接着手。A已经开始实施构成要件行为。 64

d)违法性与罪责

A的行为违法且有责。 65

e)没有中止

对A也不适用《德国刑法典》第24条的中止条款。 66

f)结论

A构成《德国刑法典》第211条、第22条、第23条第1款规定的谋杀罪未遂。 67

4.损坏财物罪,《德国刑法典》第303条第1款

此外,A对警车构成《德国刑法典》第303条第1款的损坏财物罪。依据《德国刑法典》第303c条的规定,该罪告诉才处理。 68

5.损坏公共财物罪,《德国刑法典》第304条第1款

还可考虑A可能构成《德国刑法典》第304条第1款规定的损坏公共财物罪。 69

a)客观构成要件

对此,遭到损坏的警车须得是服务于“公益”的“物品”,即被赋予供大众直接使用的用途。[①] 典型的服务于公益的物品是路边长椅、火警警报器或公用电话亭。其典型特点为市民不须经由他人便可直接使用。但警车的用途在于让警察在执行公务 70

① *BGH* NJW 1990, 3029.

中更有效率，只是间接服务于公益，不能将警车归入公共财物的范围。[①]

b)结论

71 A不构成《德国刑法典》第304条第1款规定的损坏公共财物罪。

6.毁坏重要工作设备罪,《德国刑法典》第305a条第1款

72 A造成警车部分毁坏的行为符合《德国刑法典》第305a条第1款第3项规定的构成要件。《德国刑法典》第303条相对于第305a条，退居次位，排除适用（特殊关系）。

7.对第三组行为的结论与竞合

73 依据《德国刑法典》第113条第1款第一种情形，第2款第2句第1项、第2项的规定，A构成抗拒执行公务之官员罪之特别严重情形；依据《德国刑法典》第315b条第1款第3项、第3款和第315条第3款第1项b的规定，A构成侵害道路交通罪；依据《德国刑法典》第211条、第22条、第23条第1款的规定，A构成谋杀罪未遂；依据《德国刑法典》第305a条第1款第3项的规定，A构成毁坏重要工作设备罪。四者成立《德国刑法典》第52条的犯罪单数（想象竞合，从一重处罚）。

（四）最终结论与竞合

74 判例曾在某一类似案件中将全部行为视为一个自然的行为单数，因为其均以被告人的同一逃跑意思为基础。[②] 然而这个意见无止境地扩张了自然的行为单数概念，因为奠定其基础的

① 对此参见BGHSt 31, 185附有*Stree*的评论 JuS 1983, 836。

② *BGH* VRS 28, 359. 然而新近的判例又严格限制，参见BGHSt 43, 317, 319。进一步的明证如Schönke/Schröder/*Sternberg-Lieben*/*Bosch* Vor § 52 Rn. 24。

同一行为决意几乎本身就属拟制。因此文献中的通说更为合理，即只有出于同一行为决意，迅速连续地多次实现同一构成要件，才能认定构成自然的行为单数。[①] 依据该意见，本案可得出以下结论：

75 第一组行为中所实现的犯罪成立想象竞合（《德国刑法典》第52条）。第三组行为中的犯罪仅由一个自然意义的单一行为实现，同样成立想象竞合。在第一组行为、第二组行为以及第三组行为中分别实现的犯罪之间成立实质竞合（《德国刑法典》第53条）。《德国刑法典》第316条在此并不构成夹结（Verklammerung），因为夹结效应（Klammerwirkung）只有在面对一个较重犯罪和一个较轻犯罪时才可成立，而本案涉及两个较重的犯罪。[②]

76 本案的最终结论如下：

A构成《德国刑法典》第113条第1款第一种情形和第2款规定的抗拒执行公务之官员罪之特别严重情形（三起）；构成《德国刑法典》第315c条第1款第2项b第二种情形规定的危害道路交通罪。二者成立《德国刑法典》第52条规定的犯罪单数（想象竞合，从一重处罚）。

A构成《德国刑法典》第222条规定的过失杀人罪。

A构成《德国刑法典》第113条第1款第一种情形，第2款第2句第1项、第2项规定的抗拒执行公务之官员罪之特别严重情形；构成《德国刑法典》第315b条第1款第3项、第3款和第315条第3款第1项b规定的侵害道路交通罪；构成《德国刑法

---

① *Hilgendorf/Valerius* AT § 13 Rn. 15.

② 批判参见 *Lackner/Kühl* § 52 Rn. 6 附有的进一步明证。

典》第211条、第22条、第23条第1款规定的谋杀罪未遂；构成《德国刑法典》第305a条第1款第3项规定的毁坏重要工作设备罪。四者成立《德国刑法典》第52条规定的犯罪单数（想象竞合，从一重处罚）。

依据《德国刑法典》第53条的规定，以上分别实现的犯罪之间成立实质竞合，数罪并罚。[①]

四、案例评价

本案属于中等难度的司法考试案例。一方面学生要明辨及解决《德国刑法典》第222条的常规问题，比如对结果的客观预见可能性；另一方面也要求学生对新近判例有所了解。

第一组行为的重点在于《德国刑法典》第113条第2款、第315c条和第315b条。一般需要讨论《德国刑法典》第315b条第1款第3项与第315c条的区别。想要取得理想的成绩就要熟悉相应判例的要点，想要通过考试则需要至少能够辨识出上述问题。在检验《德国刑法典》第315c条第1款第1项a时，学生必须认识到饮酒与危险情势之间并不存在违法性关联。

第三组行为又会涉及在第一组行为中已经检验的构成要件。这里一方面应该理解其与第一组行为的区别，特别要认识到A在行为时具有损害故意；另一方面，第三组行为中的棘手问题在于《德国刑法典》第315b条第1款第1项，优秀的分析必须明辨对汽车的毁坏并未侵害交通安全。此外还必须清楚《德国刑法典》第315b条第3款的适用范围。

---

① 可主张其他观点。

由于需要在第一组行为与第三组行为中检验很多构成要件，必须正确地设置重点，否则就要预先计算好时间。因此，简短论述是可行且必要的。另外不容许出现的错误是，认为谋杀罪未遂已经是最重的犯罪，因而只对第三组行为中的《德国刑法典》第315b条规定的侵害道路交通罪进行十分浅显的检验。

其他延伸阅读： *Eisele*, Der Tatbestand der Gefährdung des Straßenverkehrs (§ 315c StGB)JA 2007, 168–173; *Beck*, Achtung: Fahrlässiger Umgang mit der Fahrlässigkeit, JA 2009, 111–115, 268–271; *Swoboda*, Grundwissen-Strafrecht: Der Gewaltbegriff, JuS 2008, 862–863.

案例5：原告的证人

关键词：虚伪宣誓罪（虚假陈述的概念）；剥夺他人自由罪；强制罪；投放毒物；阻却违法的紧急避险；界定教唆犯与共同正犯

难　度：偏难

一、案情

在审理可怕的歹徒首领A的案件中，B是公诉方的唯一证人。在诉讼前几周，警察已经对其进行了全天24小时的保护。她在庭审宣誓后陈述自己在案发时间并没有见过A，而是案发一天后在案发现场见过A。然而事实上她是在案发时间见过A。B由于紧张过度而记错了日期，她只要好好冷静想一下就会意识到这个错误。A由于B的陈述被宣告无罪并从监狱释放。但是这个判决还不具有法律上的确定效力。

A对于B随时会想起正确的时间感到担心。于是他交代其得力助手C，让B“永远消失”。A制订了行动计划细节。但是天不从人愿：依照A的计划，C应在自己的住宅内给B注射麻醉剂，以便在不惊动其他人的情况下将其带至A的游艇上杀死。然而C却将X误认为B，按照计划注射麻醉剂之后，他意识到自己认错了人，最终他放走了X。A得知后特别愤怒。他打电话给B的男朋友D，要求D和B一起来他这里。他告诉D，他只想和B好好谈谈。但是如果B不来，他就会让D“好看”。事实上，他只想摸摸B的底并且在必要时将她杀掉，永绝后患。D非常畏惧A，而且他相信A只想和B好好谈谈。之后，他就尝试着说服B和他一起去A那里。B对此严词拒绝。于是D使用暴力将激烈反抗的B拽入汽车后座。即使B因为汽车在城市中行驶的缓慢车速多次有机会可以跳车逃走，但是她害怕D的进一步行为而选择坐在车内。最终D改变主意开车掉头又将B送回了家。

试问A、B、C、D的刑事可罚性?

二、分析提纲

（一）第一组行为：在庭审时记错日期 ………… 1

1. B的刑事可罚性 ………… 1

a)过失虚伪宣誓罪,《德国刑法典》第154条第1款、第161条第1款 ………… 1

aa)构成要件 ………… 2

bb)违法性与罪责 ………… 9

2. 结论 ………… 10

（二）第二组行为：对X的袭击 ………… 11

1. C的刑事可罚性 ………… 11

a)谋杀罪未遂,《德国刑法典》第212条、第211条、第22条、第23条第1款 ………… 11

aa)预先检验 ………… 12

bb)行为决意 ………… 13

cc)直接着手 ………… 16

dd)结论 …………………………………………… 17
b)重罪共犯的未遂,《德国刑法典》第30条第2款 … 18
c)掳人罪,《德国刑法典》第234条第1款………… 19
d)剥夺他人自由罪,《德国刑法典》第239条第1款… 20
e)危险伤害罪,《德国刑法典》第223条第1款、
第224条第1款 ………………………………… 21
f)阻挠刑罚罪未遂,《德国刑法典》第258条第1款、
第22条、第23条第1款 ……………………… 27
2. A的刑事可罚性 ………………………………… 28
a)约定实施故意杀人罪,《德国刑法典》第212条
第1款、第30条第2款 ……………………… 28
aa)客观构成要件 ……………………………… 29
bb)主观构成要件 ……………………………… 35
cc)违法性与罪责 ……………………………… 36
dd)结论 ………………………………………… 37
b)伤害罪的共同正犯,《德国刑法典》第223条
第1款、第25条第2款 ……………………… 38
c)剥夺他人自由罪的共同正犯,《德国刑法典》第239条
第1款、第25条第2款………………………… 42
d)阻挠刑罚罪未遂的共同正犯,《德国刑法典》第
258条第1款、第22条、第23条第1款、第25条
第2款 ………………………………………… 43
e)结论……………………………………………… 44
3. 对C刑事可罚性的补充 ………………………… 45

（三）第三组行为：驱车带B前往A处 …………………… 46
1. D的刑事可罚性 ………………………………………… 46
a) 剥夺他人自由罪，《德国刑法典》第239条第1款 … 46
aa) 构成要件 ………………………………………… 47
bb) 结论 ……………………………………………… 52
b) 强制罪，《德国刑法典》第240条 ………………… 53
aa) 构成要件 ………………………………………… 54
bb) 违法性 …………………………………………… 55
① 正当防卫，《德国刑法典》第32条 ………… 56
② 阻却违法的紧急避险，《德国刑法典》第34条 ………………………………………… 57
(a) 避险情势 ………………………………… 58
(b) 避险行为 ………………………………… 59
(c) 利益衡量 ………………………………… 60
③《德国刑法典》第240条第2款的违法性 …… 64
cc) 罪责 ……………………………………………… 65
dd) 结论 ……………………………………………… 66
c) 伤害罪，《德国刑法典》第223条第1款 ………… 67
d) 结论 ………………………………………………… 68
2. A的刑事可罚性 ………………………………………… 69
a) 强制罪，《德国刑法典》第240条第1款 ………… 69
b) 恐吓罪，《德国刑法典》第241条 ………………… 70
c) D犯罪行为的间接正犯 ………………………… 71
d) 结论 ………………………………………………… 72
（四）最终结论 …………………………………………… 73

三、案情分析

（一）第一组行为：在庭审时记错日期

1. B的刑事可罚性

a)过失虚伪宣誓罪，《德国刑法典》第154条第1款、第161条第1款

1 B在法庭上的陈述涉嫌触犯《德国刑法典》第154条第1款、第161条第1款的规定，可能构成过失虚伪宣誓罪。

aa)构成要件

2 B在本案中是一名证人[①]（参见《德国刑事诉讼法》第48条及以下诸条），并且需要宣誓（参见《德国刑事诉讼法》第59条）。对此，她须得在法庭上虚伪宣誓才能构成本罪。何时可以认定为虚伪宣誓，文献和判例存在争议。[②]

3 依照主观说，虚假陈述意味着陈述与陈述人的内心设想（Vorstellungsbild）不符。陈述与认识之间的偏差在此具有决定作用。[③] 如果认同该理论，就不能因作虚假陈述而谴责B，因为她并没有伪造错误的认识。

4 相反，客观说则认为陈述与事实的矛盾才是决定性的。虚假陈述意味着陈述本身与（客观）事实不符。[④] 由于B的陈述与事实不符，所以依照该观点，其陈述属于《德国刑法典》第153

① 不同于《德国刑法典》第153条，第154条的适用范围不局限于证人宣誓以及鉴定人宣誓，也包含如翻译的虚伪宣誓，参见Schönke/Schröder/*Lenckner/Bosch* § 154 Rn. 4 f.

② 对不同理论的梗概参见*Wolf* JuS 1991, 177。

③ Vgl. RGSt 61, 159; 65, 22, 27; 68, 278, 281; LK/*Ruß* Vor § 153 Rn. 10.

④ 参见*Artz/Weber/Heinrich/Hilgendorf* BT § 47 Rn. 36 ff.; *Wolf* JuS 1991, 177, 179 f. 判例参见BGHSt 7, 147。

条及以下诸条所规定的虚假陈述。

另有观点认为，关键在于陈述人的证言（Bekundung）是否违反其依据程序法规则所负之义务。[①] 据此，陈述人就必需要对记忆进行认真细致的回想。但B恰恰没有做到，因为过度紧张，她止步于自己的粗略记忆。依照该观点，可将B的陈述视为虚假陈述。 5

赞同主观说的观点认为，国家共同体只能要求证人说出他能够说的，而这并不是客观事实，仅是证人对客观事实的认识。这是出自“没有人能超出其能力范围而担负义务”(ultra posse nemo obligatur)的原则。不过有时客观说也会将这一思想作为论证基础，即检验故意和过失的时候。如果行为人在无意或者不情愿的情况下作出真实陈述，那么依照主观说就会得出不太理想的结论。 6

提示：在后一种情况下依照主观说甚至可以得出犯罪既遂的结论，即使其陈述是客观真实的。

仅以证人依程序法所负义务判断陈述真实性的观点毫无必要地将主观和客观因素杂糅在一起。此外，它也不能解释《德国刑法典》第161条的存在。而客观说更为令人信服，可以与总论的教义学结构无缝对接。也只有该理论能符合陈述犯罪（Aussagedelikte）的目的，即捍卫司法不受（客观上）虚假陈述的误导。因此采纳客观说更为合适。由此可以确定，B在法庭上作出了虚假陈述。 7

B在过度紧张的情况下作出虚假陈述，说出了一个错误日 8

---

① *Otto* BT § 97 Rn. 8 ff.; *Schmidhäuser* BT 23/10.

期。她在行为时间点上认为自己的陈述是真实的，因而对构成要件要素即陈述的虚假性产生认识错误。因此依据《德国刑法典》第15条、第16条第1款的规定，她在行为时不具有故意。不过仍要考虑过失犯罪的刑事可罚性。如果证人在庭审时出于疏忽而没有进行必要的拷问记忆或者鉴于其认识可能性未注意到明显的错误根源，则他就于法庭陈述的范围内在客观上违反了注意义务。[①] 这个错误对于行为人个人而言必须是可认识以及可避免的。B的错误是因为她并没有充分拷问记忆，如果她仔细思考是可以认识到这个错误的，所以可以肯定过失的存在。

提示：因为陈述犯罪涉及行为犯（Tätigkeitsdelikte），所以不考虑结果在客观和主观上的预见可能性。

bb)违法性与罪责

9 B的行为违法且有责。

2.结论

10 B构成《德国刑法典》第154条第1款、第161条第1款规定的过失虚伪宣誓罪。

（二）第二组行为：对X的袭击

1. C的刑事可罚性

a)谋杀罪未遂，《德国刑法典》第212条、第211条、第22条、第23条第1款

11 C的实行行为涉嫌触犯《德国刑法典》第212条、第211条、第22条、第23条第1款的规定，可能构成谋杀罪未遂。

---

① *Wessels/Hettinger* BT 1 Rn. 763.

aa)预先检验

C的行为没有既遂，X还活着。依据《德国刑法典》第212条、第211条、第12条第1款、第23条第1款第一种情形的规定，谋杀罪未遂可罚。 12

bb)行为决意

首先需要具有杀害他人的行为决意。行为决意包括了实现客观构成要件要素的故意以及其他可能存在的主观构成要件要素。C想杀害B。问题在于，C对B身份的认识错误会产生何种影响。其可能构成《德国刑法典》第16条第1款第1句的构成要件错误。C将X错认为B。由于X和B都是《德国刑法典》第212条意义上的“人”（Gleichwertigkeit der Objekte，对象等价），这种错误属于不产生影响的对象错误。[①] 因此C具有行为决意。 13

其次需要检验C的行为决意是否指向实施谋杀行为。特别要考虑的是谋杀要素之意图掩盖其他犯罪行为（《德国刑法典》第211条第2款第三组第二种情形）。意图掩盖犯罪行为意味着意欲阻碍犯罪行为的查明。[②] A交代C一定要确保B不会在法庭上对A不利。C想掩盖他人的犯罪行为而非自己的犯罪行为，但这不会产生任何影响。[③] 然而要考虑到，当刑事追诉机关已经清楚行为人身份的时候，就不再可能掩盖其犯罪参与了。提出公诉之后的杀害行为不能再掩盖已经知晓的行为人以及犯罪行为，仅可能阻碍对先前犯罪的处罚。因此C不具有掩盖意图。 14

---

① *Hilgendorf/Valerius* AT § 4 Rn. 76.

② BGHSt 41, 8; *Otto* BT § 4 Rn. 48; *Wessels/Hettinger* BT 1 Rn. 125 ff; 主观构成要件参见*BGH* NStZ 1996, 81。

③ BGHSt 9, 180.

15 由于不符合其他谋杀要素，所以C只具有指向《德国刑法典》第212条的行为决意。

cc)直接着手

16 问题在于，C的杀人行为是否已经直接着手(《德国刑法典》第22条)。对于何时存在《德国刑法典》第22条的前提，判例和文献的争论激烈。经常适用的是一种经验法则(Faustregel)，即行为人在主观上必须越过“现在开始动手”的界限。然而正确的做法是仍要取决于一定的客观标准，尤其要取决于对法益的危险程度。本案不需要对观点冲突[①]进行详细的探讨，因为无论依照哪种意见都将否定直接着手的成立。B应被带至A的游艇上并被杀害，因此X在C的住宅内还未面临直接的危险。注射麻醉剂还属于预备阶段。虽然可以将出于杀害目的而注射麻醉剂和捆绑受害人视为直接着手[②]，然而在案情中，“注射麻醉剂”“运往游艇”和杀害行为之间都存在明显的时间间隔，同时依据行为人的设想，在他的住宅内也不会对B形成足够危险的情势。因此C并没有直接着手实现构成要件。

dd)结论

17 C不构成《德国刑法典》第212条、第211条、第22条、第23条第1款规定的谋杀罪未遂。

b)重罪共犯的未遂，《德国刑法典》第30条第2款

18 C应A的要求杀害B，即实施《德国刑法典》第12条第1款意义上的重罪。因此依据《德国刑法典》第30条第2款第一种情形、第212条的规定对他进行处罚。由于C不是出于自愿，而

① 梗概参见*Lackner/Kühl* § 22 Rn. 4–7附有的进一步明证。

② *Wessels/Beulke/Satzger* AT Rn. 856 f.; 也可参见*BGH* NJW 2002, 1057。

是由于认识错误而放弃行为，所以他不构成《德国刑法典》第31条第1款第3项的共犯中止。能否将C的行为认定为《德国刑法典》第30条第2款第三种情形规定的与他人约定实施重罪，则需要先查清A的犯罪参与形式才能确定，因为《德国刑法典》第30条第2款第三种情形是指与他人约定以共同正犯的形式实施重罪。

c)掳人罪，《德国刑法典》第234条第1款

由于C并不希望将B置于无助状态，而是希望杀害B，所以他不构成《德国刑法典》第234条第1款规定的掳人罪。 19

d)剥夺他人自由罪，《德国刑法典》第239条第1款

C对X可能构成《德国刑法典》第239条规定的剥夺他人自由罪。虽然C没有拘禁X(《德国刑法典》第239条第1款第一种情形)，但是他涉嫌以其他方式剥夺X的自由(《德国刑法典》第239条第1款第二种情形)。他给X注射了麻醉剂，使得X在一定的时间内不能离开他的住宅，构成了对X的行动自由的剥夺(《德国刑法典》第239条第1款第二种情形)。同时，C在行为时具有故意，行为违法且有责。因此可以肯定C构成《德国刑法典》第239条第1款第二种情形规定的剥夺他人自由罪，同时构成的第240条规定的强制罪相对于第239条，退居次位，排除适用(特殊关系)。 20

e)危险伤害罪，《德国刑法典》第223条第1款、第224条第1款

C给X注射麻醉剂，涉嫌触犯《德国刑法典》第223条第1款、第224条第1款的规定，可能构成危险伤害罪。 21

给X注射麻醉剂是一种险恶、失当的乱待行为。使X陷入 22

失去意识的状态意味着引起了她的病理状态。因而此行为符合《德国刑法典》第223条第1款意义上的身体乱待和损害健康。

23 此外要考虑以投放毒物或其他危险物质而实施的危险伤害行为（《德国刑法典》第224条第1款第1项）。然而问题在于，C给X注射的麻醉剂是否属于毒物。毒物是指在一定条件下通过化学或是物理—化学作用对身体健康造成巨大损害的有机物或无机物。[①] 巨大的健康损害必须具有持续性，而非只是对健康的暂时侵害。X在本案中虽然被一定剂量的麻醉剂麻醉，然而她不久就恢复意识并能够自行离开C的住宅。因此不能将麻醉剂视为《德国刑法典》第224条第1款第1项意义上的毒物。因而C的行为不符合《德国刑法典》第224条第1款第1项规定的情形。

24 C还可能涉嫌使用危险工具伤害他人（《德国刑法典》第224条第1款第2项第二种情形）。麻醉剂就其客观属性及其具体的使用方式而言并不能造成严重的身体伤害。[②] 因此C的行为不符合《德国刑法典》第224条第1款第2项第二种情形的规定。

25 C故意、违法且有责地实施了注射麻醉剂的行为。

26 C对X构成《德国刑法典》第223条第1款规定的伤害罪。

f)阻挠刑罚罪未遂，《德国刑法典》第258条第1款、第22条、第23条第1款

27 还可以考虑C可能构成《德国刑法典》第258条第1款、第4款，第22条，第23条第1款规定的阻挠刑罚罪未遂。C想掩盖A的犯罪参与并使他免于刑罚。然而问题在于，他是否已经直接着手实施他所计划的犯罪行为（《德国刑法典》第22条）。

---

① *Lackner/Kühl* § 224 Rn. 1a.

② *Lackner/Kühl* § 224 Rn. 5.

对此依据C的行为故意，通过绑架B必须已经直接、具体地威胁到了《德国刑法典》第258条所保护的法益，即国家刑罚权[①]（Strafanspruch）。[②] 因为根据事态，只有B能对A的无罪释放造成威胁，让她消失就阻挠了国家实施刑罚权，所以可以肯定阻挠刑罚行为的直接着手。行为违法且有责。因此，C构成《德国刑法典》第258条第1款和第4款、第22条、第23条第1款规定的阻挠刑罚罪未遂。

2. A的刑事可罚性

a) 约定实施故意杀人罪，《德国刑法典》第212条第1款、第30条第2款

A交代C让其杀害B，涉嫌触犯《德国刑法典》第212条第1款、第30条第2款的规定，可能构成约定实施故意杀人罪。 **28**

aa) 客观构成要件

A交代C绑架并杀害B，由于C认错了人，杀害计划并没有实现，因此A不构成故意杀人罪未遂。然而A的行为可能构成约定实施故意杀人罪（《德国刑法典》第212条第1款、第30条第2款第三种情形）。 **29**

一旦认定A的正犯意思（Täterwille），对其定罪就优先于《德国刑法典》第212条、第30条第1款第1句对B的故意杀人罪的教唆未遂。虽然教唆故意是正犯故意的低阶形式[③]，但是只有（共同）正犯的实施方式出于其他理由得以排除时，才会考虑教唆故意。 **30**

---

① *Otto* BT § 96 Rn. 1.

② 《德国刑法典》第22条规定的直接着手详见 *Wessels/Beulke/Satzger* AT Rn. 852 ff.

③ *Wessels/Beulke/Satzger* AT Rn. 790.

31 问题在于，A是否依其设想在故意杀害B时作为C的共同正犯实施行为。首先要肯定的是，行为的过程是在约定后，即在A和C取得合意[①]后，C才实施对B 的故意杀人行为（详见上文边码14）。

32 A依其设想必须作为共同正犯协作实施故意杀人行为。文献在正犯这个问题上一般主张犯罪行为支配说，即正犯是掌控犯罪的具体进程，可以依照自己的意思阻止或推动犯罪进程的人。[②] 判例所遵循的主观说（Animus-Theorie）则主要根据犯罪参与者的意思指向（Willensrichtung）来界定：正犯将犯罪作为“自己的行为”，即以自任主角意思（animus auctoris）而行为，共犯则将犯罪作为“他人的行为”，即以自任配角意思（animus socii）而行为。[③]

33 本案中，C独自掌控了犯罪的具体进程。由于A并未在案发现场出现，因此C就独自具有犯罪行为支配。若严格适用犯罪行为支配说，A只能构成谋杀罪的教唆未遂，因为依照他的设想，行为贡献并不具有正犯性。相反依照主观说，A想将犯罪作为“自己的行为”，只有他才是B消失的直接受益者。依照这一观点，A不构成教唆犯，而构成共同正犯。

34 原则上认为文献的通说，即犯罪行为支配说，其标准一般比主观说更为严格。然而，应将犯罪行为支配仅作为证明正犯意思存在的征表。[④] 此外，通说也承认共同正犯中行为实现的不足（Minus）可通过犯罪行为计划中的过剩（Plus）来得到平衡

---

① Schönke/Schröder/*Heine/Weißer* § 30 Rn. 24.

② 比如*Fischer* Vor § 25 Rn. 2 ff.; *Jakobs* AT 21/35 f.; LK/*Roxin* § 25 Rn. 7。

③ 参见*BGH* NStZ 1987, 224。同样的观点参见*Baumann/Weber/Mitsch* AT § 29 Rn. 59 ff.

④ 也可参见*Baumann/Weber/Mitsch* AT § 29 Rn. 44附有的大量明证。

[所谓功能性犯罪行为支配（funktionelle Tatherrschaft）]。[①] 据此，甚至完全没有实现客观构成要件的行为人也可构成共同正犯。[②] 本案中所有犯罪行为计划的细节都源于A，由此他至少在其设想中支配了犯罪进程。因此，A的行为符合功能性共同正犯的前提。[③] A与C约定实施故意杀人行为。

bb) 主观构成要件

35 A依照其设想对约定以共同正犯形式实施故意杀人行为具有故意。

cc) 违法性与罪责

36 A的行为违法且有责。

dd) 结论

37 A构成《德国刑法典》第212条第1款、第30条第2款第三种情形规定的约定实施故意杀人罪。

b) 伤害罪的共同正犯，《德国刑法典》第223条第1款、第25条第2款

38 此外，A对X可能构成《德国刑法典》第223条第1款、第25条第2款规定的伤害罪的共同正犯。C单独对X实施了身体伤害。若要追究A的刑事可罚性，只有将A作为共同正犯予以归责。由以上论述可知，A在其犯罪行为计划中制订了通过注射麻醉剂实施伤害行为的内容，因而A构成功能性共同正犯。

39 问题在于，C给X而不是给B注射麻醉剂的情况会造成什

① *Frister* AT Kap. 26 Rn. 22.

② 参见 *Wessels/Beulke/Satzger* AT Rn. 763 f.; LK/*Roxin* § 25 Rn. 183 f. 这里要求歹徒首领与其下属在案发地点必须用电话或者无线电接收装置进行联系。实践中的类似案例参见 *BGH* NStZ 1985, 165。

③ 这里通过好的论证也可主张另一种结论。

么样的影响。依照通说，只要犯罪进程原则上还是在约定的范围内，共同正犯对人的错误或对象错误并不会对其他共同行为人产生任何影响，并且通说只将对象混淆视为不重要的动机错误。① B和X的混淆并不会超出一般的生活可能性，不属于超越构成要件等价性的对象错误，不能排除构成要件故意。因此不需要对行为进行另一种评价。② A在行为时具有故意。

40 A的行为违法且有责。

41 A构成《德国刑法典》第223条第1款、第25条第2款规定的伤害罪的共同正犯。

c)剥夺他人自由罪的共同正犯，《德国刑法典》第239条第1款、第25条第2款

42 此外，还可考虑A可能构成剥夺他人自由罪的共同正犯（《德国刑法典》第239条第1款第二种情形、第25条第2款）。可依据功能性共同正犯将C的行为归责于A，C对于受害人身份的错误不会对此产生任何影响。因此A构成剥夺他人自由罪的共同正犯。

d)阻挠刑罚罪未遂的共同正犯，《德国刑法典》第258条第1款、第22条、第23条第1款、第25条第2款

43 由于A自己就是先前犯罪的行为人，所以不考虑他阻挠刑罚罪的刑事可罚性（个人刑罚排除事由，《德国刑法典》第258条第5款）。

e)结论

44 A构成《德国刑法典》第239条第1款第二种情形、第25条

① BGHSt 11, 268; *Wessels/Beulke/Satzger* AT Rn. 771.

② 另有一种情形需要作出其他判断，即突然将另一共同正犯错当成行为对象。参见*Zieschang* AT Rn. 144。

第2款规定的剥夺他人自由罪的共同正犯，第223条第1款、第25条第2款规定的伤害罪的共同正犯，第212条第1款、第30条第2款第三种情形规定的约定实施故意杀人罪，三者成立《德国刑法典》第52条的犯罪单数（想象竞合，从一重处罚）。

3.对C刑事可罚性的补充

由于存在以共同正犯形式实施的故意杀害B的约定，C除了原有罪名外，还构成《德国刑法典》第212条第1款、第30条第2款第三种情形规定的约定实施故意杀人罪。 **45**

（三）第三组行为：驱车带B前往A处

1. D的刑事可罚性

a)剥夺他人自由罪，《德国刑法典》第239条第1款

D将B拉入汽车，涉嫌触犯《德国刑法典》第239条第1款的规定，可能构成剥夺他人自由罪。 **46**

aa) 构成要件

对此，D必须通过拘禁（《德国刑法典》第239条第1款第一种情形）或者其他方式（《德国刑法典》第239条第1款第二种情形）剥夺B的行动自由。 **47**

若利用外部设施阻止受害人离开封闭空间，就构成《德国刑法典》第239条第1款第一种情形规定的拘禁。[①] 问题在于，能否将D把B带入汽车的方式涵摄在内。这里的决定因素在于车门并没有锁上。D并没有利用外部设施阻止B离开汽车。因此D不构成拘禁。 **48**

D还可能通过其他方式剥夺B的行动自由（《德国刑法典》 **49**

① *Lackner/Kühl* § 239 Rn. 3.

第239条第1款第二种情形）。这里就可考虑任何用于限制行动自由的手段。D将B拽入汽车然后驱车驶向A处就构成通过心理或实际强迫来限制B的行动自由。问题在于，限制行动自由的阻碍并非完全不能克服，是否仍将其视为适格的构成要件行为？首先可以认定，从行驶的汽车上跳车是很危险的，甚至会危及生命。高速行驶就如同上锁的车门一样成为阻止B离开汽车的有效障碍。[①] 然而D在本案中并没有高速行驶，阻止B离开汽车的原因是她害怕D有进一步的行为。就这一点而言，不能认定D构成剥夺他人自由罪。

50 得到广泛认可的是，作用于心理的障碍可以归入《德国刑法典》第239条之下。上文提到的无法期待从高速行驶的汽车上跳下便是如此。然而问题在于，害怕逃走会招致行为人使用暴力这种极其平常的设想，是否也满足《德国刑法典》第239条的前提。对此赞同的意见认为，这种畏惧状态可以是和心理障碍一样有效的障碍。[②] 但是不允许将剥夺他人自由作过于宽泛的主观化理解，亦即一般认为，不能仅因某些疑神疑鬼的人认为是有效的障碍，就将某些完全无效的障碍（如用粉笔在地上画一道线）归入《德国刑法典》第239条之下。相反，应当要求行为人以合理的方式来设置心理上的有效障碍，并且基于合理的理由不能期待被害人超越这种心理上的有效障碍。[③]

51 将以上标准适用于本案可以得出以下结论：B不想离开汽车的理由是出于对D的畏惧。原则上将该认识的效果作为障碍在

---

① Vgl. RGSt 25, 147, 148; *OLG Koblenz* VRS 49, 347, 350; *BGH* NStZ 2005, 507.

② 参见关于能否通过拿走光身洗澡者的衣服实施《德国刑法典》第239条意义上的“剥夺自由”的讨论。详见*Schmidhäuser* BT 4/26; 怀疑参见*Arzt/Weber/Heinrich/Hilgendorf* BT § 9 Rn. 22。

③ 期待可能性的界限参见MünchKommStGB/*Wieck-Noodt* § 239 Rn. 29 ff. 附有的进一步明证。

客观上是可以接受的。然而D在本案中并没有表示出任何胁迫。将过于夸张的恐惧作为构成剥夺他人自由罪的理由是站不住脚的。客观上也并不能理解B的消极状态。

bb)结论

因此，D不构成《德国刑法典》第239条第1款第二种情形规定的剥夺他人自由罪。 52

b)强制罪，《德国刑法典》第240条

D将B拉入汽车，涉嫌触犯《德国刑法典》第240条的规定，可能构成强制罪。 53

aa)构成要件

D强制B坐在车内。为达到这样的目的，他对B施以作用于身体的强迫，即暴力。因此，强制罪的构成要件得以符合。 54

bb)违法性

问题在于，D的行为是否可以排除违法性。[①] 如果存在违法阻却事由，他的行为就可以排除违法性。 55

① 正当防卫，《德国刑法典》第32条

这里排除适用正当防卫，因为正当防卫要求攻击者和受伤害者须为同一人。[②] 这里D受到的是歹徒首领A的攻击，但他却对B的意思决定（Willensentschließung）和意思实现（Willensbetätigung）自由造成了侵害。 56

② 阻却违法的紧急避险，《德国刑法典》第34条

D的行为或可依据《德国刑法典》第34条的规定排除违 57

① 这里对没有问题的应受谴责性的定位参见Schönke/Schröder/*Eser/Eisele* § 240 Rn. 16, 33附有的进一步明证。

② Schönke/Schröder/*Perron* § 32 Rn. 31.

法性。

(a)避险情势

58 首先需要存在避险情势，即针对《德国刑法典》第34条所列举法益的现时危险。[①] 危险意味着发生损害结果的可能性，即一种不采取抵御措施而任由事件自然发展就会发生损害结果的状态。现时的危险意味着实现的可能性很高，必须马上采取保护法益的措施。A威胁D会让他“好看”。案情并没有交代A的威胁具体到何种程度，但是至少意味着对D身体完整性的攻击。这个威胁也是确实可信的。由此可以认定存在现时的对D身体完整性的危险。这已经直接波及D的意思实现和意思决定自由。

(b)避险行为

59 避险行为对于抵御危险而言必须是必要的，即作为适当且最温和的手段。此处是否满足这种情形，存在疑问。虽然可以肯定适当性，但是可以论说D能够离开城市或者通知警察。这样或许就会动摇D的行为在本案中的必要性。判例对必要性问题的判断非常严格。[②] 就像正当防卫一样[③]，在处于紧急避险的时候不能指望不安全或存在疑问的救助可能。逃出该城市或是通知警察在此并不足以保护D免受A的攻击。法律不能期待D被迫去扮演一个英雄的角色。因此可以确定为了免受危险，D的避险行为是必要的。

(c)利益衡量

60 此外，在《德国刑法典》第34条的范围内进行的利益衡量

---

① 危险概念详见*Kretschmer* Jura 2005, 662。

② Vgl. BGHSt 3, 7; *OLG Koblenz* MDR 1972, 885.

③ Schönke/Schröder/*Perron* § 32 Rn. 36c.

结果必须有利于D。这里相对立的法益是D的身体完整性与B的意思实现和意思决定自由。问题在于，这里是否需要考虑A并不是只想和B谈谈，而是想探听虚实，若她知道太多，就会杀了她。这取决于B的生命在本案中是否也作为《德国刑法典》第34条第1句意义上的“所涉及的法益”。依据该条文的字面含义要否定这一点：所涉及的法益仅包括被行为人保护的自身法益以及被他直接侵害的法益。[①] 若仅取决于此，就可认定在“明显超过”这一点上有利于D。

然而要注意的是，表述“利益”（Interessen）的范围宽于措辞“法益”（Rechtsgüter）。而《德国刑法典》第34条第1款使用的“特别”（namentlich）一词说明在利益衡量时还需要考虑其他因素。法律本身规定的一个因素是威胁法益的具体危险（危险角度）。在此，首先必须考虑D的行为间接地给B的生命带来危险。所以对B而言，需要考虑两种受到侵犯的利益，即对她意思实现和意思决定自由的侵犯和一旦她被A捕获就会被A杀死的危险。这样就不能肯定D存在优势利益地位。 61

另外一个在利益衡量时需要考虑的因素是当事人是否以特别方式与各自的法益连接（当事人角度）。与此特别相关的是特别的危险承担义务。本案中的问题是，D作为B的男朋友是否负有义务，让他的身体完整性承担危险，以避免B去A处与其谈话。对此自然是要否定的。 62

要考虑的最后一个因素是该行为如果依据《德国刑法典》第34条的规定排除违法性，对于法秩序整体具有何种意义（法秩序角度）。这里是对上述检验中没有令人满意地考查到的因素 63

① 也可参见Schönke/Schröder/*Perron* § 34 Rn. 23。

的总结。本案中D是作为A的工具行事，这一点特别重要。无论如何，D还是站到了不法的一面，即便他是被强迫的。若在这样一种强制性紧急避险的情况下，行为人可以依据《德国刑法典》第34条的规定排除违法性，即将他的行为解释为合乎法律，就会动摇大众对法秩序效用的信任。此外要注意的是，如果被强制人的行为可以排除违法性，那么任何针对他的防卫行为都不被允许。上述结论显然是站不住脚的。依照通说①，要否定D的行为可以依据《德国刑法典》第34条的规定排除违法性。

③《德国刑法典》第240条第2款的违法性

64 由于D为达到目的所选择的手段，即使用暴力，依据《德国刑法典》第240条第2款的规定应受谴责，所以D的行为违法。

cc) 罪责

65 D或可依据《德国刑法典》第35条的规定排除罪责。存在对他身体完整性的现时的、无法通过其他方式避免的危险。为了避免危险，D实施了行为。因此符合《德国刑法典》第35条第1款第1句的前提。问题在于，是否可期待D容忍该危险。对此可予以否定，尤其不能将他与B的情侣关系视为一种可使其承担特别危险义务的法律关系。由此可认定，D构成阻却罪责的紧急避险。②

dd) 结论

66 D不构成《德国刑法典》第240条规定的强制罪。

---

① LK/*Rönnau/Hohn* § 32 Rn. 212; Schönke/Schröder/*Perron* § 34 Rn. 41b. 其他观点参见LK/*Zieschang* § 34 Rn. 69a; 也可参见*Neumann* JA 1988, 329; MünchKommStGB/*Erb* § 34 Rn. 137 ff.

② 《德国刑法典》第35条规定的阻却罪责的紧急避险的结构详见*Zieschang* AT Rn. 371 ff.

c)伤害罪，《德国刑法典》第223条第1款

D对B构成的《德国刑法典》第223条第1款规定的伤害罪（根据案情可能性很高）也可依据《德国刑法典》第35条的规定排除罪责。 67

d)结论

D无罪。 68

2. A的刑事可罚性

a)强制罪，《德国刑法典》第240条第1款

A要求D将B带至他处，涉嫌触犯《德国刑法典》第240条第1款的规定，对D可能构成强制罪。A想让D就范，将B带到他这。即使A的计划没有成功，但其行为仍然符合《德国刑法典》第240条的规定，因为受害人已经由于强制手段的使用，即本案中的威胁要D“好看”，而开始实施被胁迫的行为。① A的行为也符合《德国刑法典》第240条第2款的应受谴责性。由此，A构成《德国刑法典》第240条规定的强制罪。 69

b)恐吓罪，《德国刑法典》第241条

A要D“好看”的陈述还实现了《德国刑法典》第241条恐吓罪的构成要件。该罪相对于《德国刑法典》第240条第1款，退居次位，排除适用（补充关系）。② 70

c)D犯罪行为的间接正犯

A缺乏必要的故意，不构成通过D实施的符合构成要件且违法的强制行为的间接正犯。出于同样的理由排除A构成教唆犯。 71

① *BGH* NStZ 1987, 70; Schönke/Schröder/*Eser/Eisele* § 240 Rn. 13.

② Schönke/Schröder/*Eser/Eisele* § 241 Rn. 16.

d)结论

72 在第三组行为中，A构成《德国刑法典》第240条第1款规定的强制罪。

（四）最终结论

73 A构成《德国刑法典》第239条第1款第二种情形、第25条第2款规定的剥夺他人自由罪的共同正犯，第223条第1款、第25条第2款规定的伤害罪的共同正犯，第212条第1款、第30条第2款第三种情形规定的约定实施故意杀人罪。三者成立《德国刑法典》第52条的犯罪单数（想象竞合，从一重处罚）。依据《德国刑法典》第240条的规定，A构成强制罪，与前罪成立《德国刑法典》第53条规定的犯罪复数（实质竞合，数罪并罚）。

74 B构成《德国刑法典》第154条第1款、第161条第1款规定的过失虚伪宣誓罪。

75 C构成《德国刑法典》第239条第1款第二种情形、第25条第2款规定的剥夺他人自由罪的共同正犯，第223条第1款、第25条第2款规定的伤害罪的共同正犯，第258条第1款和第4款、第22条、第23条规定的阻挠刑罚罪未遂。三者成立《德国刑法典》第52条规定的犯罪单数（想象竞合，从一重处罚）。依据《德国刑法典》第212条第1款、第30条第2款第三种情形的规定，C构成约定实施故意杀人罪，与前罪成立《德国刑法典》第53条规定的犯罪复数（实质竞合，数罪并罚）。《德国刑法典》第30条第2款第一种情形相对于第三种情形规定的约定实施重罪，退居次位，排除适用。

D无罪。

四、案例评价

本案包含了侵害人身犯罪、共同犯罪（Gemeinschaftsdelikte）以及总论中的重点问题。因为需要检验多个构成要件，学生应注意正确的检验顺序。建议先检验与之后事件没有关联的B的刑事可罚性，然后检验直接行为人C和D的刑事可罚性，最后检验A的刑事可罚性，因为在他这里会存在构成正犯还是共犯的问题。

在检验B的刑事可罚性时仅需要考虑过失虚伪宣誓罪，这需要对有关陈述虚假性的不同理论进行探讨。涉及C的刑事可罚性时，必须对对象混淆以及谋杀罪未遂的直接着手进行讨论。对其他附属犯罪如剥夺他人自由罪和掳人罪只须简述即可。

这个案例的重点在于D对B的剥夺自由行为。一份好的案例分析意味着能够在《德国刑法典》第239条的范围内讨论作用于心理的有效障碍是否存在并达到何种程度的问题。在检验D对B实施的强制行为的违法阻却事由时也需要进行类似的讨论。A为D所创设的强迫情势在《德国刑法典》第34条利益衡量的范围内是存疑的，即哪些法益之间存在冲突，彼此之间存在怎样的关系。

对于A的刑事可罚性首先要确定他在本案中是正犯还是共犯。这里必须对犯罪行为支配说和主观说（Animus-Lehre）进行界定。

其他延伸阅读：*Bock*, Grundwissen zur Anstiftung (§ 26 StGB), JA 2007, 599–604; *Koch/Wirth*, Grundfälle zur Anstiftung, JuS 2010,

203–209; *Kühl*, Täterschaft und Teilnahme, JA 2014, 668–674; *Marlie*, Voraussetzungen der Mittäterschaft–Zur Fallbearbeitung in der Klausur, JA 2006, 613–616; *Reese*, Die Aussagedelikte als Prüfungsaufgabe, JA 2005, 612–615; *Rönnau*, Grundwissen-Strafrecht: Mittäterschaft in Abgrenzung zur Beihilfe, JuS 2007, 514–515; *Wolf*, Falsche Aussage, Eid und eidesgleiche Beteuerungen, JuS 1991, 177–184.

案例6：遗产风云

关键词：盗窃罪；侵占罪；背信罪；诈骗罪；窝赃罪；未遂；间接正犯
难　度：偏难

一、案情

X在其儿子搬走以后，就只和A住在一幢大房子里，A住在阁楼的房间。A多年以来一直照顾年老体衰的X。X死后，A翻遍他的文件，找到了他的遗嘱。尽管多年之前X说过要把他珍贵的硬币收藏册送给A，但根据遗嘱，A什么也得不到，对此她非常生气。A觉得遗嘱不公平，就把硬币收藏册藏在她房间里，以便转手获利。

不过A不敢自己卖掉这一套价值约5万欧元的硬币收藏册，就让她的男朋友B处理这件事。她告诉B，这是X送给她的。B看穿了真相，但并没有向A挑明，还答应代为出售。双方约定，这套硬币收藏册的出售价不低于4万欧元，B可以得到5%的出售款。B拿走了硬币收藏册，把它提供给商人Y，但是Y拒绝买入。B因此决定自己买下来，但是不想支付4万欧元。因此他对A谎称已经将硬币收藏册卖给一个商人，不过对方只支付了1万欧元。B给了A 9 500欧元。A很气愤，但觉得无能为力，最终只得接受了这笔少量的钱。

试问A、B的刑事可罚性？

二、分析提纲

（一）第一组行为：拿走硬币收藏册 …………………………… 1

1. A的刑事可罚性 ……………………………………………… 1

a) 盗窃罪，《德国刑法典》第242条第1款 ………………… 1

aa) 客观构成要件 ………………………………………… 2

bb) 结论 ………………………………………………… 4

b) 侵占罪，《德国刑法典》第246条第1款 ………………… 5

aa) 构成要件 ……………………………………………… 6

① 客观构成要件 ……………………………………… 6

② 主观构成要件 ……………………………………… 10

bb) 违法性 ………………………………………………… 12

cc) 罪责 …………………………………………………… 13

dd) 结论 …………………………………………………… 14

c) 背信罪，《德国刑法典》第266条第1款第一种情形 ……………………………………………………… 15

d) 背信罪，《德国刑法典》第266条第1款第二种情形 ……………………………………………………… 17

2. 对A刑事可罚性的结论 ………………………………… 19

（二）第二组行为：利用硬币收藏册 …………………………… 20

1. B的刑事可罚性 ……………………………………………… 20

a) 诈骗罪，《德国刑法典》第263条第1款（接受硬币收藏册）…………………………………………… 20

b) 窝赃罪，《德国刑法典》第259条第1款 …………… 21
aa) 客观构成要件 …………………………………………… 22
① “使自己取得”（第二种情形）……………………… 24
② “出售”（第三种情形）……………………………… 25
bb) 结论 ………………………………………………………… 29
c) 窝赃罪未遂，《德国刑法典》第259条第1款和
第3款、第22条、第23条 ……………………………… 30
aa) 预先检验 …………………………………………………… 31
bb) 行为决意 …………………………………………………… 32
cc) 直接着手 …………………………………………………… 33
dd) 违法性与罪责，没有《德国刑法典》第24条
意义上的中止 ……………………………………………… 34
ee) 结论 ………………………………………………………… 35
d) 背信罪，《德国刑法典》第266条第1款 …………… 36
aa) 构成要件 …………………………………………………… 37
①客观构成要件 ……………………………………………… 37
②主观构成要件、违法性与罪责 ………………………… 41
bb) 中间结论 …………………………………………………… 42
e) 背托侵占罪，《德国刑法典》第246条第1款和
第2款 …………………………………………………………… 43
aa) 基本构成要件的客观构成要件，《德国刑法典》
第246条第1款 ……………………………………………… 44
bb) 加重构成要件的客观构成要件，《德国刑法典》
第246条第2款 ……………………………………………… 45
cc) 主观构成要件、违法性与罪责 ………………………… 46

dd) 结论 …………………………………………………… 47
f) 诈骗罪，《德国刑法典》第263条第1款（谎称出售）…………………………………………………… 48
aa) 构成要件 ………………………………………… 49
①客观构成要件 ………………………………… 49
②主观构成要件、违法性与罪责 ……………… 50
bb) 结论 ………………………………………………… 51
g) 诈骗罪未遂，《德国刑法典》第263条第1款和第2款、第22条、第23条（向Y提供硬币收藏册）…… 52
aa) 预先检验 ………………………………………… 53
bb) 行为决意 ………………………………………… 54
cc) 直接着手 ………………………………………… 55
dd) 违法性与罪责，没有《德国刑法典》第24条意义上的中止 …………………………………… 56
ee) 结论 ………………………………………………… 57
h) 侵占罪，《德国刑法典》第246条第1款 …………… 58
i) 包庇罪，《德国刑法典》第257条第1款 …………… 59
j) 对B刑事可罚性的结论………………………………… 60
2. A的刑事可罚性………………………………………… 61
a) 诈骗罪未遂，《德国刑法典》第263条第1款和第2款、第22条、第23条 ……………………………… 61
aa) 预先检验 ………………………………………… 62
bb) 行为决意 ………………………………………… 63
cc) 结论 ………………………………………………… 64

b) 诈骗罪未遂的间接正犯,《德国刑法典》第263条
第1款和第2款、第22条、第23条、第25条第1款
第二种情形 …………………………………………… 65
aa) 预先检验 …………………………………………… 66
bb) 行为决意 …………………………………………… 67
cc) 直接着手 …………………………………………… 69
dd) 违法性与罪责 ………………………………………… 70
ee) 结论 ………………………………………………… 71
c) 诈骗罪未遂的教唆犯,《德国刑法典》第263条
第1款和第2款、第22条、第23条、第26条 ……… 72
aa) 客观构成要件 ………………………………………… 73
bb) 主观构成要件 ………………………………………… 74
cc) 结论 ………………………………………………… 75
d) 窝赃罪未遂的教唆犯,《德国刑法典》第259条
第1款和第3款、第22条、第23条、第26条 ……… 76
e) 对A刑事可罚性的结论 ………………………………… 77
(三)最终结论 ……………………………………………… 78

三、案情分析

(一)第一组行为:拿走硬币收藏册

1. A的刑事可罚性

a) 盗窃罪,《德国刑法典》第242条第1款

A自行拿走硬币收藏册,涉嫌触犯《德国刑法典》第242条 1

第1款的规定，可能构成盗窃罪。

aa) 客观构成要件

2 A必须拿走了他人动产。硬币收藏册属于动产。某一动产既非行为人单独所有，也非无主物时，它就属于他人动产。[①] 到X死亡为止，硬币收藏册都属于X单独所有。依据《德国民法典》第1922条、第1937条的规定，在X死后，硬币收藏册的所有权转移给遗嘱所列的继承人。[②] A不是硬币收藏册的单独所有权人，硬币收藏册也不是无主物，所以对A来说，硬币收藏册属于他人动产。

3 A必须拿走了硬币收藏册。“拿走”是指破坏他人的占有（Gewahrsam）并建立新的、不一定是行为人本人的占有。[③] 虽然X死亡后就不再占有硬币收藏册，但是这里应当考虑继承人的占有。依据《德国民法典》第857条的规定，被继承人死亡时，其占有人地位由继承人承袭。不过这种占有（Besitz）并非基于对动产的事实支配，而是基于法律拟制。[④] 相反，盗窃罪中的占有要求对动产存在事实支配，并且具有对动产的支配意志。二者都根据交往观念进行判断。[⑤] 本案中，继承人不具备对硬币收藏册的占有。X死亡后，其占有也就消失了。因此A不可能破坏占有并实施适格的盗窃行为。

---

① Schönke/Schröder/*Eser/Bosch* § 242 Rn. 12.

② 此外，A也不是受遗赠人（《德国民法典》第1939条和第2174条、第2247条）：虽然A得到获赠硬币收藏册的承诺，但是本案中不存在有效设立的遗赠，因为它和遗嘱一样遵循相同的形式规定。况且有效设立或确认的遗赠仅仅使受遗赠人获得关于交付和转让的债权请求权，并不改变所有权人的地位，因为受遗赠人不是继承人。

③ Schönke/Schröder/*Eser/Bosch* § 242 Rn. 22.

④ Vgl. Jauernig/*Jauernig* § 857 Rn. 2.

⑤ 关于占有概念的详细内容，参见Schönke/Schröder/*Eser/Bosch* § 242 Rn. 23 ff.

bb)结论

A不构成《德国刑法典》第242条第1款规定的盗窃罪。 4

b)侵占罪,《德国刑法典》第246条第1款

A将硬币收藏册藏到其房间内，涉嫌触犯《德国刑法典》第246条第1款的规定，可能构成侵占罪。 5

aa)构成要件

① 客观构成要件

A必须为自己或者第三人将他人动产违法据为己有。硬币收藏册是他人动产。 6

和《德国刑法典》第242条不同,《德国刑法典》第246条中的据为己有（Zueignung）要求在客观上宣示据为己有的意思（Zueignungswille）。[①] 这种宣示在本案中可以体现为A将硬币收藏册藏在其房间内。当A委托B出售硬币收藏册时，也肯定宣示了据为己有的意思。 7

此外，这种据为己有必须是违法的。[②] 不存在转让请求权（Anspruch auf eine Übereignung）就属于违法据为己有。这种请求权可能来源于X曾许诺将硬币收藏册送给A，可以视之为对A的遗赠（《德国民法典》第1939条），据此A就获得了转让该物的债权请求权。但是这种遗赠需要以遗嘱的形式确立下来（《德国民法典》第1939条、第2247条），而本案中并不存在相应的遗嘱。所以A不具有针对硬币收藏册的转让请求权，她的据为己有是违法的。 8

---

① Schönke/Schröder/*Eser/Bosch* § 246 Rn. 11.

② 《德国刑法典》第246条中据为己有的违法性属于构成要件，参见*Lackner/Kühl* § 246 Rn. 10 f和§ 242 Rn. 28。

9 因此客观构成要件得以符合。

② 主观构成要件

10 主观构成要件要求故意（《德国刑法典》第15条），即实现所有客观构成要件要素的认知和意欲，特别是对据为己有的违法性。[①]

11 A知道硬币收藏册是他人动产。也可以认为，A并不认为自己拥有对X或其继承人的硬币收藏册的转让请求权，否则她可以直接行使这一请求权而不需要秘密拿走硬币收藏册。所以她对据为己有的违法性也具有故意。X在遗嘱中没有提及A，A觉得不公平，然而这并不影响她的侵占故意。

bb) 违法性

12 A的行为违法。

cc) 罪责

13 即使A以为遗嘱内容不公正从而事实上欠缺不法意识，这个认识错误也是可以避免的（《德国刑法典》第17条第2句），因为她肯定能了解到这一点。所以A的行为有责。

dd) 结论

14 综上可知，A构成《德国刑法典》第246条第1款规定的侵占罪。此处并不适用《德国刑法典》第247条的规定，因为A在行为时没有和所有权人（即继承人）共同生活（Häusliche Gemeinschaft）。

c) 背信罪，《德国刑法典》第266条第1款第一种情形

15 A自行拿走硬币收藏册，涉嫌触犯《德国刑法典》第266条

① 关于侵占故意的全面阐释，参见Schönke/Schröder/*Eser/Bosch* § 246 Rn. 24。

第1款第一种情形的规定，可能构成背信罪（滥用型构成要件）。

A必须滥用了其依据法律、官方委托或民事法律行为所取得的处分X的财产或者使X负有义务的权限。《德国刑法典》第266条第1款第一种情形的规定只是禁止外在有效的滥用法律之力（Rechtsmacht）（法律上“能够”做的行为范围超越了法律上“允许”做的行为范围）的行为。[①] A拿走了硬币收藏册，这并不是外在的法律上的行为（Rechtshandlung），所以不符合《德国刑法典》第266条第1款第一种情形的规定。 16

d) 背信罪，《德国刑法典》第266条第1款第二种情形

A自行拿走了硬币收藏册，涉嫌触犯《德国刑法典》第266条第1款第二种情形的规定，可能构成背信罪（背弃型构成要件）。A必须违反了照管X或其继承人财产的义务。 17

首要问题在于，A是否负有这样的义务。众所周知，《德国刑法典》第266条第1款第二种情形所规定的财产照管义务必须是主义务（Hauptpflicht），它不能只是信赖关系中的下位角色。[②] 照管其他部分利益的一般性义务不足以成立照管财产的主义务。[③] 本案中，最多可以将A和X之间的照料关系看作信赖关系，但是从中不能明显识别出可作为主义务的财产照管义务。因此A不构成背弃型的背信罪（《德国刑法典》第266条第1款第二种情形）。 18

提示：至少可以考虑A可能对继承人构成诈骗罪（《德国刑法典》第263条第1款）。A没有将拿走硬币收藏册的事告知继

① 仅参见*Rengier* BT I § 18 Rn. 1。

② Schönke/Schröder/*Lenckner/Perron* § 266 Rn. 23 ff.附有进一步的明证。

③ *Fischer* § 266 Rn. 18.

承人。[①] 但是从案情中也无法清晰地看出（作为或者不作为形式的）欺骗行为。此外，这里的诈骗本来就是所谓巩固型诈骗（Sicherungsbetrug），是侵占罪不可罚的事后行为。[②] 本案也没有任何表征认为A涉嫌触犯《德国刑法典》第202条的规定（打开遗嘱）。也可以考虑A构成《德国刑法典》第123条第1款规定的侵犯居住安宁罪，因为A继续住在X的房子里，停留在那里且没有离去。但案情中缺少相应的信息，所以对此无法作出结论。在这一方面也需注意《德国民法典》第1969条。

2. 对A刑事可罚性的结论

19 A构成《德国刑法典》第246条第1款第一种情形规定的侵占罪。

（二）第二组行为：利用硬币收藏册

1. B的刑事可罚性

a) 诈骗罪，《德国刑法典》第263条第1款（接受硬币收藏册）

20 B接受了硬币收藏册，涉嫌触犯《德国刑法典》第263条第1款的规定，对A可能构成诈骗罪。不过这里看不出存在欺骗行为，即行为人为了隐瞒事实，试图影响他人智力认识的行为。所以B的行为不符合客观构成要件，B不构成《德国刑法典》第263条第1款规定的诈骗罪。

提示：在接受硬币收藏册时意图出售或者保存，这即所谓内心事实（innere Tatsache）。[③] 这包括意图、动机、态度、信念等。

① 也可参见 *Rengier* BT I § 13 Rn. 4 ff.

② *Wessels/Hillenkamp* BT 2 Rn. 599; 也可参见 *Otto* JZ 1993, 652, 662。

③ 详见 *Hilgendorf* S. 128 ff.

在客观构成要件中就已经对这些事实上的主观要素进行了考虑。

b) 窝赃罪,《德国刑法典》第259条第1款

B涉嫌触犯《德国刑法典》第259条第1款的规定，可能构成窝赃罪。 21

aa) 客观构成要件

本罪的行为对象是他人从针对他人财产利益的违法事前行为中所得的赃物。[①] 硬币收藏册是A通过实施针对他人财物的侵占行为所得的赃物。 22

问题在于B实施了何种形式的窝赃行为。 23

①“使自己取得”(第二种情形)

接受硬币收藏册的行为可能属于《德国刑法典》第259条第1款第二种情形规定的“使自己取得”。从法条中可知,“使自己取得”的通常形式是购买。“使自己取得”的含义是，接受者和事前行为人达成合意，以自己所有的目的取得事实上的支配权和经济价值。[②] 本案中A和B缺乏这种合意[③]，因为A只是想让B代销硬币收藏册，而不想将所有权转移给B。当B决定自己收下硬币收藏册时，也是如此。所以这里不存在B“使自己取得”硬币收藏册的行为。 24

②“出售”(第三种情形)

也应考虑是否存在“出售”硬币收藏册的行为(《德国刑法典》第259条第1款第三种情形)。出售是指为了事前行为人的利益，将赃物卖给第三人，从而利用赃物的经济价值。代理出 25

---

① 参见 *Wessels/Hillenkamp* BT 2 Rn. 830。

② *Rengier* BT I § 22 Rn. 23.

③ 对此详见 *BGH* NJW 1996, 2877 f.

售（Verkaufskommissionär）就是出售型窝赃罪的例子。然而B并未成功地将硬币收藏册卖给第三人，所以问题在于，出售行为是否必须有结果才能符合《德国刑法典》第259条第1款第三种情形的规定。

26 早期的判例认为，出售和帮助出售都不需要出现结果。这一观点的依据首先来源于立法史，旧版《德国刑法典》第259条的字面含义包括了无结果的出售行为，而且立法者在重新规定窝赃罪的构成要件时也不想对此进行变更。[①]

27 但是这显然不符合《德国刑法典》第259条的字面含义。依照日常用语习惯，如果出售结果没有出现，那么就称不上“出售”。此外，出售和“使第三人取得”（《德国刑法典》第259条第1款第三种情形第二种方式）在结构上是对应的。[②] 而且现在德国联邦最高法院也支持这种观点，认为出现结果时才能肯定“出售”这一构成要件。[③] 因而针对这一问题的观点冲突已经过时了。

28 本案中没有出现出售的结果，所以客观构成要件未得以符合。

提示：虽然努力出售的行为是否足以肯定这一构成要件的争议自从判例变更以来就在“实务上”失去了意义，但是对鉴定式的闭卷考试来说并不必然如此。闭卷考试通常要求讨论或者至少提及这一问题，因为判例变更毕竟是“新近的”。

bb）结论

29 B不构成《德国刑法典》第259条第1款规定的窝赃罪。

---

① 参见BGHSt 22, 206, 207; 27, 45; 43, 110, 111。进一步的明证参见Schönke/Schröder/*Stree/Hecker* § 259 Rn. 32, 38。

② LK/*Ruß* § 259 Rn. 26; SK/*Hoyer* § 259 Rn. 20, 32 f. 附有进一步的明证。

③ *BGH* NStZ 2013, 584.

c) 窝赃罪未遂，《德国刑法典》第259条第1款和第3款、第22条、第23条

B涉嫌触犯《德国刑法典》第259条第1款和第3款、第22条、第23条的规定，可能构成窝赃罪未遂。 30

aa) 预先检验

如上所述，出售行为没有出现结果，所以行为没有既遂。依据《德国刑法典》第259条第3款、第23条第1款、第12条第2款的规定，窝赃罪未遂可罚。 31

bb) 行为决意

B必须具有行为决意。行为决意包括了对所有客观构成要件要素的故意以及其他可能存在的主观构成要件要素。① B明知硬币收藏册出自A实施的违法事前行为。B最初的意图在于，作为A的代理人出售硬币收藏册。至于后来他决定私自将硬币收藏册据为己有，与此并不矛盾。另外他还具有获利目的，因为他会得到5%的出售款。因此B具有窝赃的行为决意。 32

cc) 直接着手

B必须已经直接着手实现构成要件（《德国刑法典》第22条）。依照作为通说的主客观混合说，当行为人主观上越过了"现在开始动手"（Jetzt geht's los）的界限，而且在其行为和实现犯罪之间不存在实质性的中间步骤时，就可以认定为直接着手。② B去找Y，试图促使他购买硬币收藏册，由此存在《德国刑法典》第22条意义上的直接着手。 33

---

① BeckOK StGB/*Beckemper* § 22 Rn. 21; *Roxin* AT II § 29 Rn. 59 ff.

② BeckOK StGB/*Beckemper* § 22 Rn. 32 f.

dd)违法性与罪责，没有《德国刑法典》第24条意义上的中止

34 B的行为违法且有责。因为这里存在失败未遂，所以不需要考虑中止条款（《德国刑法典》第24条）。

ee)结论

35 依据《德国刑法典》第259条第1款第三种情形和第3款、第22条、第23条的规定，B构成窝赃罪未遂。

d)背信罪，《德国刑法典》第266条第1款

36 B以自己所有的目的接受硬币收藏册，涉嫌触犯《德国刑法典》第266条第1款的规定，可能构成背信罪。

aa)构成要件

① 客观构成要件

提示：上文已经界定了滥用型构成要件和背弃型构成要件。两种类型也可以在客观构成要件上进行界定，这由学生自行决定。在分析本案时重要的是提及并且界定这两个类型，因为这两个构成要件的关系在文献中存有争议。

37 滥用型构成要件（《德国刑法典》第266条第1款第一种情形）之所以不成立，是因为依据《德国民法典》第134条的规定，B没有处分硬币收藏册的法定权限。这里涉及的是与窝赃罪相关的违法合作。另外，持有硬币收藏册不是法律行为（Rechtsgeschäft）。

38 和滥用型构成要件一样，背弃型构成要件（《德国刑法典》第266条第1款第二种情形）也要求行为人负有财产照管义务。[①]

---

① 关于滥用型构成要件和背弃型构成要件的争议关系，参见 *Wessels/Hillenkamp* BT 2 Rn. 749（滥用型构成要件是背弃型构成要件的特别适用情形）；其他观点（两个独立的构成要件）参见 Schönke/Schröder/*Perron* § 266 Rn. 2。

问题是A和B之间是否存在这种信赖关系，因为他们合作的目的是出售硬币收藏册，而这是违法的。文献中强有力的观点认为，在违背法律或者道德的关系中不存在照管义务。[①] 这一观点的首要论据是“法秩序的统一性”：在民法上遭到否定的关系不能得到刑法的保护。但是，据此，纯粹事实上的信赖关系就得不到《德国刑法典》第266条的保护，所以应予反对。[②] 通说正确地从不允许存在不受法律保护的财产的原则出发。[③] 由此可知，本案中应当肯定B负有《德国刑法典》第266条第1款第二种情形规定的事实上的财产照管义务。

B也违背了这种信赖关系，因为他违反了其和A之间的约定，自己占有了硬币收藏册，还对A谎称以1万欧元，也就是以商定最低价的四分之一卖掉了硬币收藏册。 39

A必须因B的背信行为遭受了财产损失。硬币收藏册大约值5万欧元，至少应当卖4万欧元。A应当从中得到95%，也就是至少38 000欧元，但是事实上只得到9 500欧元。经计算可知，A至少有28 500欧元的损失。可能反对这种财产损失的观点是，A是通过侵占获得了硬币收藏册，它完全不属于A。但是依照通说[④] 主张的经济上的财产概念，这里仅仅取决于硬币收藏册是否 40

---

① 例如Schönke/Schröder/*Perron* § 266 Rn. 31 附有的进一步明证：仅仅考虑《德国刑法典》第246条第1款规定的简单侵占罪。

② *Fischer* § 266 Rn. 33 f.

③ BGHSt 8, 254, 256。例外，例如判例在嫖娼诈骗（BGHSt 4, 373）中作出的裁判是前后不一致的。也可参见BGH NStZ 2015, 699（以暴力方式拿走已经支付的嫖娼费，这种据为己有没有违法性）。对于刑法上的财产概念的归纳阐释，参见*Kühl* JuS 1989, 505。

④ *BGH* NJW 1975, 1235; NStZ 1986, 455, 456; 其他观点参见Schönke/Schröder/*Perron* § 266 Rn. 39 ff. 附有的进一步明证。德国联邦最高法院在“Dirnenlohnfall案”（JR 1988, 125）中以难以令人信服的理由限制了经济上的财产概念，参见*Wessels/Hillenkamp* BT 2 Rn. 775。在这期间依据《德国性交易法》的规定，商定提供性服务后所得到的嫖娼费属于受保护的财产，也可参见*BGH* NStZ 2015, 699 附有的进一步明证。

具有金钱价值。本案就是这种情形。甚至有观点主张，A可以依据《德国民法典》第812条第1款第1句第一种情形的规定，要求B返还硬币收藏册。[①] 据此，A的财产状况甚至得到了民法的保护，所以可以认为A遭受了财产损失。

② 主观构成要件、违法性与罪责

41 B在行为时具有故意（《德国刑法典》第15条），其行为违法且有责。

bb) 中间结论

42 B构成《德国刑法典》第266条第1款第二种情形规定的背信罪。

e) 背托侵占罪，《德国刑法典》第246条第1款和第2款

43 B保留着硬币收藏册，涉嫌触犯《德国刑法典》第246条第1款和第2款的规定，可能构成背托侵占罪。

aa) 基本构成要件的客观构成要件，《德国刑法典》第246条第1款

44 对B而言，硬币收藏册是他人动产。B将硬币收藏册违法地据为己有。

bb) 加重构成要件的客观构成要件，《德国刑法典》第246条第2款

45 问题在于是否存在《德国刑法典》第246条第2款规定的背托情形。为此，必须存在行为人受托保管之物。托付是指基于信任的交付或者保留，并基于占有人只会为委托人的利益而处理财产，即为了特定的目的而利用、保管或者返还财产。[②] A将

---

① Vgl. BGHZ 28, 255.

② Vgl. *Fischer* § 246 Rn. 16; Schönke/Schröder/*Eser/Bosch* § 246 Rn. 29.

硬币收藏册交给B，相信他会试图将其卖给第三人。B滥用了A的信赖。至于何人将财产委托给行为人进行照管，并没有决定意义，但是通说认为，当保管关系违背了财产所有权人的利益时，就不存在背托。[①] 因此本案中不存在背托情形。

cc) 主观构成要件、违法性与罪责

B对基本构成要件（《德国刑法典》第246条第1款）具有故意，行为违法且有责。 **46**

dd) 结论

B构成《德国刑法典》第246条第1款第一种情形规定的侵占罪，不过《德国刑法典》第246条相对于第266条第1款第二种情形具有补充性，退居次位，排除适用。[②] **47**

f) 诈骗罪，《德国刑法典》第263条第1款（谎称出售）

B向A谎称出售硬币收藏册，涉嫌触犯《德国刑法典》第263条第1款的规定，可能构成诈骗罪。 **48**

aa) 构成要件

① 客观构成要件

B向A谎称只将硬币收藏册卖了1万欧元。在由此产生的错误认识之下，A没有要求B交出硬币收藏册，而是满足于她信以为真的出售款份额，也就是9 500欧元。这就进行了财产处分。[③] 财产损失就是硬币收藏册丧失了的剩余价值（经济上的财产概念）。 **49**

② 主观构成要件、违法性与罪责

B同时具有故意和获利目的，因为他想通过虚假告知排除A **50**

---

① 例如RGSt 40, 223; *Fischer* § 246 Rn. 16。

② 也可参见Schönke/Schröder/*Perron* § 266 Rn. 55。

③ 在利益型诈骗中不需要处分意思，参见BGHSt 14, 170, 172; *OLG Düsseldorf* JZ 1985, 251; *Wessels/Hillenkamp* BT 2 Rn. 518。

的其他请求权。此外，B也明知这种获利是违法的，它和财产损失具有素材同一性（stoffgleich）。B的行为违法且有责。

bb)结论

51 B构成《德国刑法典》第263条第1款规定的诈骗罪，这一诈骗行为是背信罪的不可罚的事后行为（所谓“巩固型诈骗”）。[①]

g)诈骗罪未遂，《德国刑法典》第263条第1款和第2款、第22条、第23条（向Y提供硬币收藏册）

52 B欲将硬币收藏册出售给Y，涉嫌触犯《德国刑法典》第263条第1款、第22条、第23条的规定，可能构成诈骗罪未遂。

aa)预先检验

53 Y没有买下硬币收藏册，所以B的行为没有既遂。依据《德国刑法典》第263条第2款、第23条第1款第二种情形、第12条第2款的规定，诈骗罪未遂可罚。

bb)行为决意

54 B必须具有行为决意。B意欲在商人Y面前冒充硬币收藏册的所有权人（欺骗行为），使他产生相应的错误认识，并促使他买下硬币收藏册，也就是进行财产处分。在这一点上应当肯定存在故意。B在行为时必须具有造成Y财产损失的故意。依据《德国民法典》第857条的规定，硬币收藏册归属于X的继承人，所以由《德国民法典》第935条的规定可知，Y不可能获得所有权。《德国民法典》第935条第2款的规定在此不予适用，因为硬币收藏册不是通用的支付工具，不是这一规定意义上的“金

① Schönke/Schröder/*Perron* § 263 Rn. 184.

钱”。Y若支付了对价，却不能获得所有权，即会遭受损失。[①] 可以认为，B至少大致上认识到了这些状况，所以具有间接故意（dolus eventualis）。同时此处存在获利目的、获利的违法性以及相应的故意。获利和B所认为的财产损失也具有素材同一性。

cc)直接着手

B为了出售而展示硬币收藏册，所以他已经直接着手实现构成要件（《德国刑法典》第22条）。 55

dd)违法性与罪责，没有《德国刑法典》第24条意义上的中止

B的行为违法且有责，而且不存在中止情形（《德国刑法典》第24条）。 56

ee)结论

B对Y构成《德国刑法典》第263条第1款和第2款、第22条、第23条规定的诈骗罪未遂。 57

h)侵占罪,《德国刑法典》第246条第1款

对于B欲向Y出售硬币收藏册这一行为，也可以考虑构成侵占罪（《德国刑法典》第246条第1款）。该罪构成要件同样包含了使第三人据为己有的情形。不过《德国刑法典》第246条第1款明确规定了补充性（《德国刑法典》第246条第1款末尾），所以在适用上让位于刑罚更重的窝赃罪未遂（《德国刑法典》第259条第1款第三种情形和第3款、第22条、第23条）。在构成 58

① 这里理解财产损失时运用“瑕疵理论”（RGSt 73, 61 ff.）是错误的。这一理论往往在善意取得的情形中予以讨论，因为善意取得的财产（依照早期的理论）是“有道德瑕疵的”，似乎不能弥补由财产处分所产生的财产损失。本案不是这样的情形，因为本案中的财物是所有权人的丧失物（《德国民法典》第935条第1款），所以不能从无权利人手中善意取得。

要件上B能否对A构成新的据为己有[①]对这里的结论并不重要。

i)包庇罪,《德国刑法典》第257条第1款

59 B实施的代理出售行为不构成包庇罪(《德国刑法典》第257条),因为B并非为了确保A从犯罪行为中获得利益,而是为了使自己从出售款中获利。[②]

j)对B刑事可罚性的结论

60 B构成《德国刑法典》第259条第1款第三种情形和第3款、第22条、第23条规定的窝赃罪未遂;对Y构成《德国刑法典》第263条第1款和第2款、第22条、第23条规定的诈骗罪未遂;二者成立《德国刑法典》第52条的犯罪单数(想象竞合,从一重处罚)。此外,B构成的《德国刑法典》第266条第1款第二种情形规定的背信罪与前罪成立《德国刑法典》第53条的犯罪复数(实质竞合,数罪并罚)。

2. A的刑事可罚性

a)诈骗罪未遂,《德国刑法典》第263条第1款和第2款、第22条、第23条

61 A将硬币收藏册交给B时,自称硬币收藏册是X送给她的,涉嫌触犯《德国刑法典》第263条第1款、第22条、第23条的规定,可能构成诈骗罪未遂。

aa)预先检验

62 B没有相信A所说的内容,没产生错误认识,所以行为没有既遂。依据《德国刑法典》第263条第2款、第23条第1款第二

① 关于二人关系中的二次据为己有,参见BGHSt 14, 38 ff.; 相关文献例如*Otto* BT § 42 Rn. 23; 其他观点参见Schönke/Schröder/*Eser/Bosch* § 246 Rn. 19。

② 通过进一步解释《德国刑法典》第257条的主观构成要件,也可主张其他结论,参见*Lackner/Kühl* § 257 Rn. 5。

种情形、第12条第2款的规定，诈骗罪未遂可罚。

bb)行为决意

问题在于A是否具有相应的行为决意。A想欺骗B，谎称自己拥有硬币收藏册的所有权。B应该认为A是硬币收藏册的所有权人，并且基于这一错误认识和A订立委托合同。问题在于，A是否具有针对财产处分的行为决意。财产处分是指所有直接导致财产减损的作为、容忍或者不作为。[①] 本案中，A并不想通过委托合同给B造成财产损失，相反当B成功履行合同时，A愿意向他支付预定出售款的5%作为佣金，也就是至少2 000欧元。所以A不具有针对财产损失的行为决意。 63

cc)结论

A对B不构成《德国刑法典》第263条第1款和第2款、第22条、第23条规定的诈骗罪未遂。 64

b)诈骗罪未遂的间接正犯，《德国刑法典》第263条第1款和第2款、第22条、第23条、第25条第1款第二种情形

A涉嫌触犯《德国刑法典》第263条第1款和第2款、第22条、第23条、第25条第1款第二种情形的规定，对Y可能构成诈骗罪未遂的间接正犯。 65

aa)预先检验

因为Y没有接受B的要约，所以Y至少没有作出财产处分。此外，由于B不是适格的“工具”，所以这里也不符合间接正犯的客观前提（《德国刑法典》第25条第1款第二种情形）。因此B的行为没有既遂。此外，诈骗罪未遂可罚。 66

① *Lackner/Kühl* § 263 Rn. 22 附有进一步的明证。对财产损失要素的界定，参见*Rengier* BT I § 13 Rn. 61 ff.

bb)行为决意

67 A以为，B相信她所说的赠送硬币收藏册的事。A的优势认知就在于事先知道这一点。A认为，B相信她享有所有权，所以在她的认识中，对于欺骗硬币收藏册的购买者而言，B属于欠缺构成要件符合性的“工具”。

68 依照A的计划，B会以所有权人代理人的身份出现（欺骗行为），对硬币收藏册感兴趣的人会相信这是A的财产（错误认识），并且和B订立买卖合同（财产处分）。这一买卖合同将使购买人遭受财产损失，因为依据《德国民法典》第857条的规定，硬币收藏册是丧失物，而依据《德国民法典》第935条的规定，购买人不能获得所有权。他的支付价格并非经济上的对价。可以认为，对财产损失而言，A至少具有间接故意。问题在于A是否有追求违法的财产利益的目的。A根据其认识（也就是购买人财产损失的另一面）想要获得的财产利益就是出售价格（素材同一性）。因为A不具有有效、已经生效且没有异议的相关请求权，所以获得这种财产利益是违法的。这里同时存在违法获取财产利益的目的。

cc)直接着手

69 A必须已经直接着手实现构成要件（《德国刑法典》第22条）。这里的问题是，在间接正犯情形中何时认定未遂的开始。一方面可以从幕后操纵者开始对其工具发挥影响时起算，另一方面则以工具直接着手实现构成要件的时间为准。如果工具是善意的，则可以考虑选择第一个标准，而当工具存在恶意时，则选择第二个标准。正确的做法应该是遵循一般规则，在间接正犯中以出现具体的法益危害时为准。[1] 尤其是当幕后操纵者对事件进程“放手”时，具体的法益危害就会出现。本案中，A自认为完成了对B的误导，并以为B会善意地寻找潜在的买家，所以应当认定A已经直接着手实现构成要件。

dd) 违法性与罪责

A的行为违法且有责。 **70**

ee) 结论

A对Y构成《德国刑法典》第263条第1款和第2款、第22 **71**
条、第23条、第25条第1款第二种情形规定的诈骗罪未遂的间接正犯。

c) 诈骗罪未遂的教唆犯，《德国刑法典》第263条第1款和第2款、第22条、第23条、第26条

A涉嫌触犯《德国刑法典》第263条第1款和第2款、第22 **72**
条、第23条、第26条的规定，对Y可能构成诈骗罪未遂的教唆犯（既遂）。

aa) 客观构成要件

B实施了故意且违法的主行为。A说服B出售硬币收藏册并 **73**
引起他的行为决意，因此依据《德国刑法典》第26条的规定，A“唆使”B实施了未遂的诈骗行为。

---

① 参见*Lackner/Kühl* § 22 Rn. 9。重要的判例参见BGHSt 30, 363, 364。围绕间接正犯中直接着手的争论，详见*Fischer* § 22 Rn. 24 ff. 一种观点以间接正犯对其工具开始或者结束实施影响行为为标准，另一种观点则基于工具自身的行为。根据着手公式（Ansatzformel）（主客观混合说），当工具着手实现构成要件时，就可以认定间接正犯开始了未遂阶段。另一种观点认为，认定直接着手在于——不考虑工具是善意还是恶意——根据间接正犯的认识出现了直接的法益危害，也就是工具开始实行行为，或者间接正犯将工具从其控制范围内放开并且放手其设置的事件进程，工具从而按照其设想随即着手实现构成要件。

bb) 主观构成要件

74 问题在于是否能肯定行为的主观要素。A以为可以将B当作善意的工具加以利用，她的故意首先指向间接正犯。通说认为，犯罪行为支配意识中包含了教唆故意。[①] 所以可以肯定A具有教唆B的故意。

cc) 结论

75 A构成《德国刑法典》第263条第1款和第2款、第22条、第23条、第26条规定的诈骗罪未遂的教唆犯。

d) 窝赃罪未遂的教唆犯，《德国刑法典》第259条第1款和第3款、第22条、第23条、第26条

76 本案不存在窝赃罪未遂的教唆犯既遂（《德国刑法典》第259条第1款和第3款、第22条、第23条、第26条）。A认为B在处理她的财产时是善意的，也就是说B的行为不符合构成要件。这里欠缺A指向B的主行为的故意。[②]

e) 对A刑事可罚性的结论

77 在第二组行为中，A构成《德国刑法典》第263条第1款和第2款、第22条、第23条、第25条第1款第二种情形规定的诈骗罪未遂的间接正犯以及第263条第1款和第2款、第22条、第23条、第26条规定的诈骗罪未遂的教唆犯。[③]

---

① *Jescheck/Weigend* AT S. 671 和 LK/*Schünemann* § 25 Rn. 145 f. 各自附有进一步的明证；不同于 MünchKommStGB/*Joecks* § 25 Rn. 138 f.——Rn. 138 中仅复述了德国联邦最高法院的观点，参见 Rn. 147 ff.

② 另外的问题是，A能否成为窝赃罪教唆犯的适格行为人，因为事前行为的行为人必须是"他人"，参见 Schönke/Schröder/*Stree/Hecker* § 259 Rn. 52 附有的进一步明证：关于不能按照窝赃罪教唆犯处罚事前行为人这一点，通说的依据是共罚的事后行为，其他观点则认为不符合构成要件。

③ 关于未遂的正犯和既遂的共犯的平行地位，参见 LK/*Schünemann* § 25 Rn. 143 ff.

（三）最终结论

78 A构成《德国刑法典》第263条第1款和第2款、第22条、第23条、第25条第1款第二种情形规定的诈骗罪未遂的间接正犯，第263条第1款和第2款、第22条、第23条、第26条规定的诈骗罪未遂的教唆犯。二者成立《德国刑法典》第52条规定的犯罪单数（想象竞合，从一重处罚）。[①] 此外，A构成的《德国刑法典》第246条第1款规定的侵占罪与前罪成立《德国刑法典》第53条规定的犯罪复数（实质竞合，数罪并罚）。

79 B构成《德国刑法典》第259条第1款第三种情形和第3款、第22条、第23条规定的窝赃罪未遂，对Y构成《德国刑法典》263条第1款和第2款、第22条、第23条规定的诈骗罪未遂。二者成立《德国刑法典》第52条规定的犯罪单数（想象竞合，从一重处罚）。此外，B构成的《德国刑法典》第266条第1款第二种情形规定的背信罪与前罪成立《德国刑法典》第53条规定的犯罪复数（实质竞合，数罪并罚）。

四、案例评价

本案需要检验一系列罪名并找到有序的分析结构，因此偏难。此外，学生需要详细掌握关于窝赃罪、背信罪和侵占罪的知识。这里也不应忽视刑法总论中的规则（未遂的构造、正犯和共犯），尤其是在涉及所有权关系时要求融会贯通民法知识。

在背信罪中要明确界定滥用型构成要件和背弃型构成要件，

① 不过如果认定未遂的间接正犯因与既遂的教唆犯之间的补充关系而排除适用，也是非常合理的。

对于窝赃罪的不同行为类型也是如此。关于窝赃罪中对出售结果的要求，学生必须了解德国联邦最高法院相关判例的变更。

本案的分析难点在于对行为媒介的善意性的认识错误（本案是指未遂）。教学中的案例是，医生将有毒药剂交给自以为善意的护士，但实际上该护士是恶意的，因此该护士杀死了病人。如果犯罪既遂，那么判例会依照主观说处罚作为间接正犯的幕后操纵者。依照犯罪行为支配说，幕后操纵者的客观犯罪行为支配并不成立，因为护士的行为是自我答责的。一部分观点主张，对医生而言，只能考虑间接实现犯罪的未遂形态；另一部分观点则认为医生成立既遂的教唆犯。由此可知，间接正犯的犯罪故意应当涵括教唆犯的故意。

其他延伸阅读：*Dierlamm*, Untreue–ein Auffangtatbestand?, NStZ 1997, 534–536; *Hölck/Hohn*, Referendarexamensklausur Strafrecht: Untreue und Betrug, JuS 2005, 245–251; *Kretschmer*, Mittelbare Täterschaft.Irrtümer über die tatherrschaftsbegründende Situation, Jura 2003, 535–540; *Murmann*, Grundwissen zur mittelbaren Täterschaft (§ 25 I 2. Alt. StGB), JA 2008, 321–326; *Rönnau*, Grundwissen–Strafrecht: Vermögensdelikte im weiteren und engeren Sinne, JuS 2016, 114–116; *Seier*, Die Untreue (§ 266 StGB), JuS 2001, 874–878.

案例7：混乱的百货商场

关键词： 盗窃罪（占有飞地、望风）；抢劫性盗窃罪；严重抢劫罪；损坏财物罪；扣压文书罪；危险伤害罪；共同正犯
难　度： 中等偏难

一、案情

A和B进入一家百货商场，意图按照事先的约定共同盗窃香烟和衣服。B看中了一件昂贵的、他绝对买不起的毛衣。他们如果被发现，就会“拼条”出路，无论如何都要保住偷到的东西。此外，B还拿了一个含有压缩气体的喷雾罐，这种喷雾罐通常用来清洁电脑组件。A则将一盒香烟藏进了大衣内兜。之后，B按照计划在角落迅速穿上了一件用于展销的毛衣。他撕掉了毛衣上的安全标签，但是忘了撕掉价格标签。A和B都没有注意到A已经被监控器捕捉到了。

当他们想悄悄经过收银台时，A被商场保安D叫住问话。A用拳头殴打D，想将D打到一边，带着东西逃跑。A打到了D的肩膀，D后退了几步，不过立即恢复过来并将A打倒在地。B误以为自己也被发现了，就掏出喷雾罐将气体喷到D的脸上，D以前从未遇到过这么猛烈的反抗。B也绝不想失去偷到手的东西。D出于条件反射闭上了眼睛，这一幕让他感到慌乱和措手不及。随后，D冲向了站着不动的B，掐住他的脖子，直至他失去意识。D认为，他作为商场保安有权利这么做。D最后放开B

时，发现B面临生命危险。虽然D逐渐平静下来，但他什么也没做。过了一会儿B苏醒过来，和A一起逃跑了。

试问A、B、D的刑事可罚性？

二、分析提纲

（一）第一组行为：商场内的事件经过 …………………… 1

1. A、B的刑事可罚性 …………………………………… 1

a) 盗窃罪的共同正犯，《德国刑法典》第242条第1款、第25条第2款（对香烟）………………………… 1

aa) 构成要件 ……………………………………… 2

① 客观构成要件 ……………………………… 2

(a) A实施行为……………………………… 2

(b) 对B的归责 ……………………………… 6

② 主观构成要件 ……………………………… 9

bb) 违法性与罪责 ………………………………… 11

cc) 结论 …………………………………………… 12

b) 盗窃罪的共同正犯，《德国刑法典》第242条第1款、第25条第2款（对毛衣）………………………… 13

aa) 构成要件 ……………………………………… 14

① 客观构成要件 ……………………………… 14

② 主观构成要件 ……………………………… 15

bb) 违法性与罪责 ………………………………… 16

cc) 量刑，《德国刑法典》第243条第1款第2句第2项规定的盗窃罪之特别严重情形 …………… 17
dd) 结论 …………………………………… 19
c) 侵犯居住安宁罪的共同正犯，《德国刑法典》第123条第1款、第25条第2款…………………… 20
d) 损坏财物罪的共同正犯，《德国刑法典》第303条第1款、第25条第2款…………………… 21
e) 扣压文书罪的共同正犯，《德国刑法典》第274条第1款第1项、第25条第2款 ……………… 23
2. 对第一组行为的结论 ……………………… 27
（二）第二组行为：保护赃物 …………………… 28
1. A、B的刑事可罚性 ……………………… 28
a) 抢劫性盗窃罪的共同正犯，《德国刑法典》第252条、第25条第2款（通过A的攻击）………… 28
aa) 构成要件 ……………………………… 29
① 客观构成要件 ……………………… 29
② 主观构成要件 ……………………… 34
bb) 违法性与罪责 …………………………… 35
cc) 结论 …………………………………… 36
b) 抢劫性盗窃罪的共同正犯，《德国刑法典》第252条、第25条第2款（通过B的攻击）………… 37
aa) 构成要件 ……………………………… 38
① 客观构成要件 ……………………… 38
(a) 被人发现 ……………………… 39

(b) 抢劫手段 …… 41
② 主观构成要件 …… 45
bb) 违法性与罪责 …… 46
cc) 结论 …… 47
c) 严重抢劫性盗窃罪的共同正犯，《德国刑法典》第252条、第250条第1款第1项b、第25条第2款 …… 48
aa) 构成要件 …… 49
① 客观构成要件 …… 49
② 主观构成要件 …… 50
bb) 违法性与罪责 …… 51
cc) 结论 …… 52
d) 伤害罪的共同正犯，《德国刑法典》第223条第1款、第25条第2款 …… 53
aa) 客观构成要件 …… 54
bb) 主观构成要件 …… 55
cc) 违法性与罪责 …… 56
dd) 结论 …… 57
e) 危险伤害罪的共同正犯，《德国刑法典》第223条、第224条第1款第2项第二种情形、第25条第2款 …… 58
f) 危险伤害罪未遂的共同正犯，《德国刑法典》第223条、第224条第1款第2项、第22条、第23条、第25条第2款 …… 59
2. D的刑事可罚性 …… 62
a) 伤害罪，《德国刑法典》第223条第1款（打倒A） …… 62
aa) 构成要件 …… 63

bb) 违法性 ······································ 64
① 逮捕权,《德国刑事诉讼法》第127条第1款
第1句 ······································ 65
② 正当防卫,《德国刑法典》第32条 ·············· 66
cc) 结论 ······································ 67
b) 危险伤害罪,《德国刑法典》第223条第1款、第
224条第1款第5项（掐住B的脖子）·············· 68
aa) 基本构成要件,《德国刑法典》第223条第1款 ··· 69
bb) 加重构成要件,《德国刑法典》第224条第1款
第5项 ······································ 70
cc) 违法性 ······································ 71
dd) 罪责 ······································ 75
① 防卫过当,《德国刑法典》第33条 ·············· 76
② 容许错误 ······································ 78
ee) 结论 ······································ 80
c) 故意杀人罪未遂,《德国刑法典》第212条、第22
条、第23条（掐住B的脖子）·············· 81
d) 不作为的故意杀人罪未遂,《德国刑法典》第212
条第1款、第13条、第22条、第23条（对B放任
不管）······································ 82
aa) 预先检验 ······································ 83
bb) 行为决意 ······································ 84
cc) 直接着手 ······································ 85
dd) 违法性与罪责，没有《德国刑法典》第24条
意义上的中止 ······································ 86

ee)结论 …………………………………………………………… 87
e)不进行救助罪,《德国刑法典》第323c条 ………… 88
f)遗弃罪,《德国刑法典》第221条第1款 …………… 89
g)结论 ……………………………………………………………… 90
（三）最终结论 …………………………………………………… 91

三、案情分析

（一）第一组行为：商场内的事件经过

1. A、B的刑事可罚性

a)盗窃罪的共同正犯,《德国刑法典》第242条第1款、第25条第2款（对香烟）

1 A偷藏香烟，涉嫌触犯《德国刑法典》第242条第1款、第25条第2款的规定，可能与B构成盗窃罪的共同正犯。

aa)构成要件

① 客观构成要件

(a)A实施行为

2 香烟属于他人动产。A必须拿走了该动产，也就是说破坏他人的占有并且建立新的、不一定是行为人本人的占有。占有是指由自然的支配意志驱使的对物的事实支配。[①] 本案中商场老板本来占有香烟。虽然A将香烟藏了起来，但是他仍然身处商场老板的营业区。问题在于A是否破坏了占有。在行为人仍然处于原始占有人的支配范围的情形中，这要取决于个案情况。

① *Rengier* BT I § 2 Rn. 11.

关键的标准是，原始占有人能够无阻碍地维持其占有，还是不具有对物的事实支配，因为必须克服行为人的障碍。

对于轻巧易拿的物品来说，当行为人把它们拿起来藏进衣服或者包里时，占有就转移了。由于该物品处于行为人的私人领域，原始占有人必须侵入行为人的禁忌领域（Tabubereich）才能重新占有它。A偷藏了香烟，由此产生了占有飞地（Gewahrsamsenklave），原始占有人必然要侵入A的禁忌领域才能继续支配香烟。[①] 因此，A偷藏香烟的行为破坏了他人的占有并建立了新的占有。 3

保安的发现也不会改变这一点。占有的变更并不取决于是否被人发现，因为盗窃罪不是秘密型犯罪，拿走也不要求行为人获得最终安全的占有。[②] 4

同样不能因商场老板的合意（Einverständnis）[③]而否定A对占有的破坏，因为他没有同意A得到香烟。保安的发现对此也没有影响——一方面，保安无权表示出合意；另一方面，不干涉也并非意味着表示出合意。 5

提示：对这一问题的定位尤其重要。很多学生都熟悉这一问题及其解答，不过往往在考试中无法正确进行阐述。正确的做法是，在占有的破坏这一要素中讨论该问题——因为得到合意的人并没有破坏占有，而是根据共同的意思结束占有。

反之，在所谓盗贼陷阱（Diebesfallen）情形中，所有权人暂时放任行为人占有事先准备好的物品，之后会从行为人身上

① BGHSt 16, 271; *Rengier* BT I § 2 Rn. 25.

② *BGH* NStZ 1988, 270.

③ *Rengier* BT I § 2 Rn. 31.

发现该物品，由此能证明行为人的罪行。因为这时行为人对物品的支配是所有权人知晓并有意促成的，所以通常存在所有权人的合意。因此就构成要件而言不存在对占有的破坏。① 相应的例子是为了端掉盗窃团伙而预先准备好钞票或者装有定位仪的汽车。因为在这些情形中欠缺拿走这一要素，所以不能按照既遂的盗窃罪，而只能按照盗窃罪的不能犯处罚行为人。

(b) 对B的归责

6 B本人没有拿走香烟。但是依据共同正犯的规定（《德国刑法典》第25条第2款），或可将A实施的行为归责于B。共同正犯要求行为人具有共同的犯罪行为计划并且共同实施犯罪。共同的犯罪行为计划是指以明示或者默示的方式约定共同分工实施犯罪。② A、B进入商场，意图共同盗窃不同的物品，由此可知他们具有共同的犯罪行为计划。

7 共同实施犯罪不是指所有参与人都必须亲自实现犯罪的各个要素。判例认为，应当依照主观说区分正犯和共犯，想将犯罪作为自己行为的是正犯即以自任主角意思（animus auctoris）而行为。如果参与人根据共同的意图做出自己的行为贡献，其行为贡献是所有参与人的行为组成部分，并且将其他人的行为当作自己行为的补充，那么该参与人就是正犯，对此要注意共同的行为过程和犯罪行为计划。③ 本案中B没有亲自拿走香烟，但是想和A共同偷走它，他本人也按照共同的犯罪行为计划实施了行为，尽管其行为是针对其他的盗窃对象。所以B和A一

① *BayObLG* NJW1979, 729; *Rengier* BT I § 2 Rn. 33.

② *Zieschang* AT Rn. 645 ff.

③ BGHSt 37, 289, 291.

样，对香烟具有正犯意思，依照主观说，二人都是正犯。

文献中的主流观点认为主观说过于模糊，主张犯罪行为支配说。[①] 据此，正犯能够阻止和推动实现构成要件，是整个事件进程的核心人物，而共犯只是边缘角色。由此可知，A和B的共同行为体现在他们相互影响对方的行为，也就是说对于行为过程具有共同的犯罪行为支配。至于B没有直接参与拿走香烟的行为，则并不重要，因为他自己在整个过程当中实施了行为，在整体情况下对A拿走香烟也有影响。依照这一观点，A、B构成共同正犯。 8

提示：原则上，当所有共同正犯亲自实现了全部的犯罪要素，也就是说不涉及归责时，共同检验共同正犯才是可取的。本案中，就拿走香烟而言，B没有满足犯罪要素，因此必须对共同正犯的所有客观构成要件要素进行归责。本案中毫无疑问应当肯定共同正犯的归责，所以只需要简单清晰地阐述共同的构造就可以得出这一结论。因为共同的犯罪行为计划涉及参与人的共同行为，所以可以直接引用实施行为的内容，并且只在结论中确定共同正犯。[②]

② 主观构成要件

A、B在行为时必须对客观构成要件要素具有故意（《德国刑法典》第15条）。因为A对所有行为情状存在认识并且意欲实现构成要件，所以他在行为时对客观构成要件要素具有故意。A的行为同时也是B的故意内容。从共同的犯罪行为计划和共同实施行为可知二人的行为是故意的。 9

此外，A、B必须具有将动产违法据为己有的目的。违法据 10

① 仅参见*Kühl* AT § 20 Rn. 25 ff.

② 关于共同正犯，参见案例14“高速道路的投掷者”。

为己有的目的（Zueignungsabsicht）是指持续性排除他人占有以及至少暂时性取得占有的意图，也就是以类似于所有权人的地位自居（eigentümerähnliche Stellung），并排除所有权人之前的支配地位（排除占有）。A、B对香烟的行为正是为了获得类似于所有权人的地位，他们具有据为己有的目的。此外，该据为己有必须是违法的。他们没有订立购买香烟的合同，不具有立即可执行的转让请求权，所以该据为己有是违法的。A、B也认识到了违法的情况，所以主观构成要件得以符合。

bb)违法性与罪责

11 A、B的行为违法且有责。

cc)结论

12 依据《德国刑法典》第242条第1款、第25条第2款的规定，A、B构成盗窃罪的共同正犯。由于这里已经检验了盗窃香烟的刑事可罚性，因此应当考虑《德国刑法典》第248a条的规定，即对于价值甚微的物品，告诉才处理。一般认为价值50欧元以下的物品属于价值甚微。[①]

b)盗窃罪的共同正犯，《德国刑法典》第242条第1款、第25条第2款（对毛衣）

13 B穿上毛衣，涉嫌触犯《德国刑法典》第242条第1款、第25条第2款的规定，可能与A构成盗窃罪的共同正犯。

aa)构成要件

①客观构成要件

14 毛衣是他人动产，问题在于B是否通过穿毛衣的行为破坏了

① 关于价值甚微的问题，参见Schönke/Schröder/*Eser/Bosch* § 248a Rn. 6 ff.

他人的占有并建立了新的占有。虽然本案中行为人只是穿上了毛衣，并没将它藏到衣服下面或者随身的包里面，但是要求他返还毛衣就意味着侵犯其私人领域。所有权人必须侵犯B的禁忌领域才能继续无阻碍地支配毛衣。因此B穿毛衣的行为破坏了他人的占有并且建立了新的占有。这也归责于作为共同正犯的A。

提示：即使物品还配备着电磁性安全标签，也意味着行为人建立了新的占有。触发警报只是为了使所有权人重新获得占有。[①]

② 主观构成要件

A、B在行为时具有故意，并且都具有违法据为己有的目的。 **15**

bb) 违法性与罪责

A、B的行为违法且有责。 **16**

cc) 量刑，《德国刑法典》第243条第1款第2句第2项规定的盗窃罪之特别严重情形

如果存在盗窃罪之特别严重情形，则应当依据《德国刑法典》第243条的规定确定A、B的刑罚幅度。通常应当考虑是否实现了《德国刑法典》第243条第1款第2句第2项规定的原则性例示，即盗窃了由特殊防盗设备加以保护的物品。特殊防盗设备的适当性和确定标准在于增加拿走物品的难度。满足这种条件的设备仅仅意味着根据其形式足以（从物理上而非仅仅心理上）大幅度增加拿走物品的难度，而不是在物品被拿走之后，重新轻易地获得已经失去的占有。[②] 电磁安全标签没有增加拿走物品的难度， **17**

---

① *AG Frankfurt am Main* NJW 1992, 2906.

② *Rengier* BT I § 3 Rn. 25, 31.

这体现在，本案中B穿毛衣的行为毫无疑问形成了占有飞地，而毛衣是否配备安全标签则无关紧要。直到离开销售区域时，这种标签才有助于取回被盗的物品以及抓捕行为人。所以本案中并不存在特殊防盗设备，《德国刑法典》第243条第1款第2句第2项的规定未得以符合。[①]

提示：安全标签是典型情形的变体形式——这需要学生自己论证。通常需要注意，盗窃罪的原则性例示（Regelbeispielen）的考查内容并非是大家所熟知的情形，而是变体情形。这时的标准做法是，按部就班地套用相应的定义，可能的话，找出和已知情形的相似点，发现并且展开论证，以此支持或者反对原则性例示的特定解释。

18 由于仅仅盗窃在事后很容易取回的物品并没有增加不法内涵，而且该情形没有其他原则性例示那么严重，所以它也不是未具名之严重情形（unbenannter schwerer Fall）。因此应当依据《德国刑法典》第242条而非第243条的规定来确定B的刑罚幅度。

dd)结论

19 因为A、B针对毛衣的行为是在共同的犯罪行为计划下实施的，所以依据《德国刑法典》第242条第1款、第25条第2款的规定，他们构成盗窃罪的共同正犯。

c)侵犯居住安宁罪的共同正犯，《德国刑法典》第123条第1款、第25条第2款

20 A、B涉嫌触犯《德国刑法典》第123条第1款、第25条第2款的规定，可能构成侵犯居住安宁罪的共同正犯。本罪要求行

① *OLG Stuttgart* NStZ 1985, 76.

为人违背权利人的意志而侵入《德国刑法典》第123条第1款所列举的空间或者在此停留。如果存在排除构成要件的合意，那么就不构成侵犯居住安宁罪。商场在营业期间是对公众开放的，所以存在概括的合意，即所有人都可以进入商场领域。[①] 可能存在的争议是，商场老板并不想具有犯罪意图的人进入商场。但是排除构成要件的合意原则上并不因为其是骗取而来就变得无效。无论如何，进入者的犯罪意图是无法辨识的，所以合意的对象也包括小偷。只有在踏入场所的时间点可以辨识犯罪意图时，这一点才不适用，例如戴着面具的银行抢劫犯。[②] 本案不是这种情形。因为存在合意，所以A、B不构成侵犯居住安宁罪的共同正犯。

d)损坏财物罪的共同正犯，《德国刑法典》第303条第1款、第25条第2款

B撕掉电磁安全标签，涉嫌触犯《德国刑法典》第303条第1款、第25条第2款的规定，可能与A构成损坏财物罪的共同正犯。标签是商场老板的财物，对B而言属于他人财物。B可能毁坏或者损坏了标签，案情中并没有证据表明B毁坏了标签。 21

损坏财物是指财物的实体或者财物的常规用途受到严重损害。[③] 对此，原则上只应考虑财物本身，而不应考虑该财物和其他财物的结合关系——尤其是这种结合显然可以重建时，就更不应予以考虑。[④] 这在本案中意味着，消除标签和毛衣之间的结 22

① Schönke/Schröder/*Sternberg-Lieben* § 123 Rn. 23.

② *Rengier* BT II § 30 Rn. 12; Schönke/Schröder/*Sternberg-Lieben* § 123 Rn. 26; vgl. *OLG Düsseldorf* NJW 1982, 2678.

③ Schönke/Schröder/*Stree/Hecker* § 303 Rn. 8 ff.; *Rengier* BT I § 24 Rn. 8 f.

④ *Rengier* BT I § 24 Rn. 5 f.

合关系还不足以认定损坏财物行为。唯一的标准是，标签实体是否遭受损害或者它不能再按照常规用途供人使用。因为案情中对此也没有任何说明，所以应当认为标签的功能仍是完整的。A、B不构成损坏财物罪的共同正犯。

e)扣压文书罪的共同正犯，《德国刑法典》第274条第1款第1项、第25条第2款

23 B撕掉电磁安全标签，涉嫌触犯《德国刑法典》第274条第1款第1项、第25条第2款的规定，可能与A构成扣压文书罪的共同正犯。

24 安全标签必须是《德国刑法典》第274条意义上的文书。文书是对思想的书面表示（保存功能），标明出具人或可识别出具人（保证功能），并且可在法律事务交往中证明重大的法律事实（证据功能）。[①] 安全标签本身没有标明谁是出具人，也就是说缺乏保证功能。

25 安全标签可能属于组装文书。组装文书是指能够识别出具人思想的书面表示和其所指明的非文书物品在空间上紧密结合，从而形成整体性证据。[②] 问题是，当安全标签和受保护的商品结合在一起时，是否明确显示出人的思想表示。标签无论如何都不具有内容性，从中也无法识别出具人——这和价格标签不同，而B没有撕掉价格标签。安全标签不是思想表示，不具备证据功能，只具有保障功能。[③] 因此它不是文书。

26 A、B不构成《德国刑法典》第274条第1款第1项、第25

---

① *Rengier* BT II § 32 Rn. 1 ff.

② *Rengier* BT II § 32 Rn. 17.

③ *Wessels/Hettinger* BT I Rn. 806 f.

条第2款规定的扣压文书罪的共同正犯。

2.对第一组行为的结论

依据《德国刑法典》第242条第1款、第25条第2款的规定，A、B构成两起盗窃罪的共同正犯。 27

（二）第二组行为：保护赃物

1. A、B的刑事可罚性

a)抢劫性盗窃罪的共同正犯，《德国刑法典》第252条、第25条第2款（通过A的攻击）

A殴打D，涉嫌触犯《德国刑法典》第252条、第25条第2款的规定，可能与B构成抢劫性盗窃罪的共同正犯。 28

aa)构成要件

① 客观构成要件

存在作为事前行为的盗窃行为。A的盗窃行为必须被当场发现，也就是说在实施盗窃行为时或者行为刚刚既遂时，行为人在和行为地紧密相连的空间内立即被人发觉。[①] 从时间上来看，这必须发生在盗窃行为既遂（Vollendung der Wegnahme）和终了（Beendigung）之间。本案中A将香烟偷藏起来，获得了对它的占有。但是这种对动产的支配还没有得到巩固，因为他还没有离开商场，仍然身处原始占有人的控制领域。 29

A必须被当场发现。这一点从行为人的角度加以判断，只要求和其他人碰面或者相遇。[②] A被商场保安叫住，也属于被当场发现，而被动产的所有权人还是第三人发现，并无不同。 30

① *Lackner/Kühl* § 252 Rn. 4.

② *Rengier* BT I § 10 Rn. 9 f.

31 还有一个条件是，当行为人认为他人会为了被害人的利益而重新剥夺行为人刚刚获得的占有时，行为人由此对他人实施暴力或者以身体、生命受到现时危险相胁迫。暴力的概念遵循《德国刑法典》第249条的规定，是指作用于身体的强迫，在行为人看来，该强迫足以确定地压制事实上发生的或者预期的守护者的反抗，或者使他无法进行反抗。[①] A殴打D，以便将他打到一边，这肯定是暴力，也会导致作用于身体的强迫。D恢复过来，随即作出反应，这并不影响认定A在行为时实施了暴力。

32 B在这时没有实施暴力。但是根据上文讨论过的《德国刑法典》第25条第2款的共同正犯形式，A的行为也应该归责于B。这样的行为包含在共同的犯罪行为计划内，二人已经决定在遇到紧急情况时“拼条”出路。

33 因此A、B都实现了客观构成要件，尤其是该要件不要求成功留住赃物。

② 主观构成要件

34 A、B认识到并且意欲实现全部客观构成要件要素。此外，二人在行为时必须具有确保赃物的目的，也就是说，实施暴力（或者胁迫）正是为了保持对所窃之物的占有。[②] 本案中A虽然也想摆脱D，但是还想保留香烟，也就是具有确保赃物和私自占有赃物的目的。确保赃物只需要成为其中一个动机，而不需要是唯一动机。鉴于共同的犯罪行为计划和共同实施犯罪，这对B也同样适用。B也有确保赃物的目的，从二人之前的约定和B随后的行为中可知，他也具有这种目的。因此主观构成要件得

① Schönke/Schröder/*Eser/Bosch* § 252 Rn. 5, 6 和 § 249 Rn. 4.

② Schönke/Schröder/*Eser/Bosch* § 252 Rn. 7 附有进一步的明证。

以符合。

bb)违法性与罪责

A、B的行为违法且有责。 35

cc)结论

A、B依照共同的犯罪行为计划实施了行为，构成《德国刑法典》第252条、第25条第2款规定的抢劫性盗窃罪的共同正犯。 36

b)抢劫性盗窃罪的共同正犯，《德国刑法典》第252条、第25条第2款（通过B的攻击）

B攻击了D，涉嫌触犯《德国刑法典》第252条、第25条第2款的规定，可能与A构成抢劫性盗窃罪的共同正犯。 37

aa)构成要件

① 客观构成要件

存在作为事前行为的盗窃行为。B必须被当场发现并且使用了抢劫手段。 38

(a)被人发现

B必须在盗窃时被当场发现。然而问题是，D并没有发现B的盗窃行为，D只是叫住了A。主流观点认为，《德国刑法典》第252条中“被当场发现”的满足条件是，对犯罪行为不知情的人至少用一种感官方式对行为人有所察觉，特别是用视觉或者听觉的方式；不需要直接将行为人视为犯罪嫌疑人。[①] 进一步的问题是，像本案这样行为人在被发现之前就采取了行动，也就是还没有被（有意识地）察觉的情形该如何处理。判例和文献的主流观点认为，这种情况下不需要感官察觉，任意的时空相 39

① BGHSt 9, 255, 258; Schönke/Schröder/*Eser/Bosch* § 252 Rn. 4; *Fischer* § 252 Rn. 6; 批判参见 *Lackner/Kühl* § 252 Rn. 4。

遇即可满足。[①] 这一点具有说服力，也正好符合《德国刑法典》第252条规定的含义，也就是以抢劫的手段来维护还未得到确保的占有。[②] 因此应当认为B直接被当场发现。

40 此外，B也是A所实施的盗窃罪的共同正犯，B作为共同正犯也是直接被当场发现。

(b)抢劫手段

41 问题在于，能否将喷射气体的行为评价为《德国刑法典》第252条意义上的暴力。因为《德国刑法典》第249条及以下诸条规定了较重的刑罚，所以原则上应当限缩解释暴力概念。[③] 部分文献认为对此应当采用显著性标准，特别是将对身体完整性而言仅仅是“轻微的”损害从人身暴力概念中排除掉。[④] 同时要注意，快速性和突然性是否突出以及是否构成行为的主要特征。[⑤] 所以仅仅短暂且突然地喷射气体并不构成暴力。

42 德国联邦最高法院对暴力概念的解释也较为保守，不过使用了其他的标准。它首先认定，仅仅以快速和耍诡计的方式拿走物品并不符合抢劫罪的构成要件，例如没有使用特别的力量而突然夺走手提包。[⑥] 当事实上出现物理性影响时，则另当别论。本案中，行为人没有利用被害人的惊讶状态，而是利用眨眼反射（Lidschlussreflex）这种纯粹的物理反应，它的引发原因是行为人突然对被害人的身体施加物理性影响。这和为了顺利拿走物品

① *BGH* NJW 1975, 1176, 1177; Schönke/Schröder/*Eser/Bosch* § 252 Rn. 4; vgl. *Hillenkamp* BT 27. Problem.

② *Rengier* BT I § 10 Rn. 9.

③ 关于暴力概念的历史演变，参见Schönke/Schröder/*Eser/Eisele* Vor §§ 234–241a Rn. 7–29。

④ 例如，将垂死者的手从其放有钱包的后裤袋中推开。

⑤ 例如，突然抓取手提包。

⑥ *BGH* StV 1990, 262; MünchKommStGB/*Sander* § 249 Rn. 16.

（或者确保赃物）而使用安眠药的情形是一样的，同样应当将其评价为《德国刑法典》第249条及以下诸条意义上的暴力，即使被害人并不知情且行为人没有使用特别的力量。物理性影响的持续时间无关紧要。关键在于，顺利拿走物品或确保拿走物品是基于物理性反应，而不是为此所用的某个时间段。[①]

最后论证的一点是，即使行为人的行为只对被害人造成轻微身体损害的后果——暂时闭眼睛——也不影响对行为人定罪。针对他人的暴力不一定给他人身体或生命造成现时的危险。当被害人出现不受其意志控制的物理性反应，而它影响了被害人针对行为人顺利拿走或确保拿走物品的行为的反抗能力时，就足以认定暴力。[②] **43**

依照德国联邦最高法院的观点，本案中B对他人使用了暴力。这种对暴力概念的解释既符合规范的字面含义，也符合其意义和目的，即处罚将身体性影响作为抢劫手段的行为。此外，这一解释符合A行为的不法内涵，因此应当认定存在暴力。[③] **44**

② 主观构成要件

B、A认识到并且意欲实现所有客观构成要件要素，并且二人具有保持占有和确保赃物的目的以及指向共同正犯的故意。 **45**

bb)违法性与罪责

B、A的行为违法且有责。 **46**

cc)结论

依据《德国刑法典》第252条、第25条第2款的规定，B、 **47**

---

① *BGH* NStZ 2003, 89（距离60cm喷除臭剂）。

② MünchKommStGB/*Sander* § 249 Rn. 13.

③ 如果论证得当，也可以得出其他结论。

A构成抢劫性盗窃罪的共同正犯。

c)严重抢劫性盗窃罪的共同正犯，《德国刑法典》第252条、第250条第1款第1项b、第25条第2款

48 B涉嫌触犯《德国刑法典》第252条、第250条第1款第1项b、第25条第2款的规定，可能与A构成严重抢劫性盗窃罪的共同正犯。《德国刑法典》第250条第1款第1项b的加重条款根据字面含义（“以抢劫罪论处”）也适用于第252条。

aa)构成要件

① 客观构成要件

49 如上所述，《德国刑法典》第252条的基本构成要件已然实现。这时必须符合加重要素。B的行为可能符合《德国刑法典》第250条第1款第1项b的规定，也就是说他可能携带了器械或工具，以便阻止或压制他人的反抗。这里的“器械或工具”的含义是，虽然它们按照设计在具体使用时没有危险，也就是不会对身体造成重大危险，但是根据其特性足以阻止或压制预期的反抗，并由此提高了行为人从心理或者身体上压制被害人的信心。问题在于，这是否适用于客观上并无危险的喷雾罐。本案中D不知道他面对的是什么，因此必然要躲开。由于D出现了眨眼反射，因此B至少可以暂时压制D的反抗。[①] 依据共同正犯原则（《德国刑法典》第25条第2款），使用喷雾罐的行为也归责于A。所以加重要素得以符合。

② 主观构成要件

50 B、A对基本构成要件和加重要素都具有故意。此外，行为

---

① *BGH* NStZ 2003, 89.

人还要具有使用喷雾罐的目的，也就是意图通过使用这一物品，用暴力或以暴力相胁迫的方式阻止或压制他人的反抗。B拿着喷雾罐正是为了在必要时“拼条”出路，这也包含在共同的犯罪行为计划之中。因此主观构成要件得以实现，A也具有保持占有的目的。

bb)违法性与罪责

B、A的行为违法且有责。 51

cc)结论

依据《德国刑法典》第252条、第250条第1款第1项b、第25条第2款的规定，B、A构成严重抢劫性盗窃罪的共同正犯。 52

d)伤害罪的共同正犯,《德国刑法典》第223条第1款、第25条第2款

A打了D的肩膀，涉嫌触犯《德国刑法典》第223条第1款、第25条第2款的规定，可能与B构成伤害罪的共同正犯。 53

aa)客观构成要件

A打了D的肩膀，这是对身体的乱待（körperliche Misshandlung）。案情中没有关于D病理状态的说明，因此不能认为D出现了健康损害。A通过乱待身体的行为实现了客观构成要件。这也应归责于作为共同正犯的B，因为这种行为符合二人之前商定的共同的犯罪行为计划。 54

bb)主观构成要件

A、B都是故意实现了客观构成要件要素。 55

cc)违法性与罪责

A、B的行为违法且有责。 56

dd)结论

57 依据《德国刑法典》第223条第1款、第25条第2款的规定，A、B构成伤害罪的共同正犯。

e)危险伤害罪的共同正犯，《德国刑法典》第223条、第224条第1款第2项第二种情形、第25条第2款

58 B向D的脸上喷射气体，涉嫌触犯《德国刑法典》第223条、第224条第1款第2项第二种情形、第25条第2款的规定，可能与A构成危险伤害罪的共同正犯。问题在于，是否出现了伤害结果。因为D未出现病理状态，所以不存在健康损害（第223条第1款第二种情形），只应考虑乱待身体（第223条第1款第一种情形）。虽然气体也足以直接影响D的身体，但如果将单纯喷射气体的行为视为对身体安宁的损害，就会让人质疑。基于特殊的敏感性，直接将向眼部喷射的行为认定为不适当的行为也是如此，因为这种行为并未造成严重的影响。因此不存在危险伤害罪既遂。

f)危险伤害罪未遂的共同正犯，《德国刑法典》第223条、第224条第1款第2项、第22条、第23条、第25条第2款

59 B、A具有利用喷雾罐"拼条"出路的行为决意。因为故意只是限于使用这个工具，而且不能认为B也想在紧急情况下使用其他暴力，所以这里的故意指向客观上无危险的手段。它不能造成《德国刑法典》第223条第1款意义上的伤害结果，B也知道这一点。因为缺乏行为决意，所以不构成未遂。

提示：依据二人计划的"拼条"出路而肯定一般的伤害故意就太宽泛了。如果想要根据相应的论证认定存在行为决意，

就要考虑《德国刑法典》第23条第3款的规定。

因为不存在使用能造成重伤危险的工具的故意，所以也应当否定指向《德国刑法典》第224条第1款第2项的行为决意。 60

因此利用喷雾罐不构成伤害罪未遂。 61

2.D的刑事可罚性

a)伤害罪，《德国刑法典》第223条第1款（打倒A）

D打倒了A，涉嫌触犯《德国刑法典》第223条第1款的规定，可能构成伤害罪。 62

aa)构成要件

D打倒A的行为符合伤害罪构成要件中的乱待身体和损害健康。D在打A时具有认识和意欲，也就是具有故意。 63

bb)违法性

违法性存有疑问，可能具有违法阻却事由。 64

① 逮捕权，《德国刑事诉讼法》第127条第1款第1句

首先应考虑《德国刑事诉讼法》第127条第1款第1句规定的逮捕权。据此，任何人都可以逮捕被当场发现的行为人。虽然A被当场发现，但是问题在于，D打倒A的行为是否仍属于《德国刑事诉讼法》第127条第1款第1句规定的行为范围。原则上，确定行为人的身份和阻止逃跑所必要的行为都是被允许的。在遵循必要性和比例原则的条件下，实施逮捕的人也可以施加身体暴力。① 但只有出于逮捕的目的并且手段遵循比例原则，才能允许使用暴力。通常来说，打倒别人是不合比例的。本案中D也不是出于逮捕的目的，因为他首先是想抵御A对他的进一 65

① BeckOK StPO/*Krauß* § 127 Rn. 11; *Pfeiffer* § 127 Rn. 7.

步攻击。因此，D打倒A的行为不能依据《德国刑事诉讼法》第127条的规定排除违法性。

② 正当防卫，《德国刑法典》第32条

66 其次也可以考虑《德国刑法典》第32条的正当防卫。存在防卫情势，也就是来自A的现时攻击（Angriff）。D打倒A的行为是防卫行为，足以抵御A的进一步攻击。这一行为也是必要的（erforderlich），尤其是在D所处的情形中没有能达到相同效果的更温和的手段。此外，该防卫行为也是需要的（geboten）。D在行为时对防卫情势存在认识，而且具有防卫意思。因此，D打倒A的行为可以依据《德国刑法典》第32条的规定排除违法性。

cc)结论

67 D不构成《德国刑法典》第223条第1款规定的伤害罪。

b)危险伤害罪，《德国刑法典》第223条第1款、第224条第1款第5项（掐住B的脖子）

68 D掐住了B的脖子，涉嫌触犯《德国刑法典》第223条第1款、第224条第1款第5项的规定，可能构成危险伤害罪。

aa)基本构成要件，《德国刑法典》第223条第1款

69 D冲向B，掐住B的脖子直至他失去意识，由此乱待了B的身体并损害了其健康。对此，D具有故意。

bb)加重构成要件，《德国刑法典》第224条第1款第5项

70 D可能实现了《德国刑法典》第224条第1款第5项规定的加重要素，也就是以危害生命的方式伤害他人。至于该项规定属于抽象危险犯还是具体危险犯的构成要件，则存有争议。主流观点认为，在判断生命危险时，虽然应当考虑案件具体情况，

但并不要求出现现实的生命危险。[①] 这一点可暂且不论，因为本案中B的脖子被掐住，已经出现了现实的生命危险。根据案情，D冲向B以便掐住他的脖子，D也明知自己以危害生命的方式伤害了B。D对这一加重要素也具有故意。因此该项构成要件得以符合。

cc) 违法性

不能依据《德国刑事诉讼法》第127条第1款第1句的规定认定D的行为可以排除违法性，因为该行为对逮捕而言不是必要的。 **71**

D的行为或可通过正当防卫（《德国刑法典》第32条）排除违法性。问题在于，是否存在防卫情势，也就是现时的违法攻击。B使用喷雾罐对D施加了暴力，在D作出防卫行为时，这一攻击必须仍然是现时的。"现时"的攻击是指攻击即将发生、已经开始或是仍在持续。B的喷射行为已经结束了，他安静地站在一旁。虽然从当时的情况来看，B紧接着就可以再次实施伤害行为，继续攻击D，但是最晚在B被制服之后，这种危险就被排除了。所以在D掐住B脖子的时候就不再存在防卫情势。 **72**

直到B不再受人追踪，他对商场财物的侵害才算停止，就这一点来看，存在防卫情势。但是掐住脖子作为相应防卫行为的话，不具有必要性。 **73**

D的行为不能排除违法性。 **74**

dd) 罪责

D的行为必须有责。由于欠缺避险情势，所以无须考虑《德 **75**

---

① Vgl. LK/*Lilie* § 224 Rn. 36; *Fischer* § 224 Rn. 12; *Hilgendorf* ZStW 112 (2000), 811, 829; Schönke/Schröder/*Stree*/*Sternberg-Lieben* § 224 Rn. 12.

国刑法典》第35条的阻却罪责的紧急避险。

① 防卫过当，《德国刑法典》第33条

76 可能存在《德国刑法典》第33条规定的防卫过当的情形。D必须出于慌乱、恐惧、惊吓（出于虚弱性冲动）而逾越了正当防卫的界限。通常所指的情形是防卫行为超越了必要性（Erforderlichkeit）或者需要性（Gebotenheit）的界限（强度型防卫过当）。在像本案这样缺乏攻击的现时性（延展型防卫过当）的情形中，《德国刑法典》第33条的适用存有争议。一种尤其注重法律规范字面含义的观点认为，由于防卫情势刚刚消失（事后延展型防卫过当），所以行为人在判断行为违法性时的心理状况符合强度型防卫过当的情形。因此应当适用《德国刑法典》第33条的规定。[1]

77 主流观点否定这一点。主流观点认为，对行为人有利的《德国刑法典》第33条的规定只适用于防卫情势和攻击危险最终消除之前，不再存在的防卫权当然不可能被逾越。如果存在认识错误，那么只应依据《德国刑法典》第16条第1款关于事实认识错误的规定考虑类推排除罪责，而事实认识错误的原因则不重要。[2] 因此不成立《德国刑法典》第33条的罪责阻却事由。

② 容许错误

78 可能因存在容许错误（Erlaubnisirrtum）而排除罪责。容许错误是指行为人对公认的违法阻却事由的法定界限产生了误解，作为"间接的禁止错误"而遵循《德国刑法典》第17条的规则。[3]

---

① Vgl. *Wessels/Beulke/Satzger* AT Rn. 666 ff.; *Zieschang* AT Rn. 362 ff.

② RGSt 62, 77; *BGH* NStZ 1987, 20; 2002, 141; *Roxin* AT I § 22 Rn. 84 ff.

③ *Wessels/Beulke/Satzger* AT Rn. 712 ff.

本案中，D对防卫情势的时间界限和防卫行为的允许强度都具有认识错误。他认为自己有权利以造成生命危险的方式掐住小偷的脖子，所以存在容许错误。该错误是可以避免的。尽管为他人所激怒，但是能正确判断当时情况的人还是可以作出符合社会伦理的正确的评价性决定的。D如果恪守良知的话，是可以认识到错误的。[①] 所以依据《德国刑法典》第17条第2句、第49条第1款的规定，这里存在可选择的减轻处罚事由（fakultativer Strafmilderungsgrund）。 **79**

提示：容许错误和容许构成要件错误（Erlaubnistatbestand-sirrtum）存在重大差异：后者对事实的错误评价不能通过恪守良知而消除。D实际上正确认识到了事实状况，所以不存在容许构成要件错误。他只是对自己作为商场保安的权限具有认识错误：他认为，其基于自己的地位而有权利掐别人的脖子。

ee)结论

依据《德国刑法典》第223条第1款、第224条第1款第5项的规定，D对B构成危险伤害罪。依据《德国刑法典》第17条第2句、第49条第1款的规定，可以减轻对他的处罚。 **80**

c)故意杀人罪未遂，《德国刑法典》第212条、第22条、第23条（掐住B的脖子）

D掐住B的脖子，涉嫌触犯《德国刑法典》第212条第1款、第22条、第23条的规定，可能构成故意杀人罪未遂。不过案情没有显示关于杀人故意和行为决意的内容，由于欠缺行为决意，D不构成故意杀人罪未遂。 **81**

---

① MünchKommStGB/*Joecks* § 17 Rn. 41 ff.

d) 不作为的故意杀人罪未遂，《德国刑法典》第212条第1款、第13条、第22条、第23条（对B放任不管）

82 D对B放任不管，涉嫌触犯《德国刑法典》第212条第1款、第13条、第22条、第23条的规定，可能构成不作为的故意杀人罪未遂。

aa) 预先检验

83 行为没有既遂，故意杀人罪未遂可罚（《德国刑法典》第212条第1款、第23条第1款第一种情形、第12条第1款）。

bb) 行为决意

84 D必须具有行为决意，至少对客观构成要件要素具有间接故意。他认识到B陷入了生命危险，却没有采取任何可能的和可期待的救助行为。他放任了B的死亡。这里因危险前行为而形成了保证人地位（《德国刑法典》第13条），D认识到了基础性事实。因此D具有行为决意。

提示：案情中没有关于指向谋杀要素的故意的线索，所以这里只检验故意杀人罪而不检验谋杀罪。

cc) 直接着手

85 因为D没有实施救助行为，所以他已经直接着手实现构成要件（《德国刑法典》第22条）。

dd) 违法性与罪责，没有《德国刑法典》第24条意义上的中止

86 D的行为违法且有责，没有线索表明存在《德国刑法典》第24条意义上的中止情形。

ee)结论

D构成《德国刑法典》第212条第1款、第13条、第22条、第23条规定的不作为的故意杀人罪未遂。 87

e)不进行救助罪,《德国刑法典》第323c条

D违法并且有责地实现了不进行救助罪的构成要件，但本罪基于补充关系让位于不作为的故意杀人罪未遂。 88

f)遗弃罪,《德国刑法典》第221条第1款

D也构成《德国刑法典》第221条第1款第2项规定的遗弃罪，但本罪基于补充关系让位于不作为的故意杀人罪未遂。 89

g)结论

D构成《德国刑法典》第212条第1款、第13条、第22条、第23条规定的不作为的故意杀人罪未遂以及第223条、第224条第1款第5项规定的危险伤害罪，二者成立《德国刑法典》第53条规定的犯罪复数（实质竞合，数罪并罚）（也可主张成立犯罪单数）。 90

（三）最终结论

A和B作为共同正犯（《德国刑法典》第25条第2款），具有共同的犯罪行为计划并且分工实施犯罪，构成《德国刑法典》第223条第1款规定的伤害罪以及第252条、第250条第1款第1项b规定的严重抢劫性盗窃罪。二者成立《德国刑法典》第52条规定的犯罪单数（想象竞合，从一重处罚）。对毛衣的盗窃罪（《德国刑法典》第242条第1款）基于法条竞合让位于《德国刑法典》第252条、第250条第1款第1项b规定的严重抢劫性盗窃罪，排除适用。 91

92 D构成《德国刑法典》第223条第1款、第224条第1款第5项规定的危险伤害罪以及第212条第1款、第13条、第22条、第23条规定的不作为的故意杀人罪未遂，二者成立《德国刑法典》第53条规定的犯罪复数（实质竞合，数罪并罚）。

四、案例评价

本案例从分析篇幅上来看中等偏难。本案结合了位居财产犯罪核心的各种基本问题。这些问题对于考查这一领域来说绝对具有重要性，通常在考试中划分成不同的难度，所以学生必须正确分析而又不能耗费太多时间。在针对财产犯罪的备考过程中不应忽视对这些情况的练习。

特别重要的是在适当之处探讨观点冲突，也就是当观点冲突比较重要时，学生需要展开详细讨论。由于时间分配的关系，学生应当在答题之前迅速拟出详细的分析提纲。本案中认定各个行为集合和犯罪并不太困难，但是学生必须认真考虑行为人各自的共同正犯形式。为了简洁明了地分析案情，这里例外地进行了共同检验，因为本案中共同正犯没有包含特别的问题。在分析本案时更重要的一点是，要熟悉关于财产犯罪和违法阻却事由的所有基本问题以及核心的观点冲突。

学生在分析第一组行为时应当注意，除了检验盗窃罪之外不能忽视其他的犯罪——损坏财物罪和扣压文书罪，而且应当抓住重点审慎分析。在检验盗窃罪时还要注意，A仍然处在商场老板的控制范围之内（占有飞地），并且被监控到了。学生必须熟悉这种带有监控的案件和这样的讨论，即通过电磁安全标签提供保障在多大程度上符合《德国刑法典》第243条的规定。

对于第二组行为中围绕《德国刑法典》第252条规定的基本问题，也是如此。另外在本案中，学生必须找到喷射气体和使用暴力手段之间可能的交集。还要注意，一方面该行为属于《德国刑法典》第252条意义上的暴力和第32条意义上的攻击，另一方面它不是危险伤害。此外，学生要熟悉《德国刑法典》第244条、第250条、第224条中关于危险工具的不同解释。在分析D的刑事可罚性时，重点是认定防卫过当和认识错误的问题，该认识错误属于容许错误，学生必须掌握它和容许构成要件错误的区别。

其他延伸阅读：*BGH* NStZ 2003, 89 (Raub–Gewaltausübung durch Spritzen einer Flüssigkeit in die Augen des Opfers).

Dehne-Niemann, Wissenswertes zum räuberischen Diebstahl (§ 252 StGB), Jura 2008, 742–749; *Eckstein*, Das gefährliche Werkzeug als Mittel zum Zweck der Körperverletzung, NStZ 2008, 125–129; *Erb*, Schwerer Raub nach § 250 II Nr.1 StGB durch Drohen mit einer geladenen Schreckschusspistole, JuS 2004, 653–657 (Bspr.von *BGH* JuS 2003, 824–825); *Geppert*, Zum „Waffen “-Begriff, zum Begriff des „gefährlichen Werkzeugs “, zur „Scheinwaffe “ und zu anderen Problemen im Rahmen der neuen §§ 250 und 244 StGB, Jura 1999, 599–605; *Kretschmer*, Die gefährliche Körperverletzung (§ 224 StGB)anhand neuer Rechtsprechung, Jura 2008, 916–922; *Mikolajczyk*, Das Aneignungselement der Zueignung, ZJS 2008, 18–24; *Rönnau*, Grundwissen: Strafrecht–Die Zueignungsabsicht,

JuS 2007, 806–808; *Schramm*, Grundfälle zum Diebstahl, JuS 2008, 678–682, 773–779; *Schwarzer*, Zum Merkmal des Betreffens bei § 252 StGB, ZJS 2008, 265–270; Seher, Grundfälle zur Mittäterschaft, JuS 2009, 304–309.

案例8：不在场证明

关键词：未经宣誓的虚假陈述罪；虚假陈述罪的教唆犯；不作为的虚假陈述罪的帮助犯；诱骗他人作虚假陈述罪；具有紧急避险性质的陈述；强制罪；阻挠刑罚罪

难　度：较高

一、案情

A和B共同洗劫了一家银行。当A被捕时，他请求尚未案发的B向警察作出虚假陈述，为自己提供不在场证明，虽然不必进行宣誓，但是B拒绝了。接着A毫不犹豫地指名让B作为证人，以证明自己在犯罪行为发生时和B正在玩纸牌。庭审时，B为了不让自己被怀疑而肯定了这一点。B未经宣誓。

C和A同居，二人既没订婚也没结婚，C也作为证人提供了证言。C通过宣誓来确认她自己的陈述。A之前请求过C出庭作证，并告诉她可能需要进行宣誓。A以为C是善意的。实际上C早已看穿真相，但她怀了A的孩子，所以竭尽所能帮助A。尽管如此，A仍然依据《德国刑法典》第249条的规定被判刑。

试问A、B、C的刑事可罚性？

附加问题：如果A以为C是恶意的，但事实上她是善意的，又当如何认定？

提示：无须检验抢劫银行行为的刑事可罚性。

二、分析提纲

(一)第一组行为:B的陈述 …… 1
1. B的刑事可罚性 …… 1
a)未经宣誓的虚假陈述罪,《德国刑法典》第153条 …… 1
aa)客观构成要件 …… 2
bb)主观构成要件 …… 6
cc)违法性 …… 7
dd)罪责 …… 8
ee)结论 …… 10
b)阻挠刑罚罪,《德国刑法典》第258条第1款 …… 11
c)阻挠刑罚罪未遂,《德国刑法典》第258条第1款和第4款、第22条、第23条第1款 …… 12
d)诬告罪,《德国刑法典》第164条第1款 …… 19
2. A的刑事可罚性 …… 20
a)虚假陈述罪的教唆犯,《德国刑法典》第153条、第26条 …… 20
aa)客观构成要件 …… 21
bb)结论 …… 26
b)虚假陈述罪的帮助犯,《德国刑法典》第153条、第27条 …… 27
c)不作为的虚假陈述罪的帮助犯,《德国刑法典》第153条、第27条、第13条 …… 28
aa)客观构成要件 …… 29

① 保证人地位 …………………………………… 30
② 等价条款（Entsprechensklausel）……………… 33
bb) 主观构成要件 ……………………………………… 34
cc) 违法性与罪责 ……………………………………… 35
dd) 结论 ………………………………………………… 36
d) 强制罪，《德国刑法典》第240条 ………………… 37
e) 虚假陈述罪的教唆未遂，《德国刑法典》第153条、
第159条、第30条第1款………………………………… 40
3. 结论……………………………………………………… 42

（二）第二组行为：C的陈述 ……………………………… 43

1. C的刑事可罚性…………………………………………… 43
a) 虚伪宣誓罪，《德国刑法典》第154条第1款 ……… 43
b) 阻挠刑罚罪未遂，《德国刑法典》第258条第1款和
第4款、第22条、第23条 ……………………………… 45
c) 结论与竞合 ……………………………………………… 48
2. A的刑事可罚性…………………………………………… 49
a) 虚伪宣誓罪的教唆犯，《德国刑法典》第154条第1
款、第26条 ……………………………………………… 49
b) 诱骗他人作虚假陈述罪，《德国刑法典》第160条
第1款 ……………………………………………………… 50
c) 诱骗他人作虚假陈述罪未遂，《德国刑法典》第160
条第1款和第2款、第22条、第23条 ………………… 52
d) 结论 ……………………………………………………… 53
3. 最终结论………………………………………………… 54

4. 附加问题 …… 55
a) 诱骗他人作虚假陈述罪，《德国刑法典》第160条 …… 57
b) 虚伪宣誓罪的教唆犯，《德国刑法典》第154条第1款、第26条 …… 58
c) 虚伪宣誓罪的教犯未遂，《德国刑法典》第154条第1款、第30条第1款 …… 59
d) 结论 …… 60

三、案情分析

（一）第一组行为：B的陈述

1.B的刑事可罚性

a) 未经宣誓的虚假陈述罪，《德国刑法典》第153条

1 B肯定了A的陈述，亦即犯罪行为发生之时二人正一起玩纸牌，涉嫌触犯《德国刑法典》第153条的规定，可能构成未经宣誓的虚假陈述罪。

aa) 客观构成要件

2 首先B必须作出了虚假陈述。陈述在何时是虚假的，存在争议。一种观点认为，当陈述和陈述人的内心设想不符时，该陈述就是虚假的（主观说[①]）。B明知犯罪行为发生时他没有和A一起玩纸牌，而是和A一起洗劫银行。根据他的主观内心设想，他的陈述是虚假的。

3 还有部分观点认为，陈述的虚假性体现在行为人违反了其

① 关于不同的理论，参见*Rengier* BT II § 49 Rn. 7 ff. 详细参见*Hillenkamp* BT 10. Problem。

依据程序法规则陈述真相的义务（Wahrheitspflicht），即行为人没有完整地或者客观上正确地陈述重要的事件进程，并且没有对询问人指出其陈述可能具有的疑问。依照这一观点，B也作出了虚假陈述。

文献和判例的主流观点则主张从客观上判断陈述的虚假性，即比较陈述内容和实际发生的事实。如果二者一致，那么陈述就是真实的，否则陈述就是虚假的。依照该观点，B的陈述也是虚假的。 4

因为无论主张何种观点都会得出相同的结论，所以观点冲突在这里并不重要。B在庭审阶段，也就是在法庭上作出了虚假陈述，而且未经宣誓，其行为实现了客观构成要件。 5

提示：当陈述结束时，即当对证人或者鉴定人进行询问的人明显终结了提问或者询问时，行为就已既遂。如果“最初的”虚假陈述在此期间得到更正，那么构成要件就因欠缺既遂而未实现。[①]

bb) 主观构成要件

B意欲作出虚假陈述，以便使自己摆脱嫌疑，因此具有《德国刑法典》第15条意义上的故意。 6

cc) 违法性

B的行为违法。 7

dd) 罪责

欲排除B的罪责可以考虑《德国刑法典》第35条的阻却罪责的紧急避险。B之所以会肯定A的虚假陈述，只是为了避免自 8

① 也可参见Schönke/Schröder/*Lenckner*/*Bosch* § 153 Rn. 8。

己被人怀疑参与了银行抢劫。问题在于，因抢劫罪而被判刑的危险是否是现时的，因为B在参与针对A的诉讼程序时仅仅是证人，而非共同被告人。不过这一点最终可以不予回答：这里肯定不能适用《德国刑法典》第35条的规定，因为B事实上参与了抢劫，依据《德国刑法典》第249条的规定被判处自由刑的危险是B自己造成的，所以他有义务忍受这种危险（《德国刑法典》第35条第1款第2句）。[①] 因此不能依据《德国刑法典》第35条的规定排除罪责，B的行为有责。

9 不过如果B被定罪的话，在量刑时倒是可以考虑具有紧急避险性质的陈述（《德国刑法典》第157条第1款），因为B虚假陈述仅仅是为了使自己避免被判刑的危险。

ee)结论

10 B构成《德国刑法典》第153条规定的未经宣誓的虚假陈述罪。

b)阻挠刑罚罪，《德国刑法典》第258条第1款

11 因为A最后被判刑，所以B阻挠刑罚的行为没有既遂。国家刑罚权的实现并没有迟延。[②]

c)阻挠刑罚罪未遂，《德国刑法典》第258条第1款和第4款、第22条、第23条第1款

12 B因其陈述行为涉嫌触犯《德国刑法典》第258条第1款和第4款、第22条、第23条第1款的规定，可能构成阻挠刑罚罪未遂（阻挠刑事追诉）。

13 B的行为没有既遂，依据《德国刑法典》第258条第4款、

---

① 参见*Kelker,* Jura 1996, 92。另外这里还提到了《德国刑事诉讼法》第55条规定的拒绝回答（Auskunftsverweigerung）的可能性。

② 对此参见*Fischer* § 258 Rn. 8 附有的进一步明证。

第23条第1款、第12条第2款的规定，阻挠刑罚罪未遂可罚。

B明知自己的陈述可以阻挠A被判刑，因此具有指向阻挠刑罚的行为决意。 **14**

因为B已经作出了陈述，所以存在《德国刑法典》第22条意义上的直接着手。 **15**

B的行为违法且有责，案情中没有线索表明存在中止（《德国刑法典》第24条）情形。 **16**

B首先是为使本人洗脱抢劫罪的嫌疑，所以这里可以适用《德国刑法典》第258条第5款对B有利的规定，也就是关于个人刑罚免除事由。[①] **17**

因此《德国刑法典》第258条第1款的规定不予适用。 **18**

d) 诬告罪，《德国刑法典》第164条第1款

B之所以不构成《德国刑法典》第164条的诬告罪，是因为该条规定要求诬告的对象是确定的或者至少可以确定的人[②]，而本案显然不符合这一点。 **19**

2. A的刑事可罚性

a) 虚假陈述罪的教唆犯，《德国刑法典》第153条、第26条

A唆使B作虚假陈述，涉嫌触犯《德国刑法典》第153条、第26条的规定，可能构成虚假陈述罪的教唆犯。 **20**

aa) 客观构成要件

B实施了符合构成要件且违法的主行为，此外要求A“唆使”（bestimmt）B作出虚假陈述（《德国刑法典》第26条）。关 **21**

① *Lackner/Kühl* § 258 Rn. 16.

② BGHSt 13, 219; *Geilen* Jura 1984, 304.

于这种“唆使”的前提条件存有争议①：主流观点认为，教唆者对被教唆者施加的引起其行为决意的任何影响都是“唆使”。②一部分观点从狭义上解释《德国刑法典》第26条的规定，概括来说，即要求在教唆者和被教唆者之间存在“精神联系”。③另一部分观点甚至要求存在“不法协议”（Unrechtspaket）。④依照该观点，仅仅创设能够鼓励或者迫使他人实施主行为的情形，还不足以肯定《德国刑法典》第26条规定的客观构成要件。⑤

22 关于教唆，本案中存在两个关联点：请求B在警察面前作虚假陈述以及指名B作证。A请求B在警察面前作虚假陈述没有成功，因为B拒绝了。指名B作证的结果是，B在法庭上作了虚假陈述，由此满足了《德国刑法典》第153条的规定。如果依照判例的观点，教唆行为和主行为之间具有因果关系即可，A显然满足了《德国刑法典》第26条的要求。

23 不过有观点主张本案的情形不支持这一理论，原因是A和B之间没有“精神联系”。文献中主张限制性观点的理由一般是，依据《德国刑法典》第26条的规定对教唆犯进行的处罚与正犯相同。由此得出的结论是，只有对正犯的言语性或者“沟通性”影响才能符合《德国刑法典》第26条的规定，因为只有这样的影响才体现出增加的犯罪动力，由此证明同等对待教唆犯和正犯的合理性。但是这种论证没有说服力：一方面，从《德国刑法典》第26条的字面含义中找不到依据；另一方面，教唆犯同

---

① 对此详见*Hillenkamp* AT 23. Problem; 也可参见*Hilgendorf* Jura 1996, 9。

② *Lackner/Kühl* § 26 Rn. 2.

③ *Jescheck/Weigend* AT S. 686.

④ *Puppe* GA 1984, 119; *Schulz* JuS 1986, 937.

⑤ *Fischer* § 26 Rn. 3; Schönke/Schröder/*Heine/Weißer* § 26 Rn. 3 附有进一步的明证。

样可以狡诈且肆无忌惮地创设特定的情形，以致比照正犯对其处以刑罚是完全正当的。对《德国刑法典》第26条进行目的性限缩的合理性至多体现在，将只是例外地导致教唆结果的社会相当的或者客观上无危险的行为方式从《德国刑法典》第26条的构成要件中排除出去。[①]

不过这里无须深入探讨该问题，因为A显然没有作出具有社会相当性或者最低危险性的行为。他指名B作证，就使B陷入了困境，客观而言该情形完全有可能使B作出虚假陈述。因此存在《德国刑法典》第26条意义上的“唆使”。[②] 24

然而应当注意的是，原则上A为了给自己辩护是可以进行虚假陈述的，即任何人都没有义务自证其罪（Nemo tenetur se ipsum accusare）。[③] 因此指定证人作出虚假陈述的行为本身仍不能证立犯罪行为。[④] 刑事诉讼法并未要求不惜一切代价查明真相。被告人不仅是真相查明的客体，更是拥有自身权利的诉讼主体。A指名B为证人并且作出（虚假的）事实陈述，这只是A在行使其本身的权利，至于从中实现的虚假陈述的危险，原则上是证人自我答责的事情。[⑤] 25

bb)结论

A不构成《德国刑法典》第153条、第26条规定的虚假陈述罪的教唆犯。 26

---

① *Hilgendorf* Jura 1996, 10.

② 其他观点参见*Kelker* Jura 1996, 95。

③ *Beulke* Rn. 125; 详细内容参见*Dingeldey* JA 1984, 407。

④ BGHSt 17, 321; *OLG Hamm* NJW 1992, 1977; *LG Münster* StV 1994, 134. 这一问题往往在帮助犯的范围内进行讨论。

⑤ *Bartholme* JA 1993, 221; *Seebode* NStZ 1993, 82.

b) 虚假陈述罪的帮助犯，《德国刑法典》第153条、第27条

27 应当考虑A帮助B作出了虚假陈述（《德国刑法典》第153条、第27条）。不过问题在于，A的帮助行为体现在何处。严格来讲，指名作证的行为并没有支持虚假陈述的行为，而是首先引起了B的行为决意。指名作证是虚假陈述的原因。B自我答责地作出陈述，这不能改变指名作证和虚假陈述之间的因果关系。[①] 除此之外，A对B不再具有积极影响。A的应受谴责性至多在于没有更正B的虚假陈述。因此A不构成积极作为的虚假陈述罪的帮助犯。[②]

c) 不作为的虚假陈述罪的帮助犯，《德国刑法典》第153条、第27条、第13条

28 应当考虑《德国刑法典》第153条、第27条和第13条的规定，也就是A可能构成不作为的虚假陈述罪的帮助犯。

aa) 客观构成要件

29 A没有澄清B的虚假陈述，客观上支持了B的行为。A更正B的陈述是可能的（《德国刑事诉讼法》第257条第1款）并且是可期待的，因为正是A的行为引起了虚假陈述的危险。[③]

① 保证人地位

30 A是否负有保证人义务，这一点很有争议。从法律规定而言，不能肯定A在诉讼中负有查明真相的义务（参见《德国刑

---

① 其他观点参见 *OLG Hamm* NJW 1992, 1977; 赞同性观点参见 *Kelker* Jura 1996, 96; *Brammsen* StV 1994, 138。

② 相同的结论参见 *Kelker* Jura 1996, 96。这里引用了（在这一点上判例也经常援引的）任何人没有义务自证其罪的原则。从本案的分析可知，这一本身正确的原则在这里不是决定性因素。

③ 对于期待可能性，如果在保证人义务这一点上进行论证并得出其他结论，也是合理的。

事诉讼法》第136条第1款第2句、第243条第4款第1句的规定）。也不存在因密切的私人关系而形成的保证人地位，A和B共同实施了抢劫，这个事实对此并无意义。①

应当考虑源自先行行为（Ingerenz）的保证人地位。②这方面的问题首先在于认定违反义务的前行为的范围。早期判例尤其认为，诉讼当事人指名证人有意作出虚假陈述时，该当事人就有一般性的义务来阻止该证人作出虚假陈述。③相反，现在认为，诉讼当事人原则上并无义务阻止证人作出虚假陈述。④理由在于，一旦进入他人的答责领域，原则上就不存在本人的义务以及本人违反义务行为的可能性了。这意味着，在诉讼程序中作出陈述的人单独为其陈述负责，即使他"面临着'不符合诉讼程序的'虚假陈述的诱惑，导致这一情形的前行为……也不具有危险前行为意义上的违反义务性"⑤。主流的折中观点认为，只有当诉讼当事人在指名证人之外，又创设了不属于正常诉讼程序，也就是"不符合诉讼程序"的虚假陈述的特殊危险时，他才必须阻止虚假陈述。⑥ 31

本案中，依照早期判例和现今通说都应当肯定A具有保证人地位，因为A通过指名B作证，将其带入了被迫处境：如果B不想陷入犯罪嫌疑，他就必须肯定A的陈述。最近有理论认为诉讼当事人完全不负澄清义务。只有根据该理论，A才不负保 32

① 也可参见*OLG Düsseldorf* NJW 1994, 272：从恋人关系中不能产生保证人义务。

② 以下内容也参见*Hillenkamp* BT 11. Problem。

③ RGSt 70, 84; BGHSt 4, 217, 218.

④ 例如Schönke/Schröder/*Lenckner/Bosch* Vor §§ 153 ff. Rn. 40。

⑤ Schönke/Schröder/*Lenckner/Bosch* Vor §§ 153 ff. Rn. 40.

⑥ BGHSt 14, 229; 17, 321; *BGH* NJW 1953, 1399; NStZ 1993, 489; *OLG Hamm* NJW 1992, 1977; *OLG Düsseldorf* NJW 1994, 272; *Arzt/Weber/Heinrich/Hilgendorf* BT § 47 Rn. 150; *Wessels/Hettinger* BT 1 Rn. 786.

证人义务。然而这种理解扩大了任何人都没有义务自证其罪的原则以及作出虚假陈述的证人的自我答责性，没有适当考虑本案的情形，即A指名B作证从而必然使其陷入严重的被迫处境当中，在这种处境下几乎不可能有作出其他决定的空间。也就是说，A决定性地实现了虚假陈述所体现的不法。因此可取的结论是，肯定A源自先行行为的保证人地位。

提示：需要注意的是，判例认为，论证源自先行行为的保证人地位时，并不取决于前行为的义务违反性。这符合广为接受的观点。该观点认为，由先行行为形成保证人地位的依据在于迫近的法益危害以及对可能的损害的答责，而不是基于前行为笼统的“义务违反性”。①

② 等价条款（Entsprechensklausel）

33 不作为犯罪还要求，由不作为实现的法定构成要件要与由作为实现该构成要件具有等价性（《德国刑法典》第13条第1款第2子句）。这一规定只适用于对于构成要件行为的类型与方式存在特殊要求的犯罪。② 本案的关键仅仅是A支持B作出虚假陈述，所以《德国刑法典》第13条第1款第2子句的规定与此无关。

bb) 主观构成要件

34 因为A明知且意欲实现B的主行为和自己不作为的帮助行为（双重帮助故意），所以应肯定A的故意以及《德国刑法典》第153条、第27条、第13条的构成要件。

---

① 参见*Rengier* JuS 1989, 806 f.; 同见BGHSt 37, 106（“Lederspray案”）。

② *Jescheck/Weigend* AT S. 629. 主流观点认为，这一等价条款对纯粹结果犯和行为犯而言是没有任何问题的，因为通过不作为和作为实现法定构成要件是等价的。问题在于等价条款在所谓行为定式犯（verhaltensgebundene Delikte）上的应用。

cc)违法性与罪责

A的行为违法且有责。 35

dd)结论

A构成《德国刑法典》第153条、第27条、第13条规定的不作为的虚假陈述罪的帮助犯。 36

d)强制罪,《德国刑法典》第240条

A指名B作证，促使他作出虚假陈述，涉嫌触犯《德国刑法典》第240条的规定，可能构成强制罪。A指名B作证，促使他在审判时作出对A有利的陈述。单纯的意思扭曲不足以肯定《德国刑法典》第240条的构成要件，而是要求非法使用暴力或以显著的恶害相胁迫实施强制行为。 37

揭发B的犯罪参与行为显然是显著的恶害。[①] 问题在于A是否以这种恶害胁迫了B。《德国刑法典》第240条意义上的胁迫是指明确或者至少有力地宣示施加恶害，和单纯的警告不同，胁迫者必须居于优势地位，而恶害的出现依赖其决定。[②] 本案中欠缺这一点，因为虽然A让B陷入了被迫处境，然而恶害的出现，也就是说B的犯罪行为的暴露仅仅取决于B的行为。这就否定了胁迫。不过反对理由认为，胁迫者决定性暴力的因素只是用来和警告相区别，而在类似于本案的情形中则不重要，本案中行为人将被害人带入了几乎不能破解的被迫处境当中。《德国刑法典》第240条所保护的法益是意思决定和意思实现的自由，而该法益肯定受到了损害。最后，日常用语习惯（立法者如果没有明确作出其他规定，也遵循这一点）也可以认定本案 38

① 对此详见 *Wessels/Hettinger* BT 1 Rn. 401。

② *Wessels/Hettinger* BT 1 Rn. 402.

中不存在胁迫。

39 关键可能在于，通过扩张解释为强制罪这样模糊并且极具问题[①]的规定创造更广泛的适用范围是不适当的。因此应当遵循通说，也就是在所有胁迫的情形中，要求胁迫者在施加显著的恶害方面显示出其决定性暴力。本案中，A根本没有默示地表示[②]揭发B的犯罪参与行为，而B是否暴露犯罪嫌疑则完全取决于自己的行为，所以不存在《德国刑法典》第240条意义上的胁迫。因此A不构成强制罪。

e)虚假陈述罪的教唆未遂，《德国刑法典》第153条、第159条、第30条第1款

40 A要求B在警察面前作出虚假陈述，涉嫌触犯《德国刑法典》第153条、第159条、第30条第1款的规定，可能构成虚假陈述罪的教唆未遂。因为B拒绝在警察面前肯定A的陈述，所以这里没有出现主行为。虽然《德国刑法典》第153条规定的不是重罪，但是第159条规定的虚假陈述罪的教唆未遂因行为方式的特殊危险性而例外地具有刑事可罚性。

41 A既对引起B的行为决意具有故意，也对主行为既遂具有故意，所以A具有双重教唆故意。[③]不过问题在于，A的故意所指向的犯罪行为是虚假陈述罪的不能犯，因为警察局不属于《德国刑法典》第153条所要求的接受宣誓的主管机关。通说认为在这样的情形中教唆者不具有刑事可罚性。[④]应当赞同通说，因为如果

---

① 参见BVerfGE 92, 1：将静坐示威扩大解释为《德国刑法典》第240条第1款意义上的暴力违反了《德国基本法》第103条第2款的规定；也可参见*BGH* NJW 1995, 2643, 2862。

② 通过对案情进行其他解释进而肯定《德国刑法典》第240条的构成要件，也是合理的。

③ *Jescheck/Weigend* AT S. 687.

④ BGHSt 24, 38; LK/*Ruß* § 159 Rn. 1 ff.; *Wessels/Hettinger* BT 1 Rn. 781; 其他观点参见Schönke/Schröder/*Lenckner/Bosch* § 159 Rn. 4; *Otto* BT § 97 Rn. 78 f.

被教唆的主行为不可罚（《德国刑法典》第153条没有规定未遂），那么处罚教唆犯就是荒谬的。因此A不构成《德国刑法典》第153条、第159条、第30条第1款规定的虚假陈述罪的教唆未遂。

3. 结论

42 A构成《德国刑法典》第153条、第27条、第13条规定的不作为的未经宣誓的虚假陈述罪的帮助犯。B构成《德国刑法典》第153条规定的未经宣誓的虚假陈述罪。

（二）第二组行为：C的陈述

1. C的刑事可罚性

a) 虚伪宣誓罪，《德国刑法典》第154条第1款

43 C在法庭上对虚假陈述作出宣誓，涉嫌触犯《德国刑法典》第154条第1款的规定，可能构成虚伪宣誓罪。C在法庭上作出了虚假陈述，并对此作出宣誓。C明知且意欲作出这样的行为，其行为违法且有责。所以C构成《德国刑法典》第154条第1款规定的虚伪宣誓罪。同时实现的《德国刑法典》第153条因为特殊关系（Spezialität）而让位于第154条。[①]

44 问题在于，能否认定《德国刑法典》第157条规定的具有紧急避险性质的陈述。因为A不是C的亲属（《德国刑法典》第11条第1款第1项），所以这里不能直接适用该条款。[②] 这里应当考虑有利于行为人的类推适用，因为有利于行为人，所以不违反刑法上的类推禁止。[③]《德国刑法典》第157条的意义和目的在

---

① *Lackner/Kühl* § 154 Rn. 12 f.

② *OLG Braunschweig* NStZ 1994, 344 考虑将《德国刑法典》第157条第1款直接适用于同居关系的伴侣，但是出于法的安定性，布伦瑞克高等地方法院拒绝了这一做法。

③ *Jescheck/Weigend* AT S. 136.

于考虑被告人的亲属通常所陷入的特殊被迫处境。这里对于C来说也可能存在这种不利情形。但所有的类推都要以存在计划外的规则漏洞为前提，而这里不存在这种漏洞。结合《德国刑法典》第11条第1款第1项规定的亲属概念，立法者在《德国刑法典》第157条第1款、第258条第6款对亲属规定了优待后果（Privilegierung）。这种做法显然表明了其与《德国刑法典》第35条的差异，也就是说得到优待的人员范围应当受到严格限制，不能通过类推适用来打破这种立法意志。因此《德国刑法典》第157条第1款在本案中不适用，本案不存在计划外的规则漏洞。但C所处的被迫处境可以适用《德国刑法典》第154条第2款的规定，也就是认定属于较轻的情节。[1]

b)阻挠刑罚罪未遂，《德国刑法典》第258条第1款和第4款、第22条、第23条

45 C在法庭上作出经过宣誓的虚假陈述，涉嫌触犯《德国刑法典》第258条第1款和第4款、第22条、第23条的规定，可能构成阻挠刑罚罪未遂。因为A被判刑，所以C阻挠刑罚的行为没有既遂，阻挠刑罚罪未遂可罚。

46 C具有相应的行为决意，通过作出陈述，她已直接着手实现构成要件（《德国刑法典》第22条）。C的行为违法且有责。

47 《德国刑法典》第258条第6款是亲亲相隐条款。据此规定，为使亲属免于刑罚处罚而阻挠刑罚的，不予处罚。但是如上所述，这一条款不能对C适用。因此C构成《德国刑法典》第258条第1款和第4款、第22条、第23条规定的阻挠刑罚罪未遂。

---

① 其他观点参见 *BayObLG* NJW 1986, 202。

c)结论与竞合

48 C构成《德国刑法典》第154条第1款规定的虚伪宣誓罪以及第258条第1款和第4款、第22条、第23条第1款规定的阻挠刑罚罪未遂。二者成立《德国刑法典》第52条规定的犯罪单数（想象竞合，从一重处罚）。

2. A的刑事可罚性

a)虚伪宣誓罪的教唆犯，《德国刑法典》第154条第1款、第26条

49 A教唆C实施的虚伪宣誓罪（《德国刑法典》第154条、第26条）并不成立。虽然A客观上唆使了C实施行为，但是A在虚伪宣誓方面不具有故意，因为他以为C是善意的。

b)诱骗他人作虚假陈述罪，《德国刑法典》第160条第1款

50 A可能构成诱骗他人作虚假陈述罪（《德国刑法典》第160条第1款）。根据一般规则，A的故意指向实施间接正犯形式的虚假陈述（C是工具）。因为陈述犯罪属于亲手犯[①]，所以它们不可能存在间接正犯形式。由此产生的处罚漏洞应当通过《德国刑法典》第160条的规定加以弥补，该条处罚的是诱骗作虚假陈述的行为，也就是支配他人实施非故意的行为[②]。[③] 本案中的问题在于，C是恶意的，而A不知道这一点。可以考虑两种解决方式：

51 一种观点认为，只成立《德国刑法典》第160条第2款规定的未遂，因为没有出现善意实施的虚伪宣誓罪，这和A的行为决意不同。[④] 通说则认为，C故意实施的行为涵盖了A所追求的

---

① *Lackner/Kühl* § 160 Rn. 1.

② *Lackner/Kühl* § 160 Rn. 2.

③ 关于《德国刑法典》第160条个别具有争议性的构造，详见*Eschenbach* Jura 1993, 407。

④ 详细的教义学论证部分参见RGSt 11, 418; *Fischer* § 160 Rn. 7; *Otto* JuS 1984, 161, 171; *Eschenbach* Jura 1993, 407。

非故意行为，所以应当认定行为既遂。[①] 但是这种观点不具有说服力：这种“涵盖性理由”显然是有意设计（*Ad-hoc*-Konstruktion），它为了满足明显的刑罚需求而忽视了一般的犯罪故意教义学。这种设计在其他情形中可能是适当的[②]，但是在本案中没有必然的支持理由，因为《德国刑法典》第160条第2款规定了未遂的可罚性。所以应当否定既遂。

c) 诱骗他人作虚假陈述罪未遂，《德国刑法典》第160条第1款和第2款、第22条、第23条

52 诱骗他人作虚假陈述罪未遂可罚（《德国刑法典》第160条第1款和第2款、第22条、第23条）。A具有利用C实施虚伪宣誓罪的行为决意，通过请求C作出虚假陈述，直接着手实现构成要件（《德国刑法典》第22条）。A的行为无疑违法且有责，所以构成《德国刑法典》第160条第1款和第2款、第22条、第23条规定的诱骗他人作虚假陈述罪未遂。

d) 结论

53 A构成《德国刑法典》第160条第1款和第2款、第22条、第23条规定的诱骗他人作虚假陈述罪未遂。

3. 最终结论

54 A构成《德国刑法典》第153条、第27条、第13条规定的不作为的未经宣誓的虚假陈述罪的帮助犯以及第160条第1款和第2款、第22条、第23条规定的诱骗他人作虚假陈述罪未遂；二者成立《德国刑法典》第53条规定的犯罪复数（实质竞合，

---

① BGHSt 21, 116; Schönke/Schröder/*Lenckner/Bosch* § 160 Rn. 9.

② 如果幕后操纵者误认直接行为人的故意或者罪责能力，那么可以考虑间接正犯的认识错误情形。对此参见*Jescheck/Weigend* AT S. 671。

数罪并罚）。B构成《德国刑法典》第153条规定的未经宣誓的虚假陈述罪。C构成《德国刑法典》第154条规定的虚伪宣誓罪和第258条第1款和第4款、第22条、第23条规定的阻挠刑罚罪未遂；二者成立《德国刑法典》第52条规定的犯罪单数（想象竞合，从一重处罚）。

4.附加问题

因为C在其陈述的正确性方面是善意的，所以她在行为时不具有故意，由此不能明确认定她构成了何罪。 **55**

因此只考虑A的刑事可罚性。 **56**

a)诱骗他人作虚假陈述罪，《德国刑法典》第160条

首先还是应当考虑诱骗他人作虚假陈述罪（《德国刑法典》 **57** 第160条第1款）。《德国刑法典》第160条第1款规定的客观构成要件要求行为人支配他人实施非故意的行为。本案符合这一点，因为C在A的影响下非故意地进行了虚伪宣誓。问题在于，主观构成要件是否得以符合。在A看来C应该故意地行为，而事实上她是善意的。A想以教唆犯的身份影响故意且违法的主行为。对应上文关于善意性认识错误情形的分析内容，这里可能的处理方法是，A的故意内容是教唆C故意进行虚伪宣誓，A的这种故意同时涵盖了故意诱骗C作出善意的虚假陈述的情形，因此可以认定A构成诱骗他人作虚假陈述罪。所以此处适用《德国刑法典》第160条的规定。[①] 对该观点应予以否定，因为如果A误认C是恶意的话，就使行为变成了另一个犯罪行为。A的故意内容并非在于诱骗他人（善意地）作出虚假陈述，而是在

① 从结论上参见*Hruschka/Kässer* JuS 1972, 713。

于教唆他人故意实施行为。因此这里不适用《德国刑法典》第160条第1款的规定。

b) 虚伪宣誓罪的教唆犯，《德国刑法典》第154条第1款、第26条

58 A可能构成（既遂的）虚伪宣誓罪的教唆犯（《德国刑法典》第154条第1款、第26条）。该罪因欠缺主行为而不成立：C是善意的，所以她未满足《德国刑法典》第154条第1款的规定。据此，A不构成《德国刑法典》第154条第1款、第26条规定的虚伪宣誓罪的教唆犯。

提示：如果遵循客观说，则C欠缺行为故意，因而欠缺主观构成要件。依照主观说，则应否定客观构成要件。

c) 虚伪宣誓罪的教唆未遂，《德国刑法典》第154条第1款、第30条第1款

59 应当考虑A涉嫌触犯《德国刑法典》第154条第1款、第30条第1款的规定，可能构成虚伪宣誓罪的教唆未遂。不需要援用《德国刑法典》第159条，因为《德国刑法典》第30条第1款的规定直接涵括了作为重罪（参见《德国刑法典》第12条第1款）的第154条。A的行为决意内容在于，C应当在其影响下作出虚伪宣誓。A已经直接着手实现这一行为决意（《德国刑法典》第22条）。因此依据《德国刑法典》第154条、第30条第1款的规定，A构成虚伪宣誓罪的教唆未遂。①

d) 结论

60 C无罪。A构成《德国刑法典》第154条、第30条第1款规

① *Lackner/Kühl* § 160 Rn. 2; *OLG Karlsruhe* Justiz 1982, 141.

定的虚伪宣誓罪的教唆未遂。

四、案例评价

本案例的难度较高，尤其是较难辨识出不作为的虚假陈述罪的帮助犯。不过只有很少的考试会重点考查陈述犯罪，通常只是附带考查该类犯罪。

首先应当认清对陈述的虚假性的不同理解，其次接受宣誓的主管机关的特征也很重要。案情中的行为人通常在警察局或检察院作出虚假陈述，然而这两个机构都不是接受宣誓的主管机关。陈述犯罪主要涉及犯罪参与问题，其中的典型问题是，陈述人是恶意的而行为人认为其是善意的情形如何处理，以及相反的情形。特殊之处在于《德国刑法典》第159条的规定，也就是对轻罪的教唆未遂进行处罚。

因为陈述犯罪是亲手犯，所以不存在间接正犯。本案这种情形要按照《德国刑法典》第160条规定的诱骗他人作虚假陈述罪处理。

同时要注意和陈述犯罪有关的针对刑事司法的其他犯罪，特别是阻挠刑罚罪。

其他延伸阅读： *Geppert*, Grundfragen der Aussagedelikte (§§ 153 ff.StGB), Jura 2002, 173–181; *Hettinger/Bender*, Die Aussagedelikte (§§ 153–162 StGB), JuS 2015, 577–585; *Hillenkamp* BT 10. Problem; *Kudlich/Henn*, Täterschaft und Teilnahme bei den Aussagedelikten, JA 2008, 510–514.

案例9：药品商店的火灾

关键词：抢劫性敲诈勒索罪；抢劫性敲诈勒索罪未遂；纵火犯罪；主动悔罪；保险滥用罪；保险诈骗
难　度：很高

一、案情

B经营一家药店，他的库存商品中有很多易燃液体和其他易燃物。B和家人住在一起，药店位于其住宅的地下一层。有一天A来找B索要5万欧元，如果B不交钱，A就放火烧他的房子。B一开始认为这是A的恶作剧，就严词拒绝。不过A已经想好要实施其计划。他决定在B的房子里放火，以此使他的要求得到重视。

几周之后——B和他的家人都出门了，A知道这一点——A侵入B的住宅。他快速确定住宅内没有其他人之后，就在地下一层倒上汽油并点燃。然后他匆忙离开这个房子。一开始火势迅速向外蔓延，很多家具和墙纸都着火了。不过B安装的特殊地板铺层没有着火。只是通向药店的门的木框着火时间较长。

A在外面观察火势，认为已经造成的损失足以让B屈服，于是他冲进房子灭掉可能蔓延的火势。他进屋后却发现火已经熄灭，而他还没来得及做什么。门的木框也不再着火。然后他匆忙逃跑了。

试问A的刑事可罚性？已经提起了必要的告诉。

变体案情：A有财政问题，为了获得火灾保险金而点燃自己的房子。他的房子完全烧毁了，他及时向保险公司告知了火灾损失。但是在A收到保险金之前，真相就暴露了。

试问A的刑事可罚性？在变体案情中无须检验《德国刑法典》第306条及以下诸条的规定。

二、分析提纲

（一）第一组行为：索要金钱 …… 1

1. 抢劫性敲诈勒索罪，《德国刑法典》第253条第1款、第255条 …… 1
   - a) 客观构成要件 …… 2
   - b) 结论 …… 3
2. 抢劫性敲诈勒索罪未遂，《德国刑法典》第253条第1款、第255条、第22条、第23条 …… 4
   - a) 预先检验 …… 5
   - b) 行为决意与直接着手 …… 6
   - c) 违法性与罪责 …… 7
   - d) 结论 …… 8

（二）第二组行为：房内纵火 …… 9

1. 纵火罪，《德国刑法典》第306条第1款 …… 9
   - a) 客观构成要件 …… 10
   - b) 主观构成要件 …… 14
   - c) 违法性与罪责 …… 15
   - d) 主动悔罪，《德国刑法典》第306e条 …… 16

e)结论……………………………………………… 17
2.严重纵火罪,《德国刑法典》第306a条第1款 ……… 18
a)客观构成要件……………………………………… 19
b)主观构成要件、违法性与罪责…………………… 21
c)结论……………………………………………… 22
3.情节特别严重的纵火罪,《德国刑法典》第306b条
第2款 ……………………………………………… 23
a)构成要件………………………………………… 24
b)违法性与罪责……………………………………… 27
c)结论……………………………………………… 28
4.引起火灾危险罪,《德国刑法典》第306f条第1款 … 29
a)客观构成要件……………………………………… 30
b)主观构成要件……………………………………… 31
c)违法性、罪责与结论……………………………… 32
5.引起火灾危险罪,《德国刑法典》第306f条第2款 … 33
6.损坏财物罪,《德国刑法典》第303条第1款………… 34
a)构成要件………………………………………… 35
b)违法性与罪责……………………………………… 36
c)结论……………………………………………… 37
7.毁坏建筑物罪,《德国刑法典》第305条第1款……… 38
8.侵犯居住安宁罪,《德国刑法典》第123条第1款…… 39
a)构成要件………………………………………… 40
b)违法性与罪责……………………………………… 42
c)结论……………………………………………… 43
9.竞合与结论………………………………………… 44

（三）变体案情 …………………………………… 48
1. 保险滥用罪，《德国刑法典》第 265 条第 1 款 ………… 48
a) 构成要件 …………………………………………… 49
b) 违法性与罪责 ……………………………………… 50
c) 结论 ………………………………………………… 51
2. 诈骗罪，《德国刑法典》第 263 条第 1 款 …………… 52
3. 诈骗罪之特别严重情形的未遂，《德国刑法典》第 263 条第 1 款和第 3 款第 2 句第 5 项、第 22 条、第 23 条第 1 款 …………………………………………… 53
a) 预先检验 …………………………………………… 54
b) 行为决意 …………………………………………… 55
c) 直接着手 …………………………………………… 56
d) 违法性与罪责，没有《德国刑法典》第 24 条意义上的中止 ………………………………………… 57
e) 量刑 ………………………………………………… 58
f) 结论 ………………………………………………… 59
g) 竞合 ………………………………………………… 60
4. 变体案情的最终结论 ………………………………… 62

三、案情分析

（一）第一组行为：索要金钱

1. 抢劫性敲诈勒索罪，《德国刑法典》第 253 条第 1 款、第 255 条

A 向 B 索要金钱，涉嫌触犯《德国刑法典》第 253 条第 1 款、 1

第255条的规定，可能构成抢劫性敲诈勒索罪。

a)客观构成要件

2 《德国刑法典》第255条要求行为人对他人使用暴力或者以现时危害其身体或生命相胁迫。胁迫是指宣示恶害，也就是说如果被胁迫人不按照行为人的意思行事，则行为人会施加该恶害。① A威胁放火烧B的房子，这同样包括以危害身体或生命相胁迫，因为住宅之中通常是有人的。行为人必须通过胁迫强制他人作出一定行为、容忍或者不作为。B没有给A所要求的金钱，A的胁迫没有成功，因而缺少强制结果。

b)结论

3 A不构成《德国刑法典》第253条第1款、第255条规定的抢劫性敲诈勒索罪。

2.抢劫性敲诈勒索罪未遂,《德国刑法典》第253条第1款、第255条、第22条、第23条

4 不过A可能构成《德国刑法典》第253条第1款、第255条、第22条、第23条规定的抢劫性敲诈勒索罪未遂。

a)预先检验

5 A的行为没有既遂，依据《德国刑法典》第255条、第249条第1款、第12条第1款的规定，抢劫性敲诈勒索罪是重罪，依据《德国刑法典》第23条第1款第一种情形的规定，该罪未遂可罚。

b)行为决意与直接着手

6 A必须具有行为决意，而且已经直接着手实现构成要件

① Schönke/Schröder/*Eser/Eisele* Vor §§ 234 ff. Rn. 30.

(《德国刑法典》第22条)。行为决意包括对所有客观构成要件要素的故意以及其他可能存在的主观构成要件要素。[①] A意欲以危害B的身体或生命相胁迫,强制其作出一定行为,也就是交出A索要的5万欧元。[②] A想让B遭受财产损失,同时使自己违法获利。如果行为人主观上越过了"现在开始动手"的界限,客观上实施了一定的行为,而且该行为不受干扰地发展下去就能顺利实现构成要件,就可认定为直接着手。A通过向B索要金钱,就已经直接着手实现构成要件(《德国刑法典》第22条)。

提示:当其中一个客观构成要件要素得以满足时,通常就认为存在《德国刑法典》第22条意义上的直接着手。所以这里可以省略相关论述。

c)违法性与罪责

必须依据《德国刑法典》第253条第2款的规定来认定(抢 7
劫性)敲诈勒索行为的违法性。如果以恶害相胁迫从而达到所追求的目的是应受谴责的,或者强制手段是应受特别谴责的,那么就存在违法性。A对于索要的金钱没有请求权,所以强制目的是应受谴责的[③],此外以纵火相胁迫的手段也是应受谴责的。A的行为违法且有责。

d)结论

由于没有《德国刑法典》第24条意义上免除刑罚的中止情 8
形,所以A构成《德国刑法典》第253条第1款、第255条、第

---

① 这是主流观点的表述,参见*Wessels/Beulke/Satzger* AT Rn. 851附有的进一步明证。

② 这里无须区分抢劫罪和抢劫性敲诈勒索罪,参见*Hillenkamp* BT 33. Problem。

③ 鉴于敲诈勒索罪的强制目的,一般也认为存在应受谴责性,参见*Wessels/Hillenkamp* BT 2 Rn. 721。

22条、第23条第1款规定的抢劫性敲诈勒索罪未遂。而抢劫性勒索罪未遂排斥了同样实现的《德国刑法典》第240条、第241条的构成要件（特殊关系）。

（二）第二组行为：房内纵火

1.纵火罪,《德国刑法典》第306条第1款

9 A点燃了B的房子，涉嫌触犯《德国刑法典》第306条第1款的规定，可能构成纵火罪。

a)客观构成要件

10 对于A而言，包括药店在内的住宅属于《德国刑法典》第306条第1款第1项中的他人建筑物（Gebäude），因为他不是该住宅的所有权人。

11 问题在于药店是否属于经营场所（Betriebsstätte）。如果《德国刑法典》第306条第1款第2项中的经营场所仅仅是指“生产场所”，那么药店就不属于此。经营场所是指用于持续性的工商业活动的建筑设施及其密闭空间内的内置设施的集合。① 据此，经营场所也包括商店和百货商场，并不限于生产场所。因此本案中的药店属于《德国刑法典》第306条第1款第2项中的他人的经营场所。

12 药店也可能是《德国刑法典》第306条第1款第3项中的他人的仓库（Warenlager）。仓库是指货物的存放场所，即能够长时间贮藏大量有较高价值的货物的空间。② 虽然案情中提到B存放了大量易燃物，但是没有信息表明库存量是否大到足以认定

① *Fischer* § 306 Rn. 4; Schönke/Schröder/*Heine/Bosch* § 306 Rn. 5.

② *Fischer* § 306 Rn. 6; Schönke/Schröder/*Heine/Bosch* § 306 Rn. 6.

这是一个仓库的程度。不过这一点并不重要，因为受到保护的是设施本身，而不考虑在行为时是否存放了物品。[①]

问题在于A是否对住宅进行了纵火。如果行为对象的重要组成部分着了火，以致即使移开引燃物，火势仍然能够蔓延[②]，即可以独自继续燃烧，那么就应认定为纵火。其中，"重要性"并非依据《德国民法典》第94条的规定，而是依照日常用语习惯和交往观念加以确定。[③] 由此可知，家具和墙纸[④]不是住宅的重要组成部分，但是门的木框则属于此，该木框对于正常使用住宅而言具有实质性意义。所以A对住宅进行了纵火。 **13**

b) 主观构成要件

A意欲对住宅纵火，所以具有《德国刑法典》第15条意义上的故意。 **14**

c) 违法性与罪责

A的行为违法且有责。 **15**

d) 主动悔罪，《德国刑法典》第306e条

如果符合主动悔罪的前提（《德国刑法典》第306e条第1款和第3款），则可以对A减轻或者免除处罚。然而依照法条字面含义，若要成立主动悔罪，所纵之火必须"被扑灭"，因此这里可能就无法成立主动悔罪。正确的处理方式是依据《德国刑法典》第24条第1款第2句和第2款第2句的规定，也就是所纵之火非因行为人的行为而熄灭的，也足以成立主动悔罪。因此只要A自愿真诚地努力避免进一步的损失（第3款），那么所纵之 **16**

---

① Vgl. Schönke/Schröder/*Heine/Bosch* § 306 Rn. 6; *Fischer* § 306 Rn. 6.

② BGHSt 7, 37, 38; 18, 363, 364; 36, 221, 222.

③ BGHSt 16, 109, 110.

④ *BGH* NStZ 1984, 74.

火是被第三人扑灭还是自行熄灭，就在所不问。但是在本案中，A不想“补救”，而是认为造成的损失足以让B交钱。他已经实现了胁迫B并由此使其交出5万欧元的（构成要件之外的）行为目标，而且明知这一点。案情中没有线索表明A进行了真诚的努力，而且已经出现了重大损失。因此主动悔罪并不成立。

e)结论

17 A构成《德国刑法典》第306条第1款第1项、第2项和第3项规定的纵火罪。

2.严重纵火罪,《德国刑法典》第306a条第1款

18 A可能构成《德国刑法典》第306a条第1款第1项规定的严重纵火罪。

a)客观构成要件

19 问题在于，A是否对作为住宅使用的建筑物纵火，或者因纵火而将其部分毁坏。B的住宅是商住两用的建筑物，只有商业部分遭到纵火。一种观点认为[①]，火势必须事实上蔓延到了居住部分，才能符合《德国刑法典》第306a条第1款第1项的规定。如果不是这样，那么只能构成未遂。但是《德国刑法典》第306a条第1款第1项规定了抽象危险犯。商业部分和居住部分构成了统一的建筑物，而且不能排除火势会从商业部分蔓延到居住部分。鉴于这些条件，通说[②]认为只要对商业部分纵火就足以认定构成对住宅纵火，因为对房子的住户来说存在抽象危险。即使案情没有提供详细的线索，也应当根据生活常识认定药店和居住部分没有被特殊的防火设施隔离开来。

① NK/*Herzog* § 306a Rn. 12.

② BGHSt 34, 115; 35, 283.

不过这种状况可能得到另外的评价，因为A认为房子内没有其他人。《德国刑法典》第306a条规定了抽象危险犯，这意味着可罚性的大幅度前置化。所以人们试图对自始就排除危害的情形进行目的性限缩并由此符合罪责原则。[①] 当行为人确定绝对排除对人的具体危险时，就例外地考虑不予处罚。但这通常只适用于具有单个空间并且一览无余的对象。B的住宅是有多层构造的建筑物，而A只是仓促环视了一下，所以不能明显排除危害。因此本案不适用目的性限缩。 **20**

b) 主观构成要件、违法性与罪责

A的行为故意、违法且有责。如上所述，A不存在《德国刑法典》第306e条第3款意义上的主动悔罪情形。 **21**

c) 结论

A构成《德国刑法典》第306a条第1款第1项规定的严重纵火罪。[②] **22**

3. 情节特别严重的纵火罪,《德国刑法典》第306b条第2款

A涉嫌触犯《德国刑法典》第306b条第2款第2项第一种情形的规定，可能构成情节特别严重的纵火罪。 **23**

a) 构成要件

A实现了《德国刑法典》第306a条第1款第1项的构成要件。因为他纵火是为了从B那里敲诈勒索5万欧元，所以他可能具有实现其他犯罪行为的目的（《德国刑法典》第306b条第2款第2项第一种情形）。 **24**

---

① *Wessels/Hettinger* BT 1 Rn. 968.

② 需要注意，《德国刑法典》第306a条第1款第1项是第306a条第1款第3项的特别法（*lex specialis*）。

25 鉴于《德国刑法典》第306b条第2款的法定最低刑是五年自由刑，文献主张限制解释这一条款。[①] 像本案这样在纵火罪和可能的犯罪行为之间纯粹一般性的功能关系并不足以认定符合《德国刑法典》第306b条第2款第2项第一种情形的规定，行为人必须是为了实施其他犯罪而利用纵火所产生的特定影响，例如逃跑、慌乱或者惊恐。然而德国联邦最高法院没有遵循这种限制性解释。[②] 支持这一立场的理由在于，《第六次刑法改革法》的新规定从字面上看不再要求"为了实施而利用"（Ausnutzung zur Begehung）。《德国刑法典》第211条第2款第三组和第315条第3款第1项b规定了相同的内容，与这些条款解释的对比也可以支持这一点，因为这些条款同样没有进行目的性限缩。

26 因此关键在于被提升了的行为的应受谴责性，也就是行为人意图在不法之外继续实施不法行为。所以A具有实现其他犯罪行为的目的。

b)违法性与罪责

27 A的行为违法且有责。

c)结论

28 A构成《德国刑法典》第306b条第2款第2项第一种情形规定的情节特别严重的纵火罪。如上所述，A不存在《德国刑法典》第306e条第3款意义上的主动悔罪情形。

---

① *Fischer* § 306b Rn. 9 f.附有进一步的明证。同样的问题体现在为了获得保险金而纵火（保险诈骗罪作为可能实现的犯罪行为，参见BGHSt 51, 236：这时还没有认定为可能实现的犯罪行为；同时参见*BGH* NStZ 2014, 404, 406：这里就将使保险公司遭受损失的诈骗罪视为其他的犯罪行为）。

② BGHSt 45, 211; *BGH* NStZ 2014, 404.

4. 引起火灾危险罪,《德国刑法典》第306f条第1款

A可能构成《德国刑法典》第306f条第1款第1项规定的引起火灾危险罪。 29

a) 客观构成要件

行为人必须通过其行为对《德国刑法典》第306f条第1款第1项至第4项中属于他人的行为对象造成具体的火灾危险。由于存放了大量的易燃液体和易燃物，含有药店的住房就是《德国刑法典》第306f条第1款第1项意义上的有发生火灾危险的经营体（Betrieb）。[①] 如果损害是否出现仅仅取决于偶然，那么就存在具体的火灾危险。存放的易燃物没有因木框着火而瞬间燃烧起来，这实际上只是偶然。 30

b) 主观构成要件

对造成具体的火灾危险，A具有故意，至少是间接故意。 31

c) 违法性、罪责与结论

A的行为违法且有责，他构成《德国刑法典》第306f条第1款第1项规定的引起火灾危险罪。 32

5. 引起火灾危险罪,《德国刑法典》第306f条第2款

A可能构成《德国刑法典》第306f条第2款规定的引起火灾危险罪。这要求出现双重危险结果：该条第1款第1项至第4项所“列举的对象”出现具体的火灾危险以及对个人的具体危险。[②] 本案不存在这种特殊危险情形，不存在对个人的具体危险。因此不适用《德国刑法典》第306f条第2款的规定。 33

---

① 在依据《德国刑法典》第306条第1款第2项的规定分析刑事可罚性时就已经认定住宅是经营场所。

② Schönke/Schröder/*Heine/Bosch* § 306f Rn. 12.

6. 损坏财物罪，《德国刑法典》第303条第1款

34 A可能构成《德国刑法典》第303条第1款规定的损坏财物罪。

a) 构成要件

35 需要考虑三个不同的行为对象。由于A实施了《德国刑法典》第306条第1款的纵火行为，所以A对住宅和门的损坏行为具有补充性。A还损坏了家具，这符合《德国刑法典》第303条第1款的构成要件。此外就A侵入B住宅的行为来说，虽然案情提供的线索不足，但是从生活常识的角度应当认定出现了损害结果。[①]

b) 违法性与罪责

36 A的行为违法且有责。

c) 结论

37 A构成《德国刑法典》第303条第1款规定的损坏财物罪。依据《德国刑法典》第303c条的规定，已经提起了必要的告诉。

7. 毁坏建筑物罪，《德国刑法典》第305条第1款

38 A也构成《德国刑法典》第305条第1款规定的毁坏建筑物罪，不过该罪因补充性而让位于《德国刑法典》第306条第1款的纵火罪。

8. 侵犯居住安宁罪，《德国刑法典》第123条第1款

39 A可能构成《德国刑法典》第123条第1款规定的侵犯居住安宁罪。

a) 构成要件

40 侵入是指违背权利人的意志踏入其受保护的空间。[②] 如果

① 当然也可主张其他观点。

② Schönke/Schröder/*Sternberg-Lieben* § 123 Rn. 11.

行为人没得到权利人明示或者默示的许可就进入其空间，就是“违背了权利人的意志”。[①] A没有取得B的合意就进入了药店。

A在行为时具有故意（《德国刑法典》第15条）。 41

b)违法性与罪责

A的行为违法且有责。 42

c)结论

A构成《德国刑法典》第123条第1款规定的侵犯居住安宁罪。依据该条第2款的规定，已经提起了必要的告诉。 43

9.竞合与结论

《德国刑法典》第306a条第1款的规定让位于第306b条第2款第2项的规定，因为第306b条第2款包括了第306a条第1款的全部要素，而且显示出更严重的不法。此外，《德国刑法典》第306f条第1款第1项的规定也让位适用。 44

因为存在不同的保护对象，所以除了《德国刑法典》第306b条第2款第2项的规定外，第306条的规定也予以适用。《德国刑法典》第123条第1款规定了持续犯，与纵火犯罪成立犯罪单数。对家具实施的《德国刑法典》第303条的损坏财物罪也和纵火犯罪成立犯罪单数。 45

由此可知，在第二组行为，即“房内纵火”中，依据《德国刑法典》第123条第1款、第303条第1款、第306条第1款第1项和第2项、第306b条第2款第2项、第52条的规定对A进行处罚。 46

综上，A构成《德国刑法典》第123条第1款规定的侵犯居住安宁罪，第303条第1款规定的损坏财物罪，第306条第1款 47

① Schönke/Schröder/*Sternberg-Lieben* § 123 Rn. 14, 15.

第1项和第2项规定的纵火罪，第306b条第2款第2项规定的情节特别严重的纵火罪，四者成立《德国刑法典》第52条的犯罪单数（想象竞合，从一重处罚）。此外，A构成的《德国刑法典》第253条第1款、第255条、第22条、第23条规定的抢劫性敲诈勒索罪未遂与前罪成立第53条的犯罪复数（实质竞合，数罪并罚）。

（三）变体案情

1. 保险滥用罪，《德国刑法典》第265条第1款

48 A点燃了自己的房子，涉嫌触犯《德国刑法典》第265条第1款的规定，可能构成保险滥用罪。

a) 构成要件

49 A故意毁坏了对损毁情形进行保险的保险标的物，也就是他的房子。他也意图从建筑物和设备保险中获得好处。

b) 违法性与罪责

50 A的行为违法且有责。

c) 结论

51 A构成《德国刑法典》第265条第1款规定的保险滥用罪。

2. 诈骗罪，《德国刑法典》第263条第1款

52 A向保险公司报告了损失，涉嫌触犯《德国刑法典》第263条第1款的规定，可能构成诈骗罪。因为保险金未经支付，没有财产处分，所以诈骗罪没有既遂。

3. 诈骗罪之特别严重情形的未遂，《德国刑法典》第263条第1款和第3款第2句第5项、第22条、第23条第1款

53 A向保险公司报告了损失，涉嫌触犯《德国刑法典》第263

条第1款和第3款第2句第5项、第22条、第23条第1款的规定，可能构成诈骗罪之特别严重情形的未遂。

a) 预先检验

行为没有既遂。诈骗罪未遂可罚（《德国刑法典》第263条第2款、第23条第1款）。 54

b) 行为决意

A必须决意实施诈骗行为。A对诈骗罪客观要素具有故意，保险公司会因A的欺骗而予以赔付，尽管并没有赔付的义务。[①] A故意造成保险事故，依据《德国保险合同法》第81条第1款的规定，他无权要求获得保险金。由此可知，他也意图同时从损失中违法获利。 55

c) 直接着手

通过向保险公司报告损失，A实施了诈骗行为，并且部分实现了《德国刑法典》第263条的构成要件。因此依据《德国刑法典》第22条的规定，A已直接着手实现构成要件。 56

d) 违法性与罪责，没有《德国刑法典》第24条意义上的中止

A的行为违法且有责，没有线索表明存在《德国刑法典》第24条意义上的中止情形。 57

e) 量刑

A可能实现了《德国刑法典》第263条第3款第2句第5项的原则性例示（Regelbeispiel）。A的房子是具有重大价值的财 58

---

① 依据《德国保险合同法》第81条的规定，如果被保险人故意造成保险事故，那么保险人可以不予赔付。

物[①]，他为了谎报保险事故而对房子纵火，之后通过报告损失蓄意谎报事故。

f)结论

59 依据《德国刑法典》第263条第1款和第3款第2句第5项、第22条、第23条第1款的规定，A构成诈骗罪之特别严重情形的未遂。

g) 竞合

60 《德国刑法典》第265条第1款末尾规定了保险滥用罪的形式补充性，所以该罪让位于（保险）诈骗罪。主流观点认为这也适用于保险诈骗罪未遂。[②]

61 问题在于，如何理解《德国刑法典》第265条第1款末尾补充性规定中的行为概念。如果像《德国刑法典》第246条第1款末尾的补充性规定那样，以《德国刑法典》第52条中实质的行为概念为基础，那么由此出现的结果是，只有当同样的行为同时实现了《德国刑法典》第263条规定的（既遂或者未遂的）诈骗罪时，才不适用《德国刑法典》第265条第1款的规定。这在实务中几乎不会出现，因为《德国刑法典》第265条第1款规定的行为是损坏、毁坏等，而《德国刑法典》第263条规定的行为通常是报告损失。由此就出现了《德国刑法典》第53条意义上的犯罪复数，导致不公平的双重处罚。[③] 为了避免这一结果，应当依据《德国刑事诉讼法》第264条第1款的规定，程序性地理解该行为概念。[④] 两个行为经过必须是统一的生活过程的组成部

① Schönke/Schröder/*Heine/Bosch* Vor §§ 306 ff. Rn. 15 认定的重大价值是大约750欧元。

② *Wessels/Hillenkamp* BT 2 Rn. 656 有进一步的论述。

③ *Fischer* § 265 Rn. 17.

④ BGHSt 45, 211, 214 f. 附有进一步的明证。

分。因此当保险滥用罪和后来实施的（本案中是未遂的）保险诈骗罪之间存在紧密的内部关联时，就存在《德国刑法典》第265条第1款末尾规定的“行为”。

4. 变体案情的最终结论

A实施了《德国刑法典》第265条的保险滥用行为，他想以此从财物保险中获得好处，但是依据《德国刑法典》第263条第1款和第2款、第3款第2句第5项、第22条、第23条第1款的规定，A构成的保险诈骗罪未遂排斥了保险滥用罪。 62

四、案例评价

本案整体而言属于难度很高的案例，特别是需要检验的犯罪数量很多。纵火犯罪在考试中极为重要。对于这类犯罪，学生应当掌握其基本的（清晰的）问题，尤其是其体系结构。关于体系结构，应当注意以下内容：

《德国刑法典》第306条所保护的法益是财产。第306条规定的简单纵火罪是损坏财物罪的特别情形，所以当满足了第306条的规定时，损坏财物罪就因补充性而排除适用。

《德国刑法典》第306a条规定的严重纵火罪不是第306条的加重构成要件，而是独立的构成要件，其中两个条款都是保护人的身体和生命（危害公共安全的犯罪）。在解释个别的构成要件要素时应当注意，《德国刑法典》第306a条的第1款规定了抽象危险犯，第2款规定了具体危险犯。

对于《德国刑法典》第306条第1款、第306a条第1款和第2款规定的情形，如果欠缺故意，则可以考虑第306d条规定的失火罪。

《德国刑法典》第306b条第1款是第306条和第306a条的结果加重犯。加重结果体现在严重损害他人的健康或者损害不特定多数人的健康。“不特定多数人”是指至少10人（对此有争议[①]），第306b条第2款（只）是第306a条的情节加重犯。

《德国刑法典》第306c条的纵火致人死亡罪是结果加重犯。对于特定的危险关联而言，不要求被害人是被烧死的，只需要是死于所有和纵火具有直接关联的原因，例如四处乱飞或者坠落的碎块。这一条法律规范的不法内容和纵火行为相关联，所以如果行为对象事实上根本没有着火，然而他人因未遂行为而死亡，也可以构成纵火致人死亡罪未遂。

《德国刑法典》第306f条规定的引起火灾危险罪是具体危险犯。该罪补充了上面几种犯罪，包含了火灾危险，也就是不一定出现火灾，属于危险的“前置”。该条第1款包含了属于他人的行为对象，第2款不取决于财产情势。如果财物是否出现损害仅仅取决于偶然，那么就有发生火灾的危险。[②]《德国刑法典》第306f条第3款规定了过失引起火灾危险的行为。如果符合《德国刑法典》第306条至第306d条的规定，那么自然就包括了第306f条的规定，所以这条规定在（关于纵火犯罪的）考试中并不重要。学生在考试中应当分别检验这几个条款（首先是第306条，然后第306a条、第306b条、第306c条）。

本案没有阐明的典型问题是专有权人对住宅纵火。首先要

---

① 德国联邦最高法院（BGHSt 44, 178）认定的不特定多数人是指14人，不过文献中通常要求至少20人，参见*Rengier* BT II § 40 Rn. 41; *Fischer* § 306b Rn. 5。

② Schönke/Schröder/*Heine/Bosch* § 306f Rn. 8.

注意，这时不成立简单的纵火罪，因为没有涉及他人的住宅。其次也不适用《德国刑法典》第306a条第1款第1项的规定，因为专有权人纵火往往意味着默示放弃居住目的。这对于依据《德国刑法典》第306a条第2款、第306b条规定的刑事可罚性来说并不重要，因为这些规范保护的是行为人无权处分的法益。

通常也会考查和纵火犯罪相关且作为后行犯（Anschlussdelikte）的保险滥用罪和诈骗罪（未遂）。这时《德国刑法典》第265条第1款末尾补充性规定的具体适用就具有重要性。

其他延伸阅读： *Bachmann/Goeck*, Aus der Rechtsprechung des BGH zu den Brandstiftungsdelikten, NStZ-RR 2011, 297–303; *Hagemeier/Radtke*, Die Entwicklung der Rechtsprechung zu den Brandstiftungsdelikten nach deren Reform durch das 6.StrRG von 28.1.1998, NStZ 2008, 198–208; *Knauth*, Neuralgische Punkte des neuen Brandstrafrechts, Jura 2005, 230–234; *Kudlich*, Entwicklung des Wohnzwecks durch den berechtigten unmittelbaren Fremdbesitzer ohne Beteiligung des Eigentümers, JuS 2005, 473–475; *Wrage*, Typische Probleme einer Brandstiftungsklausur, JuS 2003, 985–991.

案例10：退休的警察

关键词： 入室盗窃罪；诈骗罪；合意/同意；（假想的）共同正犯；间接正犯；未遂（直接着手）；教唆犯；容许构成要件错误

难　度： 很高

一、案情

A是一个因奉公守法而闻名的退休警察。B一时兴起告诉A，C打算实施保险诈骗行为，需要有人帮忙假装侵入他的住宅盗走他屋中昂贵的画作，为此，C委托自己找愿意帮忙的人。帮忙的人可以从最终获得的保险金中获得2万欧元的报酬。行动的每一个细节都经过了仔细推敲，可以说完全没有失手的可能性。而当B与A告别之时，他似乎不经意地在桌子上留下了一张纸条，上面写有“委托人”的姓名和地址，预定的行动日期也赫然在列。尽管B内心也明白让A实施这样的行为是非常不可能的，然而他还是迫切希望自己这次不是白跑一趟，因为他想对C进行报复。B对画作本身没有任何兴趣，他讲的这个故事亦是纯属虚构。C绝对没有打算实施保险诈骗行为，对于入室一事也一无所知。A打算在暮年再体会一下让自己血脉贲张的冒险活动，当然也绝对不排斥2万欧元的收入。在他认为已经与C达成一致的时间，A真的砸碎了C家的玻璃，并入室窃走了那幅画作。案发时C也恰巧不在家。后来当C发现画作遗失之后，立刻通知了保险公司。

试问A、B的刑事可罚性？

二、分析提纲

（一）A的刑事可罚性 …… 1

1. 入室盗窃罪，《德国刑法典》第242条第1款、第244条第1款第3项 …… 1

a) 客观构成要件 …… 2

aa) 基本构成要件，《德国刑法典》第242条第1款 …… 2

bb) 加重构成要件，《德国刑法典》第244条第1款第3项 …… 6

b) 主观构成要件 …… 7

c) 结论 …… 8

2. 侵犯居住安宁罪，《德国刑法典》第123条第1款 …… 9

a) 客观构成要件 …… 10

b) 主观构成要件 …… 11

3. 损坏财物罪，《德国刑法典》第303条第1款 …… 12

a) 客观构成要件 …… 13

b) 主观构成要件 …… 14

c) 违法性 …… 15

d) 罪责 …… 16

aa) 认识错误的出发点：容许构成要件 …… 17

bb) 容许构成要件错误的法律处理方式 …… 19

① 故意说 …… 20

② 消极的构成要件要素说 …………………………… 22
③ 严格罪责说 ………………………………………… 24
④ 限制罪责说 ………………………………………… 27
4. 诈骗罪的共同正犯,《德国刑法典》第263条第1款、第25条第2款……………………………………………………… 30
5. 诈骗罪未遂的共同正犯,《德国刑法典》第263条第1款和第2款、第25条第2款、第22条、第23条第1款… 31
a) 预先检验………………………………………………… 32
b) 行为决意………………………………………………… 33
c) 直接着手………………………………………………… 34
d) 违法性与罪责…………………………………………… 38
e) 结论……………………………………………………… 39
6. 保险滥用罪未遂的共同正犯,《德国刑法典》第265条第1款和第2款、第25条第2款、第22条、第23条第1款 ……………………………………………………… 40
7. 结论………………………………………………………… 41

(二)B的刑事可罚性 ………………………………………… 42

1. 入室盗窃罪的教唆犯,《德国刑法典》第242条第1款、第244条第1款第3项、第26条 …………………… 42
2. 入室盗窃罪的间接正犯,《德国刑法典》第242条第1款、第244条第1款第3项、第25条第1款第二种情形……………………………………………………………… 43
a) 客观构成要件…………………………………………… 44
b) 主观构成要件…………………………………………… 45

c) 中间结论 ······ 48
3. 侵犯居住安宁罪的间接正犯，《德国刑法典》第123条第1款、第25条第1款第二种情形 ······ 49
4. 损坏财物罪的间接正犯，《德国刑法典》第303条第1款、第25条第1款第二种情形 ······ 52
5. 诈骗罪，《德国刑法典》第263条第1款（对A） ······ 55
6. 诈骗罪未遂的共同正犯的教唆犯，《德国刑法典》第263条第1款和第2款、第25条第2款、第22条、第23条第1款、第26条（对保险公司） ······ 56
a) 客观构成要件 ······ 57
b) 主观构成要件 ······ 58
7. 保险滥用罪的教唆犯，《德国刑法典》第265条、第26条 ······ 60
8. 诽谤罪，《德国刑法典》第187条 ······ 61
9. 诬告罪，《德国刑法典》第164条第1款 ······ 62
10. 结论 ······ 63

三、案情分析

（一）A的刑事可罚性

1. 入室盗窃罪，《德国刑法典》第242条第1款、第244条第1款第3项

A将画作从C的住宅中带走，涉嫌触犯《德国刑法典》第242条第1款、第244条第1款第3项的规定，可能构成入室盗窃罪。 1

a)客观构成要件

aa)基本构成要件,《德国刑法典》第242条第1款

2 画作是动产。它必须属于他人，即该物并不属于行为人单独所有。[①] 该画作的所有权人是C，因此对A而言是他人动产。

3 A必须拿走了该动产，拿走意味着破坏他人的占有并建立新的占有。虽然C并未在房中逗留，但是他无论如何都对其住宅内的财产具有一般性占有。案情中C虽然对画作的事实支配有所减弱，但是并未终止，这一支配会因占有物被拿走而终止。[②] 破坏占有的前提是违背原占有人意志或在他不知情的情况下终止其对物的事实支配。[③] 本案中，虽然A是基于其他原因终止了C对物的支配，但仍是在没有取得C合意的情况下。所以这里的情形属于破坏他人对物的占有。

4 同时，A通过持有该画作并走出房间建立了新的、自己对该物的占有。也许A打算如预先计划的那样归还该画作，但这并不影响结论。因为他持有该画作的决定已经使其处于相当于所有权人的地位，所以已经建立了新的占有。

提示：这里的分析不能依据A的认识——需要有事实上的合意。

5 因此A的行为构成拿走。

bb)加重构成要件,《德国刑法典》第244条第1款第3项

6 此外，A也可能实现了《德国刑法典》第244条第1款第3

---

① Schönke/Schröder/*Eser*/*Bosch* § 242 Rn. 12.

② 占有的定义参见*Regier* BT I § 2 Rn. 23 ff.

③ *Wessels*/*Hillenkamp* BT 2 Rn. 115.

项的客观构成要件。对此，A必须为了实施盗窃行为闯入或以其他方式侵入他人的住宅。案情中的房子是以可让人长期居留为目的的建筑物，因此属于住宅。住宅是用于一人或多人长期居留，构成其私人生活核心的空间。A打碎了窗户，使用暴力闯入了一个被禁止入内的空间，其行为属于“入室”。[①] 因此他的行为符合加重构成要件的客观构成要件。

b) 主观构成要件

此外，A在行为时必须（《德国刑法典》第15条）对所有客观构成要件要素具有故意，即实现构成要件的认知和意欲，并且还应具有违法据为己有的目的。A知道画作是他人动产，但是A认为他的行为得到了C的同意。一个事实上的合意可以排除客观构成要件，因为在存在合意的情况下，行为人对物的占有并非源自违反原占有人意志的占有破坏，而是来自占有转移。[②] 因此，错误地认为存在合意意味着A不具有破坏他人占有的故意，即没有拿走的故意。依据《德国刑法典》第16条第1款第1句的规定，A存在构成要件错误，因而排除故意。 7

c) 结论

A因为欠缺故意而不构成盗窃罪。 8

提示：原则上这里也可以先讨论基本构成要件的主客观要素，而直接由A欠缺故意排除刑事可罚性。然而这样就错过了通过简单的几句话展示出对加重构成要件的掌握机会。因为不具有故意，故而不因《德国刑法典》第242条的规定具有刑事可罚性。但是原则上仍存在作为《德国刑法典》第16条第1款

① Vgl. *Lackner/Kühl* § 243 Rn. 10.

② Schönke/Schröder/*Eser/Bosch* § 242 Rn. 36.

第1句的（法律）后果的过失犯罪的可罚性。然而并不存在所谓“过失盗窃罪”，因此可以排除A因“盗窃犯罪”的刑事可罚性。

因为缺少A是否将画作据为己有的线索，所以无须探讨A因《德国刑法典》第246条第1款规定的侵占罪而具有的刑事可罚性。

2.侵犯居住安宁罪,《德国刑法典》第123条第1款

9 A的入室行为涉嫌触犯《德国刑法典》第123条第1款的规定，可能构成侵犯居住安宁罪。

a)客观构成要件

10 A违背C的意志踏入了C的房子，因此符合客观构成要件。对此不存在C关于踏入他的房子而排除构成要件的合意。

b)主观构成要件

11 A认为，C同意了他的侵入行为。而“侵入”这一概念客观上就是以违背权利人意志或未经权利人同意为前提的。[①] 因为A对此存在认识错误（《德国刑法典》第16条第1款第1句），故而他在行为时并不具有故意。所以A不构成侵犯居住安宁罪。

提示：学生们需要注意，该罪以及之前的盗窃罪部分讨论的都是排除构成要件的合意（Einverständnis）而非阻却违法的同意（Einwilligung），因此可以得出A欠缺故意的结论。

3.损坏财物罪,《德国刑法典》第303条第1款

12 A砸碎玻璃，涉嫌触犯《德国刑法典》第303条第1款的规定，可能构成损坏财物罪。

a)客观构成要件

13 A必须损坏或毁坏了他人财物。与盗窃罪不同的是，不动

① Schönke/Schröder/*Sternberg-Lieben* § 123 Rn. 11.

产也可以成为本罪的犯罪对象。[①] 损坏是指通过身体作用，使物的实体或物的常规用途受到严重损害。[②] A在入室的过程中击打了一扇玻璃，导致玻璃破碎。因此玻璃的实体受到严重损害。A甚至完全毁坏了玻璃，因为这扇玻璃的常规用途已完全丧失。所以A毁坏了他人财物，继而符合客观构成要件。

b) 主观构成要件

14 A在行为时具有对客观行为情状的认知和意欲（《德国刑法典》第15条）。毁坏财物的行为客观上不以违背权利人意志或未经权利人同意为前提，即合意并不排除客观构成要件的成立。对存在合意的认识不影响故意的成立。

c) 违法性

15 A的行为违法。特别是案情中事实上并不存在被害人阻却违法的同意，这仅仅存在于行为人的认识中。

d) 罪责

16 由于A认为他的行为存在阻却违法的同意，因此他有可能因为该认识错误而排除罪责。

aa) 认识错误的出发点：容许构成要件

提示： 学生很可能会对在哪里讨论这一问题感到困惑，因为根据有些学说的观点，这一错误会排除故意。就这里采用的观点而言，完全可以直接在罪责层面进行探讨，无须对其进行解释。对此类错误而言，首先必须假设性地检验如果行为人的认识正确，其行为是否可以排除违法性，此后才能探讨这一问题的法律处理方式。对这一问题的探讨视重点设置的情况也可

① Schönke/Schröder/*Stree/Hecker* § 303 Rn. 4.
② Schönke/Schröder/*Stree/Hecker* § 303 Rn. 8.

以十分简明。

17 A误认为C同意他的损坏财物行为，因此A可能存在容许构成要件错误。这是指行为人错误地认为一个为法秩序所认可的违法阻却事由的各种事实前提已经具备，也可以说，误认为存在一种可以在案件中排除其行为违法性的情形。① 因此首先需要检验，如果行为人的认识正确，是否存在一个相应的违法阻却事由。这就需要检验一个假想的违法阻却事由。

18 如果事实上存在C的同意，则排除A行为的违法性。依照A的认识，C正在找人伪造一起入室案件，那么其中自然也会出现一定程度的财产损坏。A认为C真的表达了这样的意愿，并在这样的情况下实施了行为。因此，如果事实上存在被害人的同意，那么A的行为就不具违法性。故而A存在容许构成要件错误。

bb) 容许构成要件错误的法律处理方式

19 然而对于容许构成要件错误的法律处理方式和分析也存在争议。

① 故意说

20 故意说②认为，不法意识是故意的组成部分，没有不法意识则没有故意，而不论何种认识错误均导致欠缺不法意识。当行为人对违法阻却事由的事实前提产生认识错误时，就出现了构成要件错误，依据《德国刑法典》第16条第1款第1句的规定排除故意。按照该观点，A并未故意损坏财物。

21 反对意见认为，《德国刑法典》第17条明确将不法意识作为罪责的组成部分，故意说违背了法条的字面含义，所以应拒绝

① *Wessels/Beulke/Satzger* AT Rn. 697.

② 主张该观点的是*Mezger* NJW 1951, 500; 1953, 2; *Schröder* MDR 1950, 646。

该理论。

② 消极的构成要件要素说

消极的构成要件要素说[①]将单一的违法阻却事由的前提条件视为消极的构成要件要素，它们从实现构成要件的角度来看十分重要。据此理论，故意不仅要求认识到法定构成要件的积极情状，还要求认识到消极的构成要件要素的缺失。因此，如果行为人误以为存在排除违法性的状况，就依据《德国刑法典》第16条第1款第1句的规定排除故意。 22

该意见错误地混淆了构成要件符合性和违法性的前提条件，并且会弱化对合意的区分，所以应予以反对。按照该观点，自始就不符合构成要件的行为和损害了法益但通过特别的违法阻却事由获得保护的行为之间的评价差异就消失了。而且《德国刑法典》第32条第1款直接规定了“行为不违法”，这意味着法律不认为违法阻却事由是（消极的）构成要件要素。[②] 23

③ 严格罪责说

严格罪责说[③]认为，故意仅指向客观构成要件，不指向违法性。不法意识是《德国刑法典》第17条意义上的独立的罪责要素，只在罪责的范围内具有意义。因为《德国刑法典》第17条没有规定特别的例外，所以应从该条规定的禁止错误出发。 24

按照严格罪责说并依据《德国刑法典》第17条的规定，本案中A的刑事可罚性取决于其认识错误是否可以避免。若行为人运用其能力思考行为计划的违法性并以此能认识到行为的不 25

---

① 主张该观点的是*Arthur Kaufmann* JZ 1954, 653; 1956, 353。

② Vgl. *Wessels/Beulke/Satzger* AT Rn. 184.

③ *Welzel*尤其主张该观点，*Welzel* S. 168 ff.; *Bockelmann* NJW 1950, 850; *Fukuda* JZ 1958, 143。

法，那么认识错误就是可避免的。[①] 仔细考量A所处的情势可以认定，其认识错误是可以避免的。依照该理论A是有责的，不过可以依据《德国刑法典》第49条第1款的规定减轻处罚（《德国刑法典》第17条第2款）。

26 严格罪责说忽视了一点，即存在容许构成要件错误的行为人自身是忠诚于法的。所以主流观点认为，仅仅因认识错误可避免就按照故意行为进行处罚的做法是相当不合理的。[②] 另外依照严格罪责说，不可避免的认识错误仅仅排除罪责而非违法性。相反，一般认为客观上符合注意义务的行为不可能是违法的。[③] 所以同样不应采纳该理论。

④ 限制罪责说

27 限制罪责说认为，对容许构成要件错误应类推适用《德国刑法典》第16条第1款的规定，即按照构成要件错误处理。该理论之所以值得赞同，是因为它考虑到行为人其实是忠诚于法的。不过误以为事实上存在违法阻却事由的情形排除构成要件故意[④]还是仅排除罪责故意[⑤]的问题仍有争议。应当认同第二种情形，理由在于，排除构成要件故意导致缺乏违法的主行为，这就排除了共犯的可能性，从而导致恶意的教唆犯或者帮助犯的处罚漏洞。

28 误以为事实上存在违法阻却事由的情形虽然属于《德国刑

---

① *Fischer* § 17 Rn. 7. 相关的还有判例要求，行为人必须充分恪守良知，并竭尽其认识能力和价值观所能。

② 对此参见*Jescheck*/*Weigend* AT S. 463 f.

③ Vgl. Schönke/Schröder/*Sternberg-Lieben*/*Schuster* § 16 Rn. 15.

④ 例如德国联邦最高法院判例BGHSt 3,105; 31, 264。

⑤ 例如*Wessels*/*Beulke*/*Satzger* AT Rn. 708; *Zieschang* AT Rn. 358。

法典》第17条的适用范围，但是在法律后果上等同于构成要件错误。这种情形仅排除对罪责故意的非难，而构成要件故意依然存在（所谓指向法律后果的限制罪责说）。如果认识错误是基于过失，那么就在过失犯受处罚的范围内类推适用《德国刑法典》第16条第1款第2句的规定，即按照过失犯进行处罚。

29 因为A在容许构成要件错误的情形中通过指向法律后果的限制罪责说排除罪责故意，所以A不构成损坏财物罪。

提示：这是故意具有双重地位的情形。在这种情形中，故意作为构成要件要素（构成要件故意）和罪责要素（罪责故意）具有实际意义。通说认为仅罪责要素不成立，而构成要件故意依然存在。

在上述案件中，容许构成要件错误实际上不是唯一的关键点，之所以进行这么详细的阐述只是出于教学目的。在实际考试过程中，学生至少应该能够大致阐述不同的观点，推荐采纳通说的观点以得出结论。

4.诈骗罪的共同正犯，《德国刑法典》第263条第1款、第25条第2款

30 因为最终并没有实施具体的诈骗行为，所以A与C并不构成《德国刑法典》第263条第1款、第25条第2款规定的诈骗罪的共同正犯。

5.诈骗罪未遂的共同正犯，《德国刑法典》第263条第1款和第2款、第25条第2款、第22条、第23条第1款

31 但是A因其计划对保险公司实施的行为涉嫌触犯《德国刑法典》第263条第1款和第2款、第25条第2款、第22条、第23

条第1款的规定，可能构成诈骗罪未遂的共同正犯。

a)预先检验

32 诈骗行为没有既遂（详见上文边码30）。诈骗罪未遂可罚（《德国刑法典》第263条第2款、第23条第1款第二种情形，第12条第2款）。

b)行为决意

33 A必须具有行为决意，即对客观构成要件要素的故意以及违法的获利目的。A具有通过C报告一起事实上并不存在的保险事故而欺骗保险公司的故意。由于A并未打算自己独立实施前述行为，因此A要作为诈骗罪的正犯受到处罚，他至少需要有作为C行为的共同正犯的意思。[①] 在行为之始，A对行为结果享有重大利益，由此可以认定A以自任主角意思而行为。另外在A的认识中，他是具有犯罪行为支配的（Tatherrschaft）：按照他的认识，存在一个完整的犯罪行为计划，依计划第一步是假装拿走画作，第二步是通知保险公司。如果他不执行计划的第一步——这完全取决于他自己——那么整个计划都无法实施。所以按照A的认识，他是《德国刑法典》第25条第2款意义上的欺骗行为的共同正犯。而他也相信，犯罪行为计划的实施最终会使保险公司某位员工产生错误认识，继而处分保险公司的财产，向C赔付由此造成的财产损失，然而对C进行的赔付是基于一个不存在的请求。此外，A具有使自己违法获利2万欧元的目的以及使C获得剩余保险金这一使第三人违法获利的目的。综上所述，A具有行为决意。

---

① 这些问题参见 *Marlie* JA 2006, 613 ff.

提示：因为这里是在检验未遂的刑事可罚性，因此只取决于A的认识而非事实上是否存在《德国刑法典》第25条第2款意义上的共同正犯。

c) 直接着手

提示：这里是本案最主要的问题。学生必须明确识别重点。

按照A的认识，他必须已经直接着手实现构成要件（《德国刑法典》第22条）。判断的基础是行为人对自身行为的认识。依照该认识，A的行为必须表现为开始从事一项以实现相关构成要件为目标的活动。[①] 这里最迟以向保险公司报告损失作为越过"现在开始动手"的界限。 **34**

这一行为贡献在A的认识中将由假想的共同正犯C完成，而C却根本没有想过要实施保险诈骗行为。这里值得注意的是，A是因其认识中C的行为而依据《德国刑法典》第25条第2款的规定被归责，但事实上却并不存在一个这样的共同正犯。因此问题就在于：能否将一个假想的共同正犯所做的一个纯粹虚构的着手认定为未遂开始。无论如何，只有当错误地认为存在共同正犯关系的人自己实施了行为时，这个问题才在考虑之列[②]，就如本案这样。但接下来的问题是，这样一个虚构的共同正犯能否在直接着手时被归责。反对观点认为，在该情形下不会对被害人造成危险，因此作为未遂刑事可罚性的一个重要理由就不成立。[③] 但从另一方面看，基于同样的理由也可以反对不能犯 **35**

① Schönke/Schröder/*Eser*/*Bosch* § 22 Rn. 33, 34, 37.

② *Joerden* JZ 1995, 736.

③ BGHSt 39, 236 ff. 的论述更为抽象。

（untauglicher Versuch）的刑事可罚性，然而其刑事可罚性已经得到了普遍的认可。[①] 原则上假想的共同正犯的刑事可罚性和不能犯的刑事可罚性相近——只是本案出现的不是不存在的行为对象或其他类似的情形，而是一个不存在的共同正犯。这种相似性也恰恰能说明假想的共同正犯的刑事可罚性。与行为人一开始选定的行为对象或者行为工具根本无法实现结果相比，行为人认定一个将来并未准备好实施行为的共同正犯似乎同样应受谴责。[②] 这里只需要C依照A的犯罪行为计划直接着手即可。因为C事实上通知了保险公司，至少根据A的认识已经直接着手。所以这里可以认定直接着手实现构成要件。

36 此外也可以采取另一种思路，将A的入室行为评价为已经直接着手，即以制造保险事故为着手点。因为按照A的认识，这一保险事故直接引发了对保险公司的诈骗，因此相当接近实现构成要件。依照犯罪行为计划，A的入室除了作为保险诈骗的起点之外无其他意义，因为该行为就是为此目的而实施的。对这一思路的质疑在于，该观点没有充分考虑直接着手的客观方面。此外，依照通说的观点，取走保险标的物后随即向保险公司报告损失仅应被评价为预备行为。[③]

37 综上，可以认定A已经直接着手实现构成要件，因为C已经通知了保险公司。

d)违法性与罪责

38 A的行为违法且有责。

---

① BGHSt 40, 299, 302 (Münzhändlerfall)；大量明证参见*Wessels*/*Beulke*/*Satzger* AT Rn. 880 ff.

② MünchKommStGB/*Herzberg*/*Hoffmann-Holland* § 22 Rn. 147 ff. 其他观点参见Schönke/Schröder/*Eser*/*Bosch* § 22 Rn. 55a 附有的进一步明证。

③ Schönke/Schröder/*Perron* § 263 Rn. 179.

e)结论

因为没有免除刑罚的中止情形（《德国刑法典》第24条），所以A构成《德国刑法典》第263条第1款和第2款、第25条第2款、第22条、第23条第1款规定的诈骗罪未遂的共同正犯。 39

6.保险滥用罪未遂的共同正犯，《德国刑法典》第265条第1款和第2款、第25条第2款、第22条、第23条第1款

虽然《德国刑法典》第265条第1款和第2款、第25条第2款、第22条、第23条第1款规定的保险滥用罪未遂的共同正犯于此也在考虑之列，但是因法律规定上的补充关系应优先适用诈骗罪的规定（《德国刑法典》第265条第1款末尾），保险滥用罪未遂相比于诈骗罪未遂退居次位，排除适用。① 40

提示：这里同样也只考虑保险滥用罪未遂，尽管在保险标的物由被保险人一方取走或者损坏时，通常已经符合保险滥用罪的构成要件。② 其目的在于填补《德国刑法典》第263条、第22条、第23条的处罚漏洞。因为对于《德国刑法典》第263条而言，这样的行为仅会被归于犯罪预备阶段，构成要件无法涵括［关键词：刑事可罚性前置（Vorverlagerung der Strafbarkeit）］。但是本案缺乏共同正犯事实上的前提（《德国刑法典》第25条第2款）。而依据《德国刑法典》第265条的规定，A也可以构成单一正犯。不过即使这样还是相比于诈骗罪未遂退居次位，排除适用。③

① 诈骗罪与保险滥用罪的关系参见Schönke/Schröder/*Perron* § 265 Rn. 16。
② Schönke/Schröder/*Perron* § 265 Rn. 15.
③ *BGH* NStZ 2012, 40.

7. 结论

41 A构成《德国刑法典》第263条第1款和第2款、第25条第2款、第22条、第23条第1款规定的诈骗罪未遂的共同正犯。

（二）B的刑事可罚性

1. 入室盗窃罪的教唆犯，《德国刑法典》第242条第1款、第244条第1款第3项、第26条

42 由于A欠缺对主行为的故意（详见上文边码7），因此B不构成《德国刑法典》第242条第1款、第244条第1款第3项、第26条规定的入室盗窃罪的教唆犯。

2. 入室盗窃罪的间接正犯，《德国刑法典》第242条第1款、第244条第1款第3项、第25条第1款第二种情形

43 然而故意欠缺可能导致B构成《德国刑法典》第242条第1款、第244条第1款第3项、第25条第1款第二种情形规定的入室盗窃罪的间接正犯。

a) 客观构成要件

44 之前肯定了A的行为符合客观构成要件（详见上文边码2及以下）。A也具有工具属性，因为A对主行为并不具有故意。而B必须利用工具实施犯罪行为，即整个事件进程都通过详细的计划受其意志强力掌控。在这里，他不仅向A提出了实施犯罪的建议，而且是他的叙述使A认为其行为取得了C的合意，正因为如此才导致了A故意的欠缺。因此应当认定B是间接正犯，通过A实现了客观构成要件。

b) 主观构成要件

45 B在行为时必须对全部客观构成要件要素具有故意（《德国

刑法典》第15条），以及具有违法据为己有的目的。

尽管B并不认为A真的会接受他的建议并实施行为，但他仍迫切期望A实施该行为。因此他在行为时具有实现客观构成要件的意图。对于这种故意形式而言，他认为行为能否既遂并不重要。 46

另外一个实现主观构成要件的前提是具有违法（使第三人）据为己有的目的。本案中B只是希望报复C，并不想使自己或他人违法获利。因此B不具有违法据为己有的目的。 47

提示：这里否定构成盗窃罪并不易识别——必须准确地分析案情。

c) 中间结论

B不构成《德国刑法典》第242条第1款、第244条第1款第3项、第25条第1款第二种情形规定的入室盗窃罪的间接正犯。 48

3. 侵犯居住安宁罪的间接正犯，《德国刑法典》第123条第1款、第25条第1款第二种情形

B可能构成《德国刑法典》第123条第1款、第25条第1款第二种情形规定的侵犯居住安宁罪的间接正犯。[①] 这里A的行为同样符合客观构成要件，但是缺乏“侵入”的故意，因为据B所提供的信息，A认为自己取得了一个可以排除构成要件的合意。B提供的错误信息直接导致了工具故意的欠缺，因此事实上构成《德国刑法典》第25条第1款第二种情形意义上的间接正犯。 49

B在行为时也具有故意。特别需要注意的是，这里他对A的 50

① 依照通说的观点，侵犯居住安宁罪并不是最高人身性犯罪，参见Schönke/Schröder/*Sternberg-Lieben* § 123 Rn. 35。

行为原则上具有意图即可，至于他认为A实施行为的可能性不高并不重要。依照日常生活经验，B也应该考虑到A为了实施行为将侵入C的房子。

51 B的行为违法且有责。因此B构成《德国刑法典》第123条第1款、第25条第1款第二种情形规定的侵犯居住安宁罪的间接正犯。依据《德国刑法典》第123条第2款的规定，该罪告诉才处理。

提示：原则上这里也可以主张其他观点，特别是否认犯罪行为支配的观点。

4. 损坏财物罪的间接正犯，《德国刑法典》第303条第1款、第25条第1款第二种情形

52 损坏财物罪的间接正犯（《德国刑法典》第303条第1款、第25条第1款第二种情形）同样可适用于对侵犯居住安宁罪的分析：A具有构成要件故意，但欠缺罪责故意。但是对于B来说，这并没有什么区别，因为不论A是欠缺构成要件故意还是欠缺罪责故意，都是由B的犯罪行为支配和正犯意思所导致的，所以都是B通过他人实施行为。

53 B在行为时也同样具有故意，特别是可以得出这样的结论：B明知侵入他人的房子无论如何都会导致门窗的损坏。

54 B的行为违法且有责。因此，B构成《德国刑法典》第303条第1款、第25条第1款第二种情形规定的损坏财物罪的间接正犯。

5. 诈骗罪，《德国刑法典》第263条第1款（对A）

55 B通过虚构C同意有人侵入他的房子这一事实欺骗了A，而A也对此产生了错误认识。但是A完全没有因为这个错误认识

对其财产进行处分，因此不符合诈骗罪的客观构成要件。

6. 诈骗罪未遂的共同正犯的教唆犯，《德国刑法典》第263条第1款和第2款、第25条第2款、第22条、第23条第1款、第26条（对保险公司）

56 此外，B对保险公司可能构成《德国刑法典》第263条第1款和第2款、第25条第2款，第22条，第23条第1款，第26条规定的诈骗罪未遂的共同正犯的教唆犯。

a) 客观构成要件

57 之前认定A作为诈骗罪未遂的共同正犯的主行为（详见上文边码31及以下）。而《德国刑法典》第26条意义上的“唆使”（Bestimmung）是指引起他人的行为决意。[①] B通过谈话引起了A的行为决意。对于诈骗罪未遂而言，A完全以正犯形式实施了行为，这使得B的“唆使”并不构成间接正犯，而是构成对客观构成要件既遂的教唆犯。

b) 主观构成要件

58 B在行为时具有对其唆使行为和对A行为未遂的故意，因为他确实意图让A的行为发生。但是这并不足以认定其符合教唆犯的主观构成要件——这里需要具有指向主行为既遂的故意。[②] 由于B从一开始就知道C对于发生的事一无所知，因此不可能真的实现A和C就保险诈骗罪形成共同正犯的情形，即B对此不具有故意。故而他不构成诈骗罪未遂的教唆犯。

提示： 案例的这一方面也需要学生对案情进行清晰的分析。

---

① Schönke/Schröder/*Heine*/*Wießer* § 26 Rn. 1.

② 仅参见*Kühl* AT §20 Rn. 201。

这里涉及的并不是一个套路式的问题，因此需要独立思考和问题意识。如果想要在刑法闭卷考试中得到高分，这往往具有重要的意义！

59 B对保险公司不构成《德国刑法典》第263条第1款和第2款、第25条第2款、第22条、第23条第1款、第26条规定的诈骗罪未遂的共同正犯的教唆犯。

7.保险滥用罪的教唆犯,《德国刑法典》第265条、第26条

60 B故意教唆A实施了《德国刑法典》第265条的犯罪行为，因此构成《德国刑法典》第265条、第26条规定的保险滥用罪的教唆犯。

8.诽谤罪,《德国刑法典》第187条

提示：只有对刑法知识整体性掌握很好的学生才能发现可能构成此罪——如果没有意识到也不一定会产生不利影响——但是如果意识到了会是加分项！

61 B陈述虚假事实，即C想要实施保险诈骗行为。这体现了一个有损C名誉的、蔑视性的事实。B在行为时明知该事实是虚假的，因此他具有故意。此外，他的行为违法且有责。因此B对C构成《德国刑法典》第187条规定的诽谤罪。①

9.诬告罪,《德国刑法典》第164条第1款

62 A是已经退休的警察，而B的陈述并非是对有权接受告发的官员作出的，因此不构成《德国刑法典》第164条第1款规定的诬告罪。

---

① 也可主张其他观点否定诽谤故意。

10.结论

B构成《德国刑法典》第123条第1款、第25条第1款第二种情形规定的侵犯居住安宁罪的间接正犯；第303条第1款、第25条第1款第二种情形规定的损坏财物罪的间接正犯；第265条、第26条规定的保险滥用罪的教唆犯；第187条规定的诽谤罪。四者成立《德国刑法典》第52条规定的犯罪单数（想象竞合，从一重处罚）。 63

四、案例评价

这是一个难度很高的案例，更适合于作为学生的学期作业。本案的重点在于，A和C是假想的共同正犯，学生如果忽略了这一重点就很难取得及格分数。此外，重点还涉及对排除构成要件的合意和阻却违法的被害人同意的区分、容许构成要件错误、对间接正犯的讨论以及对其他犯罪如《德国刑法典》第187条、第164条的辨识。同样对B的故意的讨论也可能给学生造成困扰。对B可能涉及的盗窃罪欠缺违法据为己有的目的和他从一开始就欠缺对诈骗罪共同正犯既遂故意的探讨尤其具有重要意义。对这些问题的发现、准确定位和解决是超出平均水平的。这意味着教义学上的思考流程对犯罪架构的良好认识以及对刑事可罚性重要观点的掌握。

为了很好地完成案例分析，学生需要妥善地设置重点。因为本案需要探讨相当多简单的构成要件——例如《德国刑法典》第187条或者第303条。如果对这些条款也进行事无巨细的分析很可能会导致答题时间紧张。因此无论如何都要注意，对于没有什么争议的构成要件要素不需要展开论述。

这个案例并不是由制式的问题组合而成，而是提供了很多对案情进行独立分析的机会，并且需要再三思考，基于什么样的理由可以排除刑事可罚性。而这类的案件在刑法中并不少见，这要求学生不仅要学习书本知识，还要经常训练分析案例、独立分析问题的能力。

其他延伸阅读：*Bock*, Grundwissen zur Anstiftung (§ 26 StGB), JA 2007, 599–604; *Kindhäuser/Nikolaus*, Der Tatbestand des Betrugs (§ 263 StGB), JuS 2006, 193–198, 293–298; *Koch*, Grundfälle zur mittelbaren Täterschaft, § 25 I Alt.2 StGB, JuS 2008, 496–499; *Marlie*, Voraussetzungen der Mittäterschaft–Zur Fallbearbeitung in der Klausur, JA 2006, 613–616; *Momsen/Rackow*, Der Erlaubnistatbestandsirrtum in der Fallbearbeitung, JA 2006, 550–555, 654–664; *Murmann*, Grundwissen zur mittelbaren Täterschaft (§ 25 I 2.Alt StGB), JA 2008, 321–326; *Rönnau*, Grund-wissen–Strafrecht: Mittäterschaft in Abgrenzung zur Beihilfe, JuS 2007, 514–515; *Schramm*, Grundfälle zum Diebstahl, JuS 2008, 678–682, 773–779; *Seher*, Vorsatz und Mittäterschaft–Zu einem verschwiegenen Problem der strafrechtlichen Beteiligungslehre, JuS 2009, 1–7.

案例11：儿童绑架案

关键词： 刑讯逼供罪；伤害罪；未经宣誓的虚假陈述罪；诱骗他人作虚假陈述罪；阻挠执行；教唆犯；未遂（直接着手）；违法阻却事由

难　度： 难

一、案情

T绑架了一个孩子，以勒索其家长。4天后T被警察逮捕。尽管警方进行了长达20个小时、几乎不间断的审讯，然而T仍然拒绝说出孩子所在的地点。T只是强调，孩子现在“状态不是特别好”。负责审讯的警官A胁迫说，如果不马上说出孩子所在的地点，就让他尝尝“剧烈疼痛”的滋味。A打算把由此获得的供述在之后的刑事诉讼程序中作为呈堂证供，然而他并不在意法庭到底能不能采纳这个供述。于是T屈服了。警察在一个高速道路高架桥的桥洞中找到了孩子，孩子的身体健康受到了严重的损害。

之后启动了针对A的刑事诉讼程序。A拜托在审讯过程中一直在场的同事B在法庭中作证说，T从来没有受到“剧烈疼痛”的胁迫。A以为B听到了这句胁迫的话。但事实上B根本没有听到，而且他认为T之所以供述是因为长时间的审讯。在此情形下，B在法庭中作证说A并未说过胁迫的话。然而B未经宣誓。尽管存在B的证词，A最终还是被判处罚金刑。A的同事C对此表示愤慨，并在警察的舞会上募集资金支付了罚金。

试问A、B、C的刑事可罚性？

附加问题：如果A以为B没有听到那句胁迫的话而拜托他在法庭中作证，但B事实上听到了，但是在法庭中还是按A所述作了证并经宣誓，如何评价这种情况？

二、分析提纲

（一）第一组行为：审讯 …… 1

1. A的刑事可罚性 …… 1

a) 刑讯逼供罪，《德国刑法典》第343条第1款第1项 … 1

aa) 构成要件 …… 2

①客观构成要件 …… 2

(a) 行为人身份 …… 2

(b) 行为 …… 3

②主观构成要件 …… 6

bb) 违法性 …… 7

①刑事诉讼程序上的违法阻却事由 …… 8

②实施紧急救助的正当防卫，《德国刑法典》第32条 …… 9

③阻却违法的紧急避险，《德国刑法典》第34条 …… 13

cc) 罪责 …… 14

dd) 量刑 …… 16

b) 剥夺他人自由罪,《德国刑法典》第239条第1款… 17
c) 职务伤害罪,《德国刑法典》第340条第1款……… 18
d) 职务伤害罪未遂,《德国刑法典》第340条第1款、第22条、第23条第1款 …………………………… 19
aa) 预先检验 ………………………………………… 20
bb) 行为决意 ………………………………………… 21
cc) 直接着手 ………………………………………… 23
dd) 结论 ……………………………………………… 29
e) 伤害罪未遂,《德国刑法典》第223条、第22条、第23条第1款……………………………………… 31
f) 强制罪,《德国刑法典》第240条 ………………… 32
g) 恐吓罪,《德国刑法典》第241条第1款………… 33
h) 敲诈勒索罪,《德国刑法典》第253条 ………… 34
i) 结论 ……………………………………………… 35
2. B的刑事可罚性 ……………………………………… 36

(二)第二组行为:庭审 …………………………… 38

1. B的刑事可罚性 ……………………………………… 38
a) 未经宣誓的虚假陈述罪,《德国刑法典》第153条 38
aa) 客观构成要件 …………………………………… 39
bb) 主观构成要件 …………………………………… 40
b) 利用职务阻挠刑罚罪未遂,《德国刑法典》第258a条第1款、第22条、第23条第1款或第258条第1款、第22条、第23条第1款 ……………………… 41
2. A的刑事可罚性 ……………………………………… 42

a) 虚假陈述罪的教唆未遂，《德国刑法典》第159条、第30条第1款 …… 42
aa) 预先检验 …… 43
bb) 行为决意 …… 46
cc) 直接着手 …… 47
dd) 违法性与罪责 …… 48
b) 结论 …… 49
（三）第三组行为：C为A募款 …… 50
1. 阻挠刑罚罪，《德国刑法典》第258条第2款 …… 50
2. 结论 …… 54
（四）附加问题 …… 55
1. B的刑事可罚性 …… 55
a) 虚伪宣誓罪，《德国刑法典》第154条第1款 …… 55
b) 利用职务阻挠刑罚罪未遂，《德国刑法典》第258a条第1款、第22条、第23条第1款 …… 56
c) 阻挠刑罚罪未遂，《德国刑法典》第258条第1款、第22条、第23条第1款 …… 57
2. A的刑事可罚性 …… 63
a) 虚伪宣誓罪的教唆犯，《德国刑法典》第154条第1款、第26条 …… 63
aa) 客观构成要件 …… 64
bb) 主观构成要件 …… 65
b) 诱骗他人作虚假陈述罪，《德国刑法典》第160条第1款 …… 66

aa)构成要件 ………………………………………… 67
①客观构成要件………………………………………… 67
②主观构成要件………………………………………… 68
bb)违法性与罪责 ………………………………………… 69
cc)结论 ………………………………………… 70

三、案情分析

注意需要回答的问题：不需要检验T的刑事可罚性。如果T的行为没有对其他人的行为或法律评价产生影响，对其完全可以忽略。

（一）第一组行为：审讯

1. A的刑事可罚性

a)刑讯逼供罪，《德国刑法典》第343条第1款第1项

A对T进行长时间的审讯和在审讯时以“剧烈疼痛”相胁迫，涉嫌触犯《德国刑法典》第343条第1款第1项的规定，可能构成刑讯逼供罪。 1

aa)构成要件

① 客观构成要件

(a)行为人身份

这里涉及《德国刑法典》第343条规定的职务犯罪，因此首先要确定行为人身份（Täterqualität）。A是警察，依据《德国刑法典》第11条第1款第2项a的规定属于公务员。其次该公务员 2

需要被任命参与《德国刑法典》第343条第1款第1项至第3项所列举的程序。《德国刑法典》第343条第1款第1项规定的刑事诉讼程序是指启动可能被判处刑罚或强制措施的程序，并非纯粹的预防性措施或为阻止、镇压违警事态的警察执法行为。[①] 因此刑事诉讼程序包括《德国刑事诉讼法》规定的全部程序类型，而《德国刑事诉讼法》第163a条第4款规定的警察审讯也在其列。由于A是因履行职务而进行审讯，因此他是被任命参与刑事诉讼程序的公务员，是《德国刑法典》第343条第1款规定的适格主体。

(b)行为

3 A必须乱待了T的身体，使用暴力、暴力胁迫或精神折磨对其进行强制。A对T进行了长达20个小时的审讯本身就可能构成《德国刑法典》第343条意义上的行为。首先是乱待身体（第一种情形），它意味着所有险恶、失当地给他人身体安宁或身体完整性造成明显损害的行为，其前提是对身体造成了一定程度的影响（但并不一定是直接作用于身体）。鉴于刑事规范的犯罪关联性，对乱待身体的解释应当保持谦抑性特征。故而仅仅使人产生疲劳，并没有对身体产生过多影响的审讯并未越过所谓“明显”的界限。[②] 因此长时间的审讯并不构成乱待身体。

4 使用暴力（第二种情形）同样以作用于身体为前提，参照之前的论述，（纯粹）长时间的审讯同样不能构成使用暴力。精神折磨（第四种情形）是指引起长时间持续的或反复发作的痛

---

① MünchKommStGB/*Voßen* § 343 Rn. 16 f.

② Schönke/Schröder/*Hecker* § 343 Rn. 9. 通过相应论证也可以主张其他结论。

苦。[1] 通过规范程序造成的不快或者精神压力并不在其列。[2] A的审讯没有使T遭受超越该程序一般情况下可能造成的不快，故也不构成精神折磨。

但有可能构成使用暴力胁迫这种情形（第三种情形）。胁迫是宣示将来的恶害并且能够对恶害的出现施加影响。[3] A向T宣示了“剧烈疼痛”的情境，即对他以暴力相胁迫。因此长时间的审讯并未实现客观构成要件，而A对T胁迫使用暴力实现了客观构成要件。 5

② 主观构成要件

A在行为时必须具有故意（《德国刑法典》第15条）。故意是指行为人对所有的客观行为情状存在认识，实现构成要件的意欲。[4] 除了（附条件的）故意外，这里还需要行为人具有特别的强制目的，即使被讯问人作出与其意志相悖的陈述或说明。[5] 反对意见认为，案中供述并非主要“用于刑事诉讼程序”，而是为了防止孩子所涉危险。[6] 但是从案情中可以看出，除了防止危险之外，A也确实意图在之后的刑事诉讼程序中使用该供述。而法律所要求的意图并不必须是行为人行为的唯一目的，行为人只要在法律要求的这一目标上能够达到第一级直接故意（dolus directus 1. Grades）的程度，即便存在其他目标，也足可认定。本案中的情形已经满足这一标准，特别是A并不在意法 6

① LK/*Zieschang* §343 Rn. 23.

② *Fischer* § 343 Rn. 9.

③ LK/*Zieschang* § 343 Rn. 22.

④ *Jescheck*/*Weigend* AT S. 293.

⑤ Schönke/Schröder/*Hecker* §343 Rn. 16.

⑥ 当防止危险是行为人的唯一目的时，通说也会以此为依据排除主观构成要件，参见BeckOK StGB/*Valerius* § 343 Rn. 12 f.

庭能不能采纳这个供述。因此主观构成要件得以符合。

bb)违法性

7 A可能具有违法阻却事由。

① 刑事诉讼程序上的违法阻却事由

8 本案并不考虑刑事诉讼程序上的违法阻却事由。由刑事诉讼法或警察法授权的行为中并不包括胁迫造成剧痛这种手段(参见《德国刑事诉讼法》第136a条)。现行法禁止任何形式的酷刑(参见《德国基本法》第1条第1款和第79条第3款、第104条第1款第2句,《欧洲人权公约》第3条及《联合国反对酷刑公约》)。此外,德国联邦最高法院在很多判例中都明确指出,即使在“极端情况下”,胁迫使用酷刑也是违反现行法的,即本案中为解救被绑架的儿童而胁迫使用暴力和造成剧烈疼痛的情形。[①]

② 实施紧急救助的正当防卫,《德国刑法典》第32条

提示:依照主流观点,公权承担人(Hoheitsträger)也适用一般违法阻却事由。通过相应论证也可主张其他观点。[②]

9 A的行为可能因实施紧急救助的正当防卫而排除违法性(《德国刑法典》第32条)。存在由T造成的现时(因为仍在持续)的、针对儿童身体完整性和行动自由的违法攻击,即存在防卫情势。防卫行为对于防卫攻击而言是适当的,也是必要的,

① 参见*LG Frankfurt am Main* NJW 2005, 692 (Daschner案); EGMR, Urt. Von 30. 6. 2008 (Gaeffgen案)。为实施刑事救助而使用酷刑参见 *Wagenländer*, Zur strafrechtlichen Beurteilung der Rettungsfolter, 2006, S. 199 f.

② 参见*Hillenkamp* AT 5. Problem 的问题摘要。这里涉及的问题是,警察在审讯时体现公务员的职能,即代表国家。依照主流观点,国家作为管理组织是不能援引违法阻却事由的。

因为不存在更温和的手段。

提示： 鉴于T未获得赎金而藏匿孩子的行为，也可以认为他是以不作为的方式实施侵害。T因先行行为而具有保证人地位。

问题在于将需要性作为对防卫权的社会伦理限制。 **10**

提示： 限制防卫权的四种典型情形是：违法攻击者是无罪责能力人或减弱罪责能力人；挑唆防卫；攻击者和防卫者之间有密切的私人关系以及保全法益与牺牲法益之间存在绝对失衡。

尽管存在“正义不必向非正义屈服”这一基本原则，但是 **11**
本案仍可能存在保全法益和牺牲法益之间的绝对失衡。最终保全的利益不仅是孩子的身体完整性，还有他的生命。但值得注意的是，国家实施的酷刑被《德国基本法》第104条第1款第2句、《欧洲人权公约》第3条所禁止，二者体现了对人格尊严（Menschenwürde）的具化。[①]

因此A的行为不能依据《德国刑法典》第32条的规定排除 **12**
违法性。

提示： 通过完全不同的说理也可主张其他结论。例如单纯胁迫使用酷刑与真正使用酷刑不同，前者尚未损害人格尊严。

③ 阻却违法的紧急避险，《德国刑法典》第34条

也可考虑以阻却违法的紧急避险排除行为的违法性。存在避 **13**
险情势，因为拘禁孩子对其生命、健康造成了持续性的危险。那

---

① 对于能否通过实施紧急救助的正当防卫将酷刑、胁迫使用酷刑排除违法性的问题，参见*Roxin* AT I § 15 Rn. 103 ff.

么这里就需要对所侵害的利益和所要保护的利益进行利益衡量。所要保护的利益是孩子的身体完整性和生命；与之相对，所侵犯的利益是T的意思形成自由（Willensbildungsfreiheit）和人格尊严。通过比较评估对冲突利益进行衡量取决于相应的价值标准。[①] 双方都是法律中处于最高位阶的法益，也都受到宪法的保护，都具有极高价值。[②] 而双方在本案中都受到了危急情势的严重波及。只有双方立场确定无疑或者至少几乎明确，才能作出“占据优势”这一判断。[③] 如果本案承认《德国刑法典》第34条同样适用于公权承担人的话，那么侵犯人格尊严就成为利益衡量的界限，不可能属于《德国刑法典》第34条第2句意义上的“适当的措施”。[④]

提示：通过论证也可主张其他结论，如胁迫使用酷刑尚不构成对T人格尊严的侵犯。只是需要注意《德国基本法》第104条第1款第2句和《欧洲人权公约》第3条的特别规定。[⑤]

cc) 罪责

14 但是A可能因超法规的罪责阻却事由而排除罪责。在极端的个案中，处于社会伦理边缘的情形可以与其他紧急、冲突的情况相比较，也就是说这种情况下排除罪责是完全有可能的。然而本案并不属于这种极端个案，反而是逮捕绑架犯的典型情况。如果对这种情况免于刑罚，很可能会导致酷刑这一禁令被接受性地相

---

① Schönke/Schröder/*Perron* § 34 Rn. 43.

② 法益之间抽象的价值关系不允许在个案中进行具体利益衡量时直接得出结论，参见RGSt 61, 254。

③ Schönke/Schröder/*Perron* § 34 Rn. 45.

④ *Roxin* AT I § 16 Rn. 97.

⑤ 对这一问题也可以参见对Daschner案的最新判决：*EGMR* NStZ 2008, 699。

对化。[1] 因此A不能因超法规的罪责阻却事由排除罪责。

A的行为有责，因此构成《德国刑法典》第343条第1款第1项规定的刑讯逼供罪。 15

dd) 量刑

可能存在《德国刑法典》第343条第2款意义上的“情节较轻情形”，因为A已经实施救助孩子的行为。在存在诸如被害人同意或挑衅的情况下可以认定属于“情节较轻情形”。[2] 尽管A的动机是绝对可以理解的，然而基于行为人被指控行为的严重性或者可能临近的危险，以及对酷刑禁令的明确违反，不能得出属于情节较轻的结论。 16

提示：这里同样可以通过相应论证得出其他结论。

b) 剥夺他人自由罪，《德国刑法典》第239条第1款

A实现了《德国刑法典》第239条第1款规定的剥夺他人自由罪的客观构成要件，T的行动自由因他被扣留于警察局而受到剥夺。但是该行为是基于《德国刑事诉讼法》的授权，特别是依据《德国刑事诉讼法》第163条、第163a条的规定，因此A的行为不违法。 17

提示：依据《德国刑事诉讼法》第136a条第1款的规定完全可以主张其他观点。

c) 职务伤害罪，《德国刑法典》第340条第1款

A不构成《德国刑法典》第340条第1款规定的职务伤害罪。 18

---

① *Roxin* AT I § 22 Rn. 166 ff. 特别是Rn. 169。

② MünchKommStGB/*Voßen* § 343 Rn. 36.

因为A事实上没有伤害T，故不符合客观构成要件（详见上文边码3及以下）。

d)职务伤害罪未遂，《德国刑法典》第340条第1款、第22条、第23条第1款

19 但是A以“剧烈疼痛”相胁迫涉嫌触犯《德国刑法典》第340条第1款、第22条、第23条第1款的规定，可能构成职务伤害罪未遂。

aa)预先检验

20 行为没有既遂（详见上文边码18）。职务伤害罪未遂可罚（《德国刑法典》第23条第1款第二种情形、第12条第2款、第340条第2款）。

bb)行为决意

21 A必须具有行为决意。行为决意包括了对客观构成要件的故意以及其他可能存在的主观构成要件要素。即A必须意欲乱待他人身体或者损害其健康。

22 A对T以“剧烈疼痛”相胁迫，这至少意味着《德国刑法典》第223条第1款第一种情形规定的“险恶、失当地对待”。至于A是否也意欲实施《德国刑法典》第223条第1款第二种情形规定的损害健康则无法确定。但是无论如何，A有乱待身体的行为决意。A也对其他客观构成要件要素存在认识，如自己的公务员身份和行为的公务性质。因此A具有行为决意。

cc)直接着手

23 A必须已经直接着手实现构成要件（《德国刑法典》第22条）。首先A仅仅进行了胁迫，没有直接采取行动，这种情况下是否已经越过了未遂的界限尚存争议。

形式—客观说（formell-objektive Theorie）认为，行为人开始严格意义上的构成要件行为即可认定为直接着手。本案中A尚未开始实现构成要件，故依照该观点，A尚未直接着手。但依据《德国刑法典》第22条的字面含义，该理论已经不再被采纳。 24

实质—客观说（materiell-objektive Theorie）认为，按弗兰克公式进行判断，如果行为“由于其和构成要件行为的必要关联性，被自然概念视为构成要件行为的组成部分”①，而它已经对被法律保护的行为对象造成了直接危险②，就可认定为直接着手。这里可以否定以“剧烈疼痛”相胁迫在一般意义上与实现构成要件存在必要关联性，因为胁迫并非伤害的必要条件。 25

主观说（subjektive Theorie）认为，直接着手仅取决于行为人内心设想的实行开始，然而这可能导致使犯罪未遂向预备领域前置。③ 26

主客观混合说（gemischt subjektiv-objektive Theorie）作为这一问题的通说，认为行为人主观上必须越过“现在开始动手”的界限，同时按照其设想对受保护的法益造成具体的紧迫危险，并不取决于危险是否真的出现。同样由《德国刑法典》第22条的字面含义也可以推出，主客观要素同样都应发挥作用。④客观上行为人必须实施了这样的行为：行为人按照行为计划已经接近实现某一构成要件要素，并且不存在间隔行为，不受干扰地继续发展下去就能顺利实现构成要件。 27

---

① *Frank* § 43 注释见II 2d。

② Vgl. BGHSt 2, 380; 4, 273.

③ Vgl. RGSt 72, 66.

④ Schönke/Schröder/*Eser*/*Bosch* § 22 Rn. 25 ff.

提示：对不同学说进行如此详尽的阐述是综合《德国刑法典》第22条主客观要素的立法决定而作的解释，在考试中不需要进行如此详尽的阐述。

28 尽管警察在审讯时进行胁迫可以制造紧张的氛围，但从纯粹的胁迫到真正实施伤害行为之间仍需跨越一定程度的心理门槛，因此这里可以认定A在主观上没有越过“现在开始动手”的界限，其对行为过程的认识也不包含对T的身体完整性造成任何具体危险的因素。

提示：尽管在考试中可以不罗列其他观点而直接引用判例观点，但在这一方面仍然需要论证！通过相应的论证也可肯定A已经直接着手。

dd)结论

29 A尚未直接着手。

30 因此A不构成《德国刑法典》第340条第1款、第22条、第23条第1款规定的职务伤害罪未遂。

e)伤害罪未遂，《德国刑法典》第223条、第22条、第23条第1款

31 基于检验《德国刑法典》第340条第1款的同样理由可以排除A构成《德国刑法典》第223条、第22条、第23条第1款规定的伤害罪未遂。如果之前认定构成《德国刑法典》第340条规定的职务伤害罪未遂，那么伤害罪未遂也会因竞合关系退居次位，排除适用（特别关系）。

f)强制罪，《德国刑法典》第240条

32 A可能构成《德国刑法典》第240条第1款规定的强制罪。强

制手段是以疼痛胁迫，而长时间的审讯尚不足以达到暴力的程度。T的供述是强制的结果。不存在违法阻却事由，而且A所采取的手段具有《德国刑法典》第240条第2款意义上的应受谴责性。A的行为违法且有责。由于A既没有特别利用他的公务员地位也没有特别利用他的职权，因此不符合《德国刑法典》第240条第4款第2句第3项规定的原则性例示。但强制罪相对于《德国刑法典》第343条的规定属于补充关系，退居次位，排除适用。

g)恐吓罪，《德国刑法典》第241条第1款

A以伤害或者以职务伤害相威胁，然而用以威胁的并不是《德国刑法典》第12条第1款意义上的重罪。故A的行为不符合《德国刑法典》第241条规定的客观构成要件，A不构成恐吓罪。 33

提示：A并没有以实施《德国刑法典》第343条意义上的刑讯逼供相威胁，否则符合恐吓罪的构成要件。

h)敲诈勒索罪，《德国刑法典》第253条

A不构成敲诈勒索罪，因为他的目的并非获利或造成财产损失。 34

i)结论

A构成《德国刑法典》第343条第1款第1项规定的刑讯逼供罪。 35

2.B的刑事可罚性

审讯时B在场，他涉嫌触犯《德国刑法典》第343条第1款的规定，可能构成刑讯逼供罪的共同正犯（《德国刑法典》第25条第2款），或帮助犯（《德国刑法典》第27条第1款）。但是B既没有听到A胁迫的话，也没有共同的犯罪行为计划。因为B对此缺乏认识，故未实施帮助行为。所以B既不因正犯可罚也 36

不因共犯可罚。

37 B无罪。

（二）第二组行为：庭审

1.B的刑事可罚性

提示：这部分从最接近犯罪的B开始检验。

a)未经宣誓的虚假陈述罪，《德国刑法典》第153条

38 B的法庭陈述涉嫌触犯《德国刑法典》第153条的规定，可能构成未经宣誓的虚假陈述罪。

aa)客观构成要件

39 B在法庭上作为未经宣誓的证人作证。他的陈述必须是虚假的。但什么情况下可以认定构成虚假陈述是存在争议的。主观说认为，这取决于陈述是否与陈述人的内心设想相一致。[①] 但是主观说并未得到认可，因为主观说无法对《德国刑法典》第160条进行解释，并且会不必要地限缩《德国刑法典》第161条（旧版《德国刑法典》第163条）的适用范围。[②] 而作为通说的客观说认为，只有与客观事实相悖的陈述才会对司法造成危害。当陈述与实际的、客观的情况（即“真相”）相矛盾时，该陈述就是“虚假”的。由于认识错误或者误解不会在客观构成要件层面上产生任何影响[③]，因此B作了虚假陈述。

bb)主观构成要件

40 B在行为时必须具有故意。B对A的胁迫并不知情，并且认

① LK/*Ruß* Vor § 153 Rn. 10.

② *Lackner*/*Kühl* Vor § 153 Rn. 3.

③ Vgl. Schönke/Schröder/*Eser*/*Bosch* § 153 Rn. 4.

为他作的陈述是符合真相的。由于欠缺故意，依据《德国刑法典》第153条的规定，B不构成未经宣誓的虚假陈述罪，并且不存在“过失的未经宣誓的虚假陈述”（参见《德国刑法典》第161条）。

b) 利用职务阻挠刑罚罪未遂，《德国刑法典》第258a条第1款、第22条、第23条第1款或第258条第1款、第22条、第23条第1款

由于B不具有利用职务阻挠刑罚的行为决意，因此依据《德国刑法典》第258a条第1款、第22条、第23条第1款或第258条第1款、第22条、第23条第1款的规定，B不构成利用职务阻挠刑罚罪未遂。 41

2.A的刑事可罚性

a) 虚假陈述罪的教唆未遂，《德国刑法典》第159条、第30条第1款

A请求B作虚假陈述，涉嫌触犯《德国刑法典》第159条、第30条第1款的规定，可能构成未经宣誓的虚假陈述罪的教唆未遂。 42

提示：因为陈述犯罪均为亲手犯，所以无须考虑间接正犯的可能。

aa) 预先检验

A的行为没有既遂，A对B的教唆因B从一开始就认为A陈述的内容是正确的而无法达到故意作虚假陈述的结果（详见上文边码39、40）。虽然《德国刑法典》第153条规定的是轻罪，但是《德国刑法典》第159条和第30条明文规定未经宣誓的虚 43

假陈述罪的教唆未遂可罚。

44 这里首先要界定《德国刑法典》第159条和第160条（第2款）。当行为人意欲实施教唆，使陈述人故意（恶意）实施行为时，适用《德国刑法典》第159条、第30条的规定；而《德国刑法典》第160条的规定则适用于行为人认为（善意的）陈述人并不知道事实真相或不能知道事实真相的情形，即教唆者认为陈述人在行为时不具有故意。

45 本案中A认为B知道事实真相而故意作了虚假陈述。如果真的如A所想，则B无疑构成《德国刑法典》第153条规定的未经宣誓的虚假陈述罪。而A所想事实上未能实现，因此只涉及《德国刑法典》第159条规定的未经宣誓的虚假陈述罪（B）的教唆未遂（A）。

bb)行为决意

46 行为决意意味着对教唆的认知和意欲，包括对主行为既遂的故意以及对教唆行为，即对主行为的唆使的故意。A意欲使B故意作出虚假陈述，因为A相信B知道真相。因此A意图引起B作虚假陈述的行为决意，也希望这个主行为既遂。可以认定A具有行为决意。

cc)直接着手

47 在A看来，教唆所必要的全部行为都已经完成，因此A已经直接着手实现构成要件。

dd)违法性与罪责

48 A的行为违法且有责。

b)结论

49 A构成《德国刑法典》第159条、第30条第1款规定的未经宣誓的虚假陈述罪的教唆未遂。

（三）第三组行为：C为A募款

1. 阻挠刑罚罪，《德国刑法典》第258条第2款

C募集金钱以清偿A的罚金，涉嫌触犯《德国刑法典》第258条第2款的规定，可能构成阻挠刑罚罪。 50

提示：这里需要指出，依据《德国刑法典》第343条的规定，刑讯逼供罪既遂无论如何都会被处以自由刑，即使在情节较轻的情形下也不会被处以罚金刑。然而这里仍然以案情所给事实为准。

这里的问题在于，替他人支付罚金是否可以被认定为阻挠刑罚的行为。第三人承担罚金的支付义务使得刑罚无法直接作用于被处以刑罚的人，行为人因而无法直接自行承担刑罚。因此该行为可能构成《德国刑法典》第258条第2款规定的阻挠刑罚罪。[1] 51

但是在涉及罚金刑的时候可以毫无问题地规避这一条款，比如先向被处罚者提供一笔借款，然后日后放弃还款请求权。这样的民事手段在结果上也意味着阻挠刑罚。而反对意见认为，这样的"内部"协议并没有触及"外部"的执行流程，因此没有侵害被保护的法益。[2] 但基于同样的理由也可以论说，替他人坐牢的行为同样可以被排除违法性，这就会导致《德国刑法典》第258条第2款被完全架空。此外，"外部的执行流程"的界限 52

---

① 这一问题参见BGHSt 37, 226; 也可详见Schönke/Schröder/*Stree*/*Hecker* § 258 Rn. 29; 认为支付他人罚金不具刑事可罚性，参见*Lackner*/*Kühl* § 258 Rn. 13附有的进一步明证。

② LK/*Walter* § 258 Rn. 51.

也极不明确，法律本身没有给这一概念提供任何支持。

53 但是可以确定的是，罚金刑的判决指向的是种类物，其自然属性决定了无法实现具体到特定主体的执行效果。而与之相对，自由刑是高度身份化的、无法被替代的。立法者在设立罚金刑这一刑罚的时候认可接受了这种区别产生的后果，即第三人替代承担罚金义务的可能性被接受。即便如此，被处罚者通常情况下仍需承担其他后果。因此支付他人的罚金并不构成《德国刑法典》第258条第2款意义上的阻挠刑罚行为。C不构成阻挠刑罚罪。

2. 结论

54 C无罪。

（四）附加问题

1. B的刑事可罚性

a) 虚伪宣誓罪，《德国刑法典》第154条第1款

55 B作为证人在法庭作了虚假陈述，并经宣誓。由于他在审讯时听到了A说的胁迫的话，因此他在行为时具有故意。B的行为违法且有责。因此B构成《德国刑法典》第154条第1款规定的虚伪宣誓罪。

b) 利用职务阻挠刑罚罪未遂，《德国刑法典》第258a条第1款、第22条、第23条第1款

56 B并不构成《德国刑法典》第258a条第1款、第22条、第23条第1款规定的利用职务阻挠刑罚罪未遂。尽管B是一名警察，但是他在针对A的刑事诉讼程序中并非处于工作状态。

c) 阻挠刑罚罪未遂，《德国刑法典》第258条第1款、第22

条、第23条第1款

B涉嫌触犯《德国刑法典》第258条第1款和第4款、第22条、第23条第1款的规定，可能构成阻挠刑罚罪未遂。 57

由于阻挠行为的结果并未发生，A最终被处以刑罚，因此B的行为没有既遂。阻挠刑罚罪未遂可罚（《德国刑法典》第23条第1款、第12条第2款、第258条第4款）。 58

B必须具有行为决意。B意欲达到使A不因其实施的犯罪行为受到处罚的目的。因此B意图使A不受追诉（《德国刑法典》第258条第1款），即具有行为决意。 59

依据B的认识，他已经实行了所必要的全部行为，他已经在法庭上作了虚假陈述。因此B已经直接着手实现构成要件（《德国刑法典》第22条）。 60

B的行为违法且有责，而且不存在《德国刑法典》第24条意义上的中止情形。 61

因此依据《德国刑法典》第258条第1款和第4款、第22条、第23条第1款的规定，B构成阻挠刑罚罪未遂。该罪与B构成的《德国刑法典》第154条规定的虚伪宣誓罪成立犯罪单数（想象竞合）。 62

2. A的刑事可罚性

a) 虚伪宣誓罪的教唆犯，《德国刑法典》第154条第1款、第26条

A请求B在法庭上作出对其有利的陈述，涉嫌触犯《德国刑法典》第154条第1款、第26条的规定，可能构成虚伪宣誓罪的教唆犯。 63

aa) 客观构成要件

64 存在一个故意且违法的主行为，B实施了《德国刑法典》第154条规定的虚伪宣誓行为（详见上文边码55）。存在一个引起B行为决意的行为，即教唆行为，因为B是因A的请求而在法庭上作了虚假陈述。

bb) 主观构成要件

65 A在行为时必须对主行为和教唆行为具有故意（双重教唆故意）。A并不希望B故意实施虚伪宣誓行为，因为他认为B是善意的、不知情的。因此，尽管A具有意欲引起B作虚假陈述的行为决意，但这里仍欠缺对主行为既遂的故意。由于故意的欠缺，A不构成《德国刑法典》第154条第1款、第26条规定的虚伪宣誓罪的教唆犯。

b) 诱骗他人作虚假陈述罪，《德国刑法典》第160条第1款

66 A可能构成《德国刑法典》第160条规定的诱骗他人作虚假陈述罪。

aa) 构成要件

① 客观构成要件

67 需要满足的前提是，A诱骗B作出虚假陈述。B事实上作出了虚假陈述（详见上文边码55）。本罪的诱骗是指为达到使陈述人作出虚假陈述的目的而对其施加影响。[①] A对B施加了影响，因此其行为符合客观构成要件。

② 主观构成要件

68 A意欲B作出虚假宣誓。此外A还需要具有诱骗意思。行为

---

① LK/*Ruß* vor § 160 Rn. 5.

人需要具有这样的认识：被诱骗人在行为时不具有故意。A以为B没有听到那句胁迫的话。因此A认为B会受到他的影响在法庭上非故意地作出虚假陈述。故而A的行为符合主观构成要件。

提示：如果行为人认为被诱骗人故意实施行为，则考虑适用教唆犯或《德国刑法典》第159条规定的虚假陈述罪的教唆未遂（详见上文边码42及以下）。

bb) 违法性与罪责

A的行为违法且有责。 **69**

cc) 结论

A构成《德国刑法典》第160条第1款规定的诱骗他人作虚 **70**
假陈述罪。

四、案例评价

该案例的部分问题设计得非常刁钻，当然这也是因为涉及刑法分则第九章和第二十一章比较不常见的罪名。主要难点是未遂中的直接着手、人格尊严（禁止酷刑）对防卫权需要性的限制以及对陈述犯罪界限和涵摄的了解，特别是《德国刑法典》第159条、第160条第2款的规定。

对本案的处理需要学生对一些“边缘化”的知识有所了解。特别是需要知道公职权（Hoheitsbefugnis）作为违法阻却事由的可能性，本案中是来自于《德国刑事诉讼法》的授权。学生还需要考虑到宪法对刑事手段的限制，也必须要准确陈述犯罪且能够对其进行准确涵摄。对虚假陈述罪的教唆未遂（《德国刑法典》第159条）和诱骗他人作虚假陈述罪未遂（《德国刑法典》第160条第2款）的界定十分重要，两罪的主要区别在于依据行为人的认识，陈述人是否为善意；重点还有对虚伪宣誓罪的教唆犯（《德国刑法典》第154条、第26条）和诱骗他人作虚假陈述罪（《德国刑法典》第160条第1款）的界定。因此本案例是对本书案例5和案例8的良好补充，这里需要处理的是之前在陈述犯罪中还没有出现过的问题，这对于很多学生来说是非常有难度的。

《德国刑法典》第258条第2款规定的阻挠刑罚罪同样也是考试中不常见的罪名，需要学生具备特别知识。但是学生凭借对刑法评价的基本理解也完全能自行论证并很好地予以解决。

学生在考试中可以在很多不同的方面对问题进行深入讨论，并给出自己的论述和说理以展示对案情的了解和分析问题的能力。相较于不假思索地采用通说的观点或者凭借记忆去复述判例，更为重要的是对不同学说的比较和衡量、恰当地表述并推理出结论。

其他延伸阅读：*Bachmann/Goeck*, Folter im deutschen Strafvollzug?, NJ 2012, 407–413; *Böse/Kappelmann*, Übungsfall: Folter zur Rettung des Entführungsopfers?, ZJS 2008, 290–300; *Fahl*, Neue sozialethische Einschränkung der Notwehr: Folter, Jura 2007, 743–750; *Hilgendorf*, Folter im Rechtsstaat, JZ 2004, 331–339; *Jerouschek*, Gefahrenabwehrsfolter–Rechtsstaatliches Tabu oder polizeilich legitimierter Zwangseinsatz?, JuS 2005, 296–302 (Bespr.Von LG Frankfurt am Main NJW 2005, 692); *Reese*, Die Aussagedelikte als

Prüfungsaufgabe, JA 2005, 612–615; *Satzger*, Grundprobleme der Strafvereitelung, Jura 2007, 754–763; *Zieschang*, Der rechtfertigende und der entschuldigende Notstand (§ 258 StGB), JA 2007, 679–685.

案例12：借记卡专家

关键词：盗窃罪；侵占罪；背信罪；计算机诈骗罪；滥用支票卡和信用卡罪；伪造文书罪；扣压文书罪；扣压数据；窥探数据罪
难　度：很难

一、案情

A从他的女朋友F处偷了一张借记卡。之前A就已经设法获得了密码。A用这张卡在自动取款机上从F的账户中提取了200欧元。最后A如同他一开始计划的那样又把卡偷偷放了回去。

之后A利用编码设备和空白卡伪造了一张借记卡，必要信息和密码都是他之前用技术手段获得的。A用这张卡从B银行提取了200欧元。

F把卡和密码都交给A，让他帮忙去自动取款机提取50欧元。然而A提取了200欧元并且把这些钱都花光了。

A有权从自己的账户透支500欧元，他尽管知道自己的账户已经达到了这个额度，但还是用借记卡从银行提取了200欧元。A明确地知道他在可预见的时间内无力偿还。

试问A的刑事可罚性？

不需要考虑《德国刑法典》第八章中的罪名。

二、分析提纲

（一）第一组行为：他人的借记卡 …………………………………… 1

1. 盗窃罪，《德国刑法典》第242条第1款（对借记卡）… 1

a) 客观构成要件………………………………………………… 2

b) 主观构成要件………………………………………………… 3

c) 结论…………………………………………………………… 7

2. 扣压文书罪，《德国刑法典》第274条第1款 ………… 8

a) 客观构成要件………………………………………………… 9

b) 主观构成要件 ……………………………………………… 12

c) 结论………………………………………………………… 14

3. 变更数据罪，《德国刑法典》第303a条第1款 ………… 15

4. 窥探数据罪，《德国刑法典》第202a条第1款 ………… 17

5. 盗窃罪，《德国刑法典》第242条第1款（对现金）…… 19

a) 客观构成要件 ……………………………………………… 20

b) 结论 ………………………………………………………… 23

6. 侵占罪，《德国刑法典》第246条第1款 ……………… 24

a) 客观构成要件 ……………………………………………… 25

b) 结论 ………………………………………………………… 28

7. 计算机诈骗罪，《德国刑法典》第263a条第1款 ……… 29

a) 客观构成要件 ……………………………………………… 30

b) 主观构成要件 ……………………………………………… 34

c) 违法性与罪责 ……………………………………………… 35

d) 结论 ………………………………………………………… 36

8. 骗取给付罪，《德国刑法典》第265a条第1款 ………… 37
9. 竞合与中间结论 ………………………………………… 39
（二）第二组行为：自制借记卡 …………………………… 40
1. 伪造文书罪，《德国刑法典》第267条第1款第一种
情形………………………………………………………… 40
a) 构成要件 …………………………………………… 41
b) 违法性与罪责 ……………………………………… 42
c) 结论………………………………………………… 43
2. 伪造具有证据价值的数据罪，《德国刑法典》第269条
第1款和第270条 ……………………………………… 44
a) 构成要件 …………………………………………… 45
aa) 客观构成要件 …………………………………… 45
bb) 主观构成要件 …………………………………… 47
b) 违法性与罪责 ……………………………………… 48
c) 结论………………………………………………… 49
3. 盗窃罪，《德国刑法典》第242条第1款（通过提现）… 50
a) 客观构成要件 ……………………………………… 51
b) 结论 ………………………………………………… 52
4. 侵占罪，《德国刑法典》第246条第1款 ……………… 53
5. 计算机诈骗罪，《德国刑法典》第263a条第1款 ……… 54
a) 构成要件 …………………………………………… 55
b) 违法性与罪责 ……………………………………… 57
c) 结论………………………………………………… 58
6. 骗取给付罪，《德国刑法典》第265a条第1款 ………… 59

7. 竞合与中间结论 …………………………………………… 61

（三）第三组行为：违背信任 …………………………………… 62

1. 背信罪，《德国刑法典》第266条第1款 ………………… 62
a) 客观构成要件 ………………………………………… 63
aa) 滥用型构成要件，《德国刑法典》第266条
第1款第一种情形 ………………………………… 63
bb) 背弃型构成要件，《德国刑法典》第266条
第1款第二种情形 ………………………………… 64
b) 结论 ………………………………………………… 65
2. 计算机诈骗罪，《德国刑法典》第263a条第1款 ……… 66
a) 客观构成要件 ………………………………………… 67
b) 结论 ………………………………………………… 69
3. 盗窃罪，《德国刑法典》第242条第1款 ………………… 70
4. 侵占罪，《德国刑法典》第246条第1款 ………………… 71
5. 中间结论 ……………………………………………… 74

（四）第四组行为：完全透支 …………………………………… 75

1. 滥用支票卡和信用卡罪，《德国刑法典》第266b条
第1款 ………………………………………………… 75
a) 客观构成要件 ………………………………………… 76
b) 结论 ………………………………………………… 79
2. 计算机诈骗罪，《德国刑法典》第263a条第1款 ……… 80
a) 客观构成要件 ………………………………………… 81
b) 结论 ………………………………………………… 84

三、案情分析

提示：本案涉及《德国刑法典》第152a条和第152b条（伪造支付票证罪和伪造具有保证功能的支付票证罪）。但是《德国刑法典》第八章在多数联邦州都不是第一次州司法考试的必修内容，因此这里不必进行检验。

（一）第一组行为：他人的借记卡

1. 盗窃罪，《德国刑法典》第242条第1款（对借记卡）

1 A偷走了F的借记卡，涉嫌触犯《德国刑法典》第242条第1款的规定，可能构成盗窃罪。

a) 客观构成要件

2 A必须拿走了他人动产。该借记卡属于F所有，因此对A而言是他人动产。拿走意味着破坏他人的占有并且建立新的、不一定是持续性的和行为人本人的占有。① 占有是指由自然的支配意志驱使的对物的事实支配。② A违背F意志或未经F同意将借记卡拿走，因此他破坏了F对借记卡的占有并至少暂时建立了自己新的占有，故而构成拿走。所以A拿走了他人动产，符合客观构成要件。

① *Lackner/Kühl* § 242 Rn. 8.
② Schönke/Schröder/*Eser/Bosch* § 242 Rn. 23 f.

b) 主观构成要件

A在行为时必须具有故意（《德国刑法典》第15条），即实现客观构成要件的认知和意欲，以及违法据为己有的目的。A知道借记卡是他人动产，也意欲拿走该卡，所以在行为时具有故意。 3

问题在于，A是否具有将借记卡据为己有的目的。据为己有意味着持续性地排除权利人的占有且至少暂时取得占有。[①] 这里A至少意欲在一段时间内以所有权人的身份处分该卡，因此满足取得要素。然而问题在于是否存在排除要素，因为A从一开始就打算在取钱之后将借记卡放回原处。本体说(Substanztheorie)认为，必须将被排除占有的物的本体从权利人处取走。[②] 本案中F拿回了外观上未发生改变的卡片，因此依照本体说不构成排除占有。而价值说（Sachwerttheorie）认为，如果行为人意欲将物上体现的价值（即经济价值）取走，而后将贬值的物本身归还权利人，即可构成排除占有。[③] 本案中A意欲用借记卡从F的账户中提取200欧元。问题是，该卡是否和存折一样，具有体现相关账户余额（Saldo）的特点。支持的意见认为，借记卡同样可以实现取款功能，因此和存折是一样的。反对意见则认为，银行对于存折（附持有人条款的记名证券）的处理方式与借记卡不同，银行并不会直接向借记卡持有人履行给付。后者并非合法证券（Legitimationspapier），而仅仅是使用自动取款机的技术密钥。借记卡本身并未体现什么价值，A因此无法具有 4

---

① LK/*Ruß* § 242 Rn. 46 ff.

② Schönke/Schröder/*Eser*/*Bosch* § 242 Rn. 49.

③ 还可以进一步区分狭义的和广义的物的价值概念。广义的物的价值概念认可 *lucrum ex negotio cum re*（物的交易价值）。

取走该价值的目的。[①] 依照价值说，这里也不构成排除占有。按照两种观点，这里都不存在据为己有的目的。

5 同样依照现今的主流学说，即所谓结合说（Vereinigungstheorie），也不会在本案中得出不同的结论。结合说要求行为人在拿走的时间点上具有将物的本体或体现的价值据为己有的目的。这实际上是上述两种理论的结合。如前所述，因为借记卡本身并未体现任何价值，所以A既没有违法将动产本体据为己有的目的，也没有将动产体现的价值据为己有的目的。[②]

6 主观构成要件未实现。

c)结论

7 A不构成《德国刑法典》第242条规定的盗窃罪。

2. 扣压文书罪，《德国刑法典》第274条第1款

8 A拿走F的借记卡，涉嫌触犯《德国刑法典》第274条第1款的规定，可能构成扣压文书罪。

a)客观构成要件

9 借记卡必须是《德国刑法典》第274条第1款第1项第一种情形意义上的文书。文书是对思想的书面表示，可在法律事务交往中作为证据使用，同时又可识别出具人。[③] 因为借记卡上印有签发银行、所有权人姓名、卡号和银行账号，所以该卡片可以作为签发银行和上述所有权人之间存在借记卡合同的证据。由卡上所印内容可认定银行（依照思想性理论）是思想表示的出具人。因此借记卡是具有法律意义的文书。因为F有权将该

---

① 不同的结论以及依据《德国刑法典》第242条规定的刑事可罚性参见*Schroth* NJW 1981, 729, 733。

② *Lackner*/*Kühl* § 242 Rn. 22 附有进一步的明证。

③ *Lackner*/*Kühl* § 267 Rn. 2.

文书用于举证，所以它并不属于A而是属于F。

提示：这里也可能涉及《德国刑法典》第274条第1款第1项第二种情形规定的技术信息记录，因为自动取款机会将信息，如最后一次取款的时间存储在卡片的磁条中。但是《德国刑法典》第268条规定伪造技术信息记录的情形需要对借记卡业务具备特殊的了解。由于案情中并没有相关的线索，在考试中最好放弃检验这条规定。此外，行为人自己也基本不可能具备相关知识，其结果就是基本可以排除故意。

在卡片磁条中存储的信息可能也包括《德国刑法典》第274条第1款第2项意义上的具有证据价值的数据。借记卡的识别信息（特别是卡号）以不可直接感知的形式被电磁存储于磁条中（《德国刑法典》第202a条第2款）。这些数据也可以在法律事务交往中作为证据使用，因此是具有证据价值的数据。而A无权处分这些数据。 **10**

作为行为对象的文书、技术信息记录和具有证据价值的数据都与扣压行为相关。扣压是指利用不同于其他犯罪行为的方法至少在一段时间内剥夺权利人将行为对象用于举证的可能性的行为。[①] A拿走了F的借记卡，相应地，A在这段时间内可以将卡片作为文书、技术信息记录或者具有证据价值的数据而用于举证。因此他构成了《德国刑法典》第274条第1款第1项第一种情形（以及第二种情形）和第2项意义上对行为对象的扣压。客观构成要件得以符合。 **11**

① LK/*Zieschang* § 274 Rn. 29.

b) 主观构成要件

12 A在行为时必须具有故意（《德国刑法典》第15条），同时还需要具有不利于他人的目的。对于实现客观构成要件而言，A具有故意。

13 问题在于A是否具有不利于他人的目的。不利于他人的目的是指直接对他人的（举证）权利造成损害的目的，并不仅仅包括对财产权的损害。但是造成损害很少会独立成为行为人的动机，通常会作为行为人行为的必要后果出现。依照通说的观点，第二级直接故意（dolus directus 2. Grades）即可满足。[①] 尽管A想通过自己的提款行为夺取F银行账户中的经济价值，然而这个不利后果并非是由实施《德国刑法典》第274条第1款意义上的剥夺行为对象用于举证可能性的扣压行为造成的，而是由其他行为所导致的。正常情况下损害后果应当归咎于对举证可能性的剥夺。[②] 故而A的提款行为不具有不利于他人的目的。然而需要考虑一个不利的情况：在A把借记卡拿走的这段时间内，F无法将其作为在自动取款机上提现的凭证。但是A从一开始就打算尽可能在F没有意识到的时候重新将借记卡交还于F的占有之下。因此A并不认为F会处于无法将借记卡作为证据使用的情况之下。[③] 故而A不具有不利于他人的目的。主观构成要件未得以符合。

---

① *Lackner/Kühl* § 274 Rn. 7; Schönke/Schröder/*Heine/Schuster* § 274 Rn. 15; 其他观点参见NK/*Puppe* § 274 Rn. 12: 间接故意即可满足。

② MünchKommStGB/*Freund* § 274 Rn. 53; *Lackner/Kühl* § 274 Rn. 7.

③ 要求不利于他人的目的（第二级直接故意即可满足），参见Schönke/Schröder/*Heine/Schuster* §274 Rn. 15 f.; 其他观点参见MünchKommStGB/*Freund* § 274 Rn. 54：需要技术意义的目的。

c)结论

A不构成《德国刑法典》第274条第1款规定的扣压文书罪。 14

3.变更数据罪,《德国刑法典》第303a条第1款

A扣压了《德国刑法典》第202a条第2款意义上的数据（详见上文边码10），故而实现了本罪的客观构成要件。[①] A在行为时具有故意，行为违法且有责。 15

因此A构成《德国刑法典》第303a条第1款第二种情形规定的变更数据罪。依据《德国刑法典》第303c条的规定，该罪告诉才处理。 16

4.窥探数据罪,《德国刑法典》第202a条第1款

A使用F的借记卡提现200欧元，涉嫌触犯《德国刑法典》第202a条第1款的规定，可能构成窥探数据罪。 17

借记卡的磁条中存储了数据（《德国刑法典》第202a条第2款）。但是这些数据并不是为A设定的。A通过持有信息载体创造了准入条件。数据本身没有对无权读取进行防护，A获得数据也无须攻破任何准入防护。[②] 因此A不构成《德国刑法典》第202a条第1款规定的窥探数据罪。 18

5.盗窃罪,《德国刑法典》第242条第1款（对现金）

A因提款行为涉嫌触犯《德国刑法典》第242条第1款的规 19

---

① 加深理解：和《德国刑法典》第274条第1款第2项不同，第303a条并不取决于数据的证据价值。第303a条规定的客观构成要件并不要求数据是他人的。当行为人的行为及于他人并损害到他人的法律地位时，才存在可罚的不法。参见Schönke/Schröder/*Stree*/*Hecker* § 303a Rn. 3附有的进一步明证。

② 借记卡背面的磁条内所存储的数据是未经加密的。它们只是因为被电磁存储而无法被直接感知。对无权准入而言，这并非是特殊的防护。检验密码相关的数据只在通过使用卡片而未经授权使用其数据时才会对存储在卡背面磁条中的数据起保护作用。参见*BGH* NStZ 2011, 154。

定，可能构成盗窃罪。

a)客观构成要件

20 A必须拿走了他人动产。现金属于动产，被提取的现金对于A而言必须属于他人财产。对此不无争议，因为可以认为自动取款机吐出现金的背后是银行对取款机操作者发出的关于物权转移（Übereignung）的要约（《德国民法典》第929条第1句）。这样就对是否欠缺拿走这一要素存在疑问。

21 拿走以破坏他人占有为前提，即违背权利人意志或未经权利人的同意终止其对物的事实支配。这里的问题在于，能否将自动取款机在插卡且输入个人密码之后吐出现金视为银行作出的对转移占有的排除构成要件的合意。一方面可以认为，银行仅会同意向持卡（权利）人转移占有。① 而本案的持卡人是F而不是A。依照这种观点就不存在排除构成要件的合意，因此构成拿走。另一方面也可以认为，在任何情况下，只要外观上合规操作自助取款机就可以取得银行的合意，因此是否构成拿走由外观上的操作来确定。② 依照这一观点，A并未拿走现金。

22 支持前一观点的意见认为，银行仅对持卡人在自动取款机上的操作享有经济利益，因此仅将借记卡交给持卡人本人且秘密提供了相应的个人密码。而支持后一观点的意见认为，自动取款机向持卡人或非持卡人吐钱在外观上并没有区别。③ 依照银行预设的操作流程，取款机同样会向非持卡人吐钱，因为除了要求有卡和对应的个人密码之外，并没有其他检验措施。第二

---

① *BayObLG* NJW 1987, 663 f.; 1987, 665.

② BGHSt35, 152, 158; 38, 120, 122.

③ 对此也可参见 *OLG Stuttgart* NJW 1987, 666。

种观点似乎更为可取。只要没有对自动取款机的预设程序施加任何未经授权的影响，就类推适用对三角诈骗和盗窃罪的间接正犯的区分，将“相当于欺骗地使用他人卡片”的不法内涵划归于《德国刑法典》第263a条，而不是盗窃罪。因此这里欠缺拿走要素。

b)结论

A不构成《德国刑法典》第242条第1款规定的盗窃罪。 **23**

6.侵占罪,《德国刑法典》第246条第1款

A提取现金，涉嫌触犯《德国刑法典》第246条第1款的规 **24**
定，可能构成侵占罪。

a)客观构成要件

A必须将他人动产违法据为己有。现金可能为A所有，前提 **25**
是银行依据《德国民法典》第929条第1句的规定将现金物权转移给了A。物权转移需要满足合意和交付两个要素。

由A从自动取款机提取现金可以推知，有可能具备交付这 **26**
一要素。至少从A提取现金这一刻起，这笔钱就可能归他单独所有，不再属于他人。问题是，能否将机器吐出现金视为银行对A这一非持卡人作出的关于物权转移的要约。

一种观点认为，银行的物权转移要约是对所有符合技术规 **27**
范和外观上合规操作自动取款机的人作出的。① 依照这种观点，这里就发生了《德国民法典》第929条第1句意义上的物权转移，因此存在合意，违法据为己有的目的得以排除。另一种观

① *Huff* NStZ 1985, 438, 440; *Huff* NJW 1988, 979, 981; *Ranft* wistra 1987, 83, 85 f.; MünchKommStGB/*Hohmann* § 246 Rn. 47: 可预知的合意（antizipiertes Einverständis）这个用词更为恰当，因为用词仍在刑法的概念范围内，而且可以强调问题被正确地归类到据为己有的违法性上——而不是行为对象的他人性上。

点认为，物权转移要约只对持卡人作出。[1] 依照这种观点，这里就不存在物权转移以及合意。支持后一种观点的意见认为，银行通过合同只许可了持卡人使用自动取款机，即只对持卡人作出物权转移的意思表示。因此这里存在违法据为己有的目的。反对后一种观点的意见则认为，银行通过使用个人密码和卡片本身这两种安全手段在通常情况下可以杜绝向非持卡人进行支付的可能。[2] 因此在银行的认识中，持有双重密钥合规操作自动取款机的人就是持卡人本人。这说明银行有向这个人作出物权转移的意思表示。此外，如果在这里对占有转移合意（参见上文对《德国刑法典》第242条的讨论）得出与前述讨论不同的结论就会自相矛盾。因此这里存在银行作出的物权转移要约，自A从自动取款机取出现金时起，现金就不再属于他人财产。A的行为不符合客观构成要件。此外，侵占罪即使成立，也因法律规定的补充关系（《德国刑法典》第246条第1款末尾）让位于《德国刑法典》第263a条第1款。

b) 结论

28 A不构成《德国刑法典》第246条第1款规定的侵占罪。

7. 计算机诈骗罪，《德国刑法典》第263a条第1款

29 A提取200欧元，涉嫌触犯《德国刑法典》第263a条第1款的规定，可能构成计算机诈骗罪。

a) 客观构成要件

30 可考虑的构成要件情形是未经授权使用数据。《德国刑法典》第202a条第2款意义上的存储于磁卡中的数据以及密码都

---

① BGHSt 35, 152, 161; *Ranft* JA 1984, 7f.

② 安全手段仅仅是为了防止使用卡的时候未经授权使用数据，参见*BGH* NStZ 2011, 154。

是《德国刑法典》第263a条第1款意义上的数据。

A必须未经授权使用这些数据（第三种情形）。问题在于如何理解构成要件要素“未经授权”。第一种观点认为，应当将未经授权使用理解为违背数据处理进程运营者的意志。运营者的意志在编程过程中被写入系统，行为人为压制或规避运营者意志，以违规方式对程序施加影响[（计算机的特定解释（computerspezifische Auslegung）]。[①] 依照这一观点，A并没有“未经授权”使用数据，因为他让自动取款机的程序按照正常方式运作。第二种观点在欺骗相当性的语境下对构成要件要素进行“诈骗的特定”（betrugsspezifisch）解释，即使用数据时，行为必须像面对自然人那样具有欺骗的特征。[②] 如果A将卡和个人密码作为凭证在柜员处使用，他至少默示自己是账户所有人或者是受其委托取款。这种行为是具有欺骗特征的。因此依照这种观点，A的行为构成未经授权使用数据。第三种观点按照处分权利人意思的主观化进行判断。[③] A的行为既违背了银行（推定）的意思也违背了作为唯一处分权利人的F（推定）的意思。依照这一观点，A的行为构成未经授权使用数据。计算机的特定解释说过分限缩了《德国刑法典》第263a条第1款第三种情形的适用范围，以至于很多典型的“相当于诈骗的行为”无法被包含在内（“针对机器实施的欺骗”）。[④] 而最终结论在后两种 31

---

① *OLG Celle* NStZ 1989, 367, 368; *Achenbach* JR 1994, 289, 295.

② BGHSt 47, 160, 162 f.; *OLG Karlsruhe* NStZ 2004, 333 f.; *Rengier* BT I § 14 Rn. 19; LK/*Tiedemann* § 263a Rn. 44; BeckOK StGB/*Valerius* § 263a Rn. 23.

③ NK/*Kindhäuser* § 263a Rn. 27; *Bühler* MDR 1991, 14, 16; *Scheffler*/*Dressel* NJW 2000, 2645, 2646; *Fischer* § 263a Rn. 10 ff.

④ MünchKommStGB/*Wohlers*/*Mühlbauer* § 263a Rn. 41.

观点之间产生，其结论均为对数据的使用属于未经授权。

32 也有个别观点认为，由构成要件情形“其他未经授权对运行的影响”可以推知：启动数据处理程序并不符合构成要件，而是以一个已经启动的程序作为前提。[①] 若A插入卡片、输入密码只是启动了一个数据处理进程，那么他的行为就不符合构成要件。而反对意见认为，一方面，一套程序以及一个相应的数据处理进程早已在一台可供使用的自动取款机上运转，使用者是以输入数据的方式对其施加影响[②]；另一方面，依据规范目的也可以将启动数据处理视为是对《德国刑法典》第263a条第1款意义上的数据处理最强烈的影响。[③]

33 A的行为符合《德国刑法典》第263a条第1款第三种情形的规定，即未经授权使用数据。A以此影响了数据处理进程的结果，即影响了计算机程序对支付现金的决定，并给银行造成了财产损失。[④] 故而A的行为实现了《德国刑法典》第263a条第1款规定的客观构成要件。

b) 主观构成要件

34 A在行为时具有故意。此外，他也具有通过机器吐钱违法获利200欧元的目的。

c) 违法性与罪责

35 A的行为违法且有责。

---

① *Jungwirth* MDR 1987, 537, 542 f.; *Kleb-Braun* JA 1986, 249, 259; *Ranft* wistra 1987, 79, 83.

② BGHSt 38, 120, 121.

③ BGHSt 38, 120, 121; *Otto* JR 1987, 221 224; Schönke/Schröder/*Perron* § 263a Rn. 18; *Lackner/Kühl* § 263a Rn. 22; 也可参见 MünchKommStGB/*Wohlers* § 263a Rn. 18。

④ 这里造成了银行而非F的财产损失，因为依据《德国民法典》第675u条的规定，提供支付服务者为未经授权的支付承担责任。

d)结论

A构成《德国刑法典》第263a条第1款第三种情形规定的计算机诈骗罪。 36

8.骗取给付罪，《德国刑法典》第265a条第1款

A可能骗取了自动取款机的给付（第一种情形）。问题在于，自动取款机是否属于本条意义上的自动服务机。自动取款机无偿地吐出现金，符合《德国刑法典》第265a条规定的前提。[①] 然而无论如何，可以排除A的行为构成本罪意义上的骗取行为。骗取的前提是使自动取款机违规运转，即操作行为。[②] 然而这里A外观上合规地操作了自动取款机，因此A的行为并不符合《德国刑法典》第265a条第1款规定的构成要件。 37

A不构成《德国刑法典》第265a条第1款规定的骗取给付罪。 38

9.竞合与中间结论

A构成《德国刑法典》第303a条第1款第二种情形规定的变更数据罪和第263a条第1款规定的计算机诈骗罪，两者成立《德国刑法典》第53条规定的犯罪复数（实质竞合，数罪并罚）。其中，依据《德国刑法典》第303c条的规定，变更数据罪告诉才处理。 39

（二）第二组行为：自制借记卡

1.伪造文书罪，《德国刑法典》第267条第1款第一种情形

A自制借记卡，涉嫌触犯《德国刑法典》第267条第1款第一种情形的规定，可能构成伪造文书罪。 40

---

① Schönke/Schröder/*Perron* § 265a Rn. 2; SK/*Hoyer* § 265a Rn. 4; *Schroth* NJW 1981, 729, 731; 其他观点参见LK/*Tiedemann* § 265a Rn. 18。

② *Schroth* NJW 1981, 729, 731; *Lackner/Kühl* § 265a Rn. 6a; Schönke/Schröder/*Perron* § 265a Rn. 9; NK/*Hellmann* § 265a Rn. 25.

a)构成要件

41 借记卡属于《德国刑法典》第267条意义上的文书（详见上文边码9）。A可能制作了一个不真实的文书（《德国刑法典》第267条第1款第一种情形）。如果文书给人以出自他人而非真实出具人的印象，该文书就是不真实的。卡片的出具人是银行B，然而依据思想性理论并不能把卡片的出具归属于银行，卡片真正的出具人是A。因此A制作了一个不真实的文书。A在行为时具有故意，并且是为了在法律事务交往中进行欺骗。因此构成要件得以实现。

提示：纯粹从技术角度来看，如果只是想在自动取款机上使用卡片的话，也并不需要把卡片的外观呈现出来。这里有意略过了相对于面对自动系统（《德国刑法典》第270条），文书的外观仅在面对自然人时可在法律事务交往中用于欺骗的问题。根据案情中极为有限的事实描述应当否定这个罪名的成立。但是卡片外观对于类似在超市收银台付款的场合依然具有重要意义。

b)违法性与罪责

42 A的行为违法且有责。

c)结论

43 A构成《德国刑法典》第267条第1款第一种情形规定的伪造文书罪。①

2.伪造具有证据价值的数据罪，《德国刑法典》第269条第1款和第270条

44 A自制借记卡，涉嫌触犯《德国刑法典》第269条第1款和

① 这里同样涉及《德国刑法典》第267条第1款第三种情形（使用不真实的文书），但依据通说的观点应当作为第一种情形共罚的事后行为（mitbestrafte Nachtat）被予以吸收，参见案例2“司法考试的试卷”。

第270条的规定，可能构成伪造具有证据价值的数据罪。

a) 构成要件

aa) 客观构成要件

A必须以某种方式存储了具有证据价值的数据，以致在使用数据时提供了不真实的文书。A向空白卡的磁条中存储了记录在一张借记卡中的信息，特别是卡号。这些信息必须具有文书的特征，即可在法律事务交往中作为证据使用（证据功能），具体而言，是指可将使用者鉴定为取款权利人。此外，还需要从中识别出具人（保证功能），在这里具体指签发银行，因为相关信息被存储在磁条中。由此就符合了文书的特征，仅是存在实体性（保存功能）被数据化的存储方式所取代的特殊情况。此外，需要假设A会提供一个不真实的文书。这是指文书给人以出自他人而非真实出具人的印象。这里文书的真实出具人是A，而文书显示的出具人是B银行。因此这里就存在一个不真实的文书。A的行为符合《德国刑法典》第269条第1款第一种情形规定的客观构成要件。 45

A也使用了此种被存储的不真实数据（《德国刑法典》第269条第1款第三种情形）。由于A从一开始就具有使用的目的，因此只存在伪造具有证据价值的数据的行为。[①] A实现了客观构成要件。 46

bb）主观构成要件

A在行为时具有故意。由于该数据并不会面对自然人使用， 47

① 参见Schönke/Schröder/*Heine*/*Schuster* § 269 Rn. 24 和 § 267 Rn. 79。当同一行为实现两个构成要件时，《德国刑法典》第269条因为兜底功能（Auffangfunktion）通常让位于第267条。

因此A不具有在法律事务交往中进行欺骗的故意。[①] 但是依据《德国刑法典》第270条的规定，在法律事务交往中对数据处理施加错误影响的，视同在法律事务交往中进行欺骗。A意欲通过使用该卡对自动取款机的数据处理施加相当于对自然人进行欺骗的错误影响。因此主观构成要件也得以符合。

b)违法性与罪责

48 A的行为违法且有责。

c)结论

49 A构成《德国刑法典》第269条第1款和第270条规定的伪造具有证据价值的数据罪。

3.盗窃罪,《德国刑法典》第242条第1款（通过提现）

50 A的提现行为可能构成《德国刑法典》第242条第1款规定的盗窃罪。

a)客观构成要件

51 A必须拿走了他人动产。由于银行向任何外观上合规操作自动取款机的人转移占有，因此可以排除构成拿走。问题在于，使用伪造的借记卡是否体现了所谓外观上的合规操作。借记卡的构造符合银行的设置，只是输入数据处理的内容是不真实的，并且意在对该进程施加错误的影响。除此之外，A是以完全合规的方式操作了自动取款机。因此这种情况与诸如在自动售货机上使用假币的情形存在显著区别。[②] 后者并不存在转移占有的

① 在引入《德国刑法典》第270条之前，文献观点也赞同将对计算机系统施加错误影响视同在法律事务交往中进行欺骗。参见Schönke/Schröder/*Heine*/*Schuster* § 270 Rn. 1。现在不需要对在法律事务交往中进行欺骗做进一步解释。

② 因简单机械的自动售货机和本案中这种通过程序控制的电子数据处理技术具有巨大差异而认为不应当对二者进行同样处理的参见*BGH* NStZ 1992, 180, 181。

合意，而本案中银行对现金的转移占有是存在合意的。因此可以排除构成拿走，不符合客观构成要件。

b) 结论

A不构成《德国刑法典》第242条第1款规定的盗窃罪。 52

4. 侵占罪，《德国刑法典》第246条第1款

在构成要件上，欠缺他人动产这一要素，因为银行的物权转移要约，所以不构成侵占罪（详见上文边码27）。此外，侵占罪因法律规定的补充关系（《德国刑法典》第246条第1款末尾）让位于《德国刑法典》第263a条第1款规定的计算机诈骗罪。 53

5. 计算机诈骗罪，《德国刑法典》第263a条第1款

A在自动取款机上提取200欧元，涉嫌触犯《德国刑法典》第263a条第1款的规定，可能构成计算机诈骗罪。 54

a) 构成要件

这里涉及《德国刑法典》第263a条第1款第三种情形规定的“未经授权使用数据”。A将借记卡插入自动取款机时使用了借记卡磁条中的数据。对该数据的使用依照主观解释和诈骗的特定解释（详见上文边码31）均符合未经授权使用这一要素。A通过这种方式也造成了银行200欧元的财产损失。因此客观构成要件得以实现。 55

A在行为时具有故意，并且具有违法获利的目的。因此主观构成要件得以实现。 56

b) 违法性与罪责

A的行为违法且有责。 57

c) 结论

A构成《德国刑法典》第263a条第1款规定的计算机诈骗罪。 58

6.骗取给付罪,《德国刑法典》第265a条第1款

59 这里因A合规操作了自动取款机而不符合《德国刑法典》第265a条第1款规定的构成要件(详见上文边码37)。

60 A不构成《德国刑法典》第265a条第1款规定的骗取给付罪。

7.竞合与中间结论

61 A构成《德国刑法典》第267条第1款规定的伪造文书罪,第269条第1款和第270条规定的伪造具有证据价值的数据罪,第263a条第1款规定的计算机诈骗罪。三者成立《德国刑法典》第52条规定的犯罪单数(想象竞合,从一重处罚)。《德国刑法典》第269条第1款、第270条规定的行为构成夹结(Verklammerung)。

(三)第三组行为:违背信任

1.背信罪,《德国刑法典》第266条第1款

62 A提取并花光了200欧元,涉嫌触犯《德国刑法典》第266条第1款的规定,可能构成背信罪。

a)客观构成要件

aa)滥用型构成要件,《德国刑法典》第266条第1款第一种情形

63 A可能滥用了其通过法律行为取得的处分他人财产或使他人负有义务的权限。交予借记卡的行为必须给予行为人这样的处分权(Verfügungsmacht)或者负担权(Verpflichtungsmacht)。但是A仅仅作为信使行事,才获得了作为自助取款机密钥的卡片。这实际上只是赋予A进入账户的权利而不产生任何处分权或者负担权。[①] 因此A的行为不符合滥用型构成要件。[②]

---

① *Fischer* § 266 Rn. 10; BeckOK StGB/*Wittig* § 266 Rn. 7.

② 《德国刑法典》第266条第1款的结构,参见Schönke/Schröder/*Perron* § 266 Rn. 2。

bb)背弃型构成要件，《德国刑法典》第266条第1款第二种情形

但是这里A还可能涉及违反其负有的照管他人财产的义务。这种义务存在的前提是：授权给予行为人极大的职责范围并附有自主行事的内容。[①] 这里A仅仅受委托用借记卡一次性取款50欧元，并不包括任何自主安排的委托。因此这里不存在《德国刑法典》第266条第1款第二种情形意义上的财产照管义务。因而A的行为不符合背弃型构成要件。 64

b)结论

A不构成《德国刑法典》第266条第1款规定的背信罪。 65

2. 计算机诈骗罪，《德国刑法典》第263a条第1款

A使用借记卡涉嫌触犯《德国刑法典》第263a条第1款的规定，可能构成计算机诈骗罪。 66

a)客观构成要件

可以考虑构成未经授权使用数据。问题是，A何时未经授权使用了借记卡含有的数据。主观说[②]认为，对“未经授权”的解释取决于权利人的推定意思。这里A对数据的使用明显违背权利人（银行和F）的推定意思，因此可以认定为未经授权使用数据。然而这一解释的问题在于，依照该观点，任何违约行为都将被视为《德国刑法典》第263a条第1款意义上的“未经授权”。这会导致本罪的构成要件被过分地扩张到“一般计算机背信”[③]的程度。而所谓计算机的特定解释则恰好与之相反，因无 67

① BGHSt 3, 289, 293; *BGH* NStZ-RR 2002, 107; *Lackner/Kühl* § 266 Rn. 9.

② MünchKommStGB/*Wohlers/Mühlbauer* § 263a Rn. 37.

③ *Wellels/Hillenkamp* BT 2 Rn. 613; 也可参见 *OLG Köln* NJW 1992, 125, 126。

法涵括立法者设想的情形而不被采用（参见上文边码31）。

68 依然存在的问题是，按照诈骗相当性的解释何时存在一个相当于欺骗的行为而构成未经授权使用数据。如果从对借记卡的使用中可以推断出账户所有权人授权处分账户的默示宣告[①]，那么在面对自然人的时候就构成一个欺骗行为。而反对意见则认为，提现操作是符合账户所有人意思的。对金钱数额的内部提取限制不显于外部。因此这里欠缺相当于欺骗的行为。[②] 此外，行为人首先将借记卡以及相应数据作为秘钥在自动取款机上使用，然后才是输入更高的提现金额，即对委托人意思的违背。[③] 因此A没有未经授权使用数据，其行为与构成要件不符。[④]

b)结论

69 A不构成《德国刑法典》第263a条第1款规定的计算机诈骗罪。

3.盗窃罪，《德国刑法典》第242条第1款

70 银行依合意向正常操作自动取款机的A转移了占有，欠缺拿走要素，故而A不构成《德国刑法典》第242条规定的盗窃罪。

4.侵占罪，《德国刑法典》第246条第1款

71 但是A可能构成侵占罪。为此，A必须将他人动产违法据为已有。然而在自动取款机吐钱的过程中存在银行对操作自动取款机的人发出的物权转移要约（详见上文边码51）。因此这一

① *Rengier* BT I § 14 Rn. 28.

② 参见BGHSt 47, 160, 163; 也可参见 *OLG Düsseldorf* NStZ-RR 1998, 137。

③ *OLG Köln* NJW 1992, 125, 127.

④ 通过相应论证也可主张其他结论。但是只有在解释“未经授权”要素时不依据诈骗的特定解释才（几乎）有可能。这就要求在之前的论述中也采用同样的处理，否则论证就会自相矛盾。不论文献还是判例从多年前就致力于解决行为人因合意取得持卡人的借记卡和个人密码但违反约定使用的问题，参见 *Fischer* § 263a Rn. 12 ff.

行为不构成据为己有。

A以事实上具有的所有权人地位花光了这笔钱，可能构成据为己有。然而依照主流观点，此时这笔钱的物权已经转移给了A（详见上文边码27）。因此这里欠缺作为适格行为对象的他人动产。故而A的行为与《德国刑法典》第246条第1款规定的构成要件不符。 72

A不构成《德国刑法典》第246条第1款规定的侵占罪。 73

5. 中间结论

在第三组行为中，A无罪。 74

（四）第四组行为：完全透支

1. 滥用支票卡和信用卡罪，《德国刑法典》第266b条第1款

A额外提现200欧元，涉嫌触犯《德国刑法典》第266b条第1款的规定，可能构成滥用支票卡和信用卡罪。 75

a) 客观构成要件

A首先必须是持卡人。从这一点可以看出：通过被给予支票卡或信用卡，他必然被赋予要求签发银行进行支付的权限。A被给予一张借记卡，并被授予要求当地银行进行支付的权限。A是这张借记卡的持卡人。 76

然而问题在于，这张借记卡是否属于支票卡或者信用卡。从2001年12月31日欧洲支票保证系统（Euroscheck-Garantie-System）被终止之日起，借记卡与支票就不再存在任何关联。支票依其特点被《德国支票法》（ScheckG）第1条定义为有价证券。因此借记 77

卡不是《德国刑法典》第266b条第1款意义上的支票卡。[①]

78 但是借记卡可能属于信用卡。使用信用卡体现了签发银行对特定主体信用和保证承诺的认可，这些人可以通过出示卡片并提供一致的签名提出支付请求。借记卡不符合这种情形，因为借记卡持有人的支付请求或者取款请求是通过验证个人密码而被核准的。此外，发放借记卡时并不要求确认持卡人抵偿账户差额的信用能力，所有款项都直接从用户的账户中扣除。[②] 因此借记卡与信用卡在流通理念上存在巨大差异。借记卡并不能被归类于《德国刑法典》第266b条第1款意义上的信用卡。[③] 即使在有些账户所有人被允许进行一定数额透支的情况下也是如此。因此这里欠缺作为适格行为对象的支票卡或信用卡。

b)结论

79 A不构成《德国刑法典》第266b条第1款规定的滥用支票卡和信用卡罪。

2.计算机诈骗罪，《德国刑法典》第263a条第1款

80 A“完全透支”其账户，涉嫌触犯《德国刑法典》第263a条第1款的规定，可能构成计算机诈骗罪。

a)客观构成要件

81 A为提现将卡片插入自动取款机并使用了磁条中含有的数据，可能符合未经授权使用数据并由此造成他人财产损失的行

---

① *Lackner/Kühl* § 266b Rn. 3; Schönke/Schröder/*Perron* § 266b Rn. 4; MünchKommStGB/*Radtke* § 266b Rn. 8. *Baier* ZRP 2001, 454, 455; *Wessels/Hillenkamp* BT 2 Rn. 796.因此早期对于双方或三方之间关系的争论（参见*BGH* NJW 2002, 905, 906 f.; MünchKommStGB/*Radtke* § 266b Rn. 14 ff.）在这里已不再重要。

② *Baier* ZRP 2001, 454, 456.

③ *Lackner/Kühl* § 266b Rn. 4; *Baier* ZRP 2001, 454, 456; Schönke/Schröder/*Perron* § 266b Rn. 5a.

为。问题在于这种使用是否未经授权。如果纯粹取决于银行的意思（主观解释），则该透支行为是不被合同所允许的，所以额外提现和为此使用数据是未经授权的。[①] 然而这会导致《德国刑法典》第263a条规定的处罚范围被不当地扩大到所有违约行为。[②] 考虑到立法者填补诈骗罪构成要件处罚漏洞的目的和第263条在《德国刑法典》中的体系地位，应当将“未经授权”解释为对诈骗罪构成要件的借鉴。符合构成要件的行为应当相当于面对自然人时的欺骗行为。[③]

问题在于，这里相当于面对一个依照合同规定对全部支付 82
前提进行审核的自然人[④]，还是一个依照数据处理进程预设的审核步骤进行假定审核的自然人。[⑤] 依照前一种解释方式，A的行为相当于欺骗，因为一个充足的账户抵偿或者信用额度是支付的前提。但是反对意见认为，这种解释方式就会如同主观解释那样导致构成要件无边无际的扩展，以至于涵括所有违约行为。因此只能取决于面对一个柜员时默示宣告的[⑥]操作自动取款机和提现的形式权限。[⑦] A具有这种使用卡片的形式权限。因此A没有未经授权使用数据。

故而构成要件未得以实现。 83

---

① *Hilgendorf* JuS 1997, 130, 131 ff.

② 对使用刑事手段干预纯粹违约所产生的宪法问题的进一步论证参见MünchKommStGB/*Wohlers*/*Mühlbauer* § 263a Rn. 44 f.

③ *Wessels*/*Hillenkamp* BT 2 Rn. 610.

④ *Wessels*/*Hillenkamp* BT 2 Rn. 610; *Lackner*/*Kühl* § 263a Rn. 14.

⑤ BGHSt 47, 160, 163; *BGH* NStZ 2005, 213, 213; *Altenhain* JZ 1997, 752, 758; Schönke/Schröder/*Perron* § 263a Rn. 11; SK/*Hoyer* § 263a Rn. 19; 同样的结论：MünchKommStGB/*Wohlers*/*Mühlbauer* § 263a Rn. 44, 46。

⑥ Schönke/Schröder/*Perron* § 263a Rn. 11.

⑦ *Huff* NJW 1987, 815, 817. 例如当银行要求交还卡片并且拒绝继续使用卡片时就不存在这种权限了。

b)结论

84 A不构成《德国刑法典》第263a条第1款规定的计算机诈骗罪。

3. 中间结论

85 A无罪。

（五）最终结论

86 在第一组行为中，A构成《德国刑法典》第303a条第1款第二种情形规定的变更数据罪和第263a条第1款规定的计算机诈骗罪。两者成立《德国刑法典》第53条规定的犯罪复数（实质竞合，数罪并罚）。其中，依据《德国刑法典》第303c条的规定，变更数据罪告诉才处理。

在第二组行为中，A构成《德国刑法典》第267条第1款规定的伪造文书罪，第269条第1款和第270条规定的伪造具有证据价值的数据罪，第263a条第1款规定的计算机诈骗罪。三者成立《德国刑法典》第52条规定的犯罪单数（想象竞合，从一重处罚）。

第一组行为和第二组行为所构成的犯罪之间成立犯罪复数（实质竞合，数罪并罚，《德国刑法典》第53条）。

四、案例评价

本案的难度和范围大概适合于时间为5个小时的司法考试。案情和分析所需的关于自动取款机系统的技术细节尚在一般常识范围内。案情说明有意排除了对伪造货币或有价证券相关刑事构成要件的探讨，因为在多数联邦州[①]，刑法分则的第八章都不是第一次州司法考试的核心内容。

案例的难点基本集中在对特殊的刑事构成要件及其要素的认识上。学生需要对《德国刑法典》第263a条规定的未经授权使用数据这一要素的解释方法和几种重要的分析路径有所了解。此外，学生需要对案情和法条进行清晰的论证。因为《德国刑法典》第263a条和第266b条都是相对“新近”的刑法规定，故而相关的探讨仍在不断进行，所以也有不少可行的观点与这里所呈现的分析存在分歧。持卡人作出使用借记卡和个人密码的合意，而行为人违约使用卡片的情形是《德国刑法典》第263a条规定的典型问题。通过相应论证也可以在案例中采纳其他观点。本案的棘手之处在于“未经授权”要素，而对于伪造文书罪和背信罪，只需要学生有基本的了解即可，他们在大学学习的中期阶段就应基本掌握相关知识。

其他延伸阅读：BGHSt 38, 281（“双方体系”中的滥用信用卡）；*BGH* NStZ 1992, 278（将信用卡无权转交给第三人）。

Kempny, Überblick zu den Geldkartendelikten, Jus 2007, 1084–1088; *Saliger*, Rechtsprobleme des Untreuetatbestandes, JA 2007, 326–334; *Valerius*, Täuschungen im modernen Zahlungsverkehr, JA 2007, 514–519, 778–783.

---

① 只有图林根州和萨尔州没有完全剔除《德国刑法典》第八章的内容。

案例13：“荣誉谋杀”

关键词：德国刑法中的其他价值观；谋杀罪；伤害罪；侮辱罪；强制罪；剥夺他人自由罪；教唆犯
难　度：偏难

一、案情

18岁的A和他16岁的妹妹B在德国某大城市长大，其成长环境具有强烈的土耳其文化背景。他们的父亲C和母亲D都是信仰坚定的穆斯林，并且坚决拒绝德国的“西方文化”。D基本不会说德语，也很少离开家。这个家庭中可谓是冲突不断。A倾向于接受父母的影响，而B的观念则（主要）源于同班的德国同学。当B想把她的德国男朋友（E）带回家时，这种冲突又加剧了。C反对B和E之间存在任何关系，因为这会使整个家族“蒙羞”。他要求A监视B。

很快A发现B在一个电影院门口和E接吻。A（基于他从小形成的文化观念）感觉这是对他本人和家庭名誉的严重侮辱。B和E（的嘴）刚一分开，A就冲上前说E是“一头令人作呕的猪”，并抓住B的头发将她拉走。D在家中揍了B一顿。D认为这是完全正当的。C宣布罚B在家禁足40天。

B对此感到绝望，并决定和E私奔。第二天晚上，她悄悄溜出家门并暂时藏身在E家里。现在对于B的父母而言，要洗刷这种强烈的羞辱只有一种方式：C委派A去杀死他的妹妹，并让他随机行事。A最开始因为强烈的良心谴责不同意这样做，但最终还是勉强答应了C的要求。A暗中潜伏并最终从背后射杀了B。之后A向警察自首。

试问A、C、D的刑事可罚性。

二、分析提纲

（一）第一组行为：亲吻的后果 …… 1

1. A的刑事可罚性 …… 1

a) 侮辱罪，《德国刑法典》第185条（对E） …… 1

aa) 构成要件符合性 …… 2

①客观构成要件 …… 2

②主观构成要件 …… 3

bb) 违法性 …… 4

①正当防卫，《德国刑法典》第32条 …… 4

②阻却违法的紧急避险，《德国刑法典》第34条 … 5

③正当权益的使用 …… 9

cc) 罪责 …… 10

dd) 结论 …… 11

b) 伤害罪，《德国刑法典》第223条第1款（对B） …… 12

aa) 构成要件符合性 …… 13

①客观构成要件 …… 13

②主观构成要件 …… 14

bb) 违法性 …… 15

cc)罪责 …… 16
dd)结论 …… 17
c)强制罪,《德国刑法典》第240条第1款(对B)…… 18
aa)构成要件符合性 …… 19
①客观构成要件 …… 19
②主观构成要件 …… 20
bb)违法性 …… 21
①一般违法阻却事由 …… 21
②强制的应受谴责性 …… 22
cc)罪责 …… 24
dd)结论 …… 25
d)剥夺他人自由罪,《德国刑法典》第239条第1款(对B)…… 26
e)缠扰罪,《德国刑法典》第238条第1款 …… 27
2. D的刑事可罚性 …… 28
a)伤害罪,《德国刑法典》第223条第1款 …… 28
aa)构成要件符合性 …… 29
①客观构成要件 …… 29
②主观构成要件 …… 30
bb)违法性 …… 31
cc)罪责 …… 32
dd)结论 …… 34
b)虐待被保护人罪,《德国刑法典》第225条第1款 …… 35
aa)构成要件符合性 …… 36
bb)结论 …… 38

3.C的刑事可罚性 …………………………………………………… 39
a)剥夺他人自由罪,《德国刑法典》第239条第1款 … 39
aa)构成要件符合性 ……………………………………… 40
bb)结论 …………………………………………………… 42
b)强制罪,《德国刑法典》第240条 ……………………… 43
(二)第二组行为:杀死B …………………………………… 44
1.A的刑事可罚性 …………………………………………… 44
a)谋杀罪,《德国刑法典》第212条第1款、第211条 … 44
aa)构成要件符合性 ……………………………………… 45
①客观构成要件 ……………………………………… 45
②主观构成要件 ……………………………………… 49
(a)故意 ……………………………………………… 49
(b)谋杀要素之"卑劣动机" ……………………… 50
bb)违法性与罪责 ………………………………………… 52
b)结论 ……………………………………………………… 53
2. C的刑事可罚性……………………………………………… 54
a)谋杀罪的教唆犯,《德国刑法典》第212条第1款、
第211条、第26条 ……………………………………… 54
aa)故意且违法的主行为 ………………………………… 55
bb)引起行为决意 ………………………………………… 56
cc)主观构成要件 ………………………………………… 57
①对主行为的故意 …………………………………… 57
②对教唆行为的故意 ………………………………… 58
dd)构成要件偏移 ………………………………………… 59

ee)违法性 …………………………………………………… 62
ff)罪责 ……………………………………………………… 63
b)结论 ………………………………………………………… 65
（三）最终结论与竞合 ……………………………………… 66

三、案情分析

提示：基于分析策略上的原因，这里按时间顺序进行分析。

（一）第一组行为：亲吻的后果

1. A的刑事可罚性

a)侮辱罪，《德国刑法典》第185条（对E）

1 A对E作出的表达涉嫌触犯《德国刑法典》第185条的规定，可能构成侮辱罪。

aa)构成要件符合性

① 客观构成要件

2 侮辱以对他人的蔑视、轻视或者无视为前提。① 为此，行为人要么对当事人作出了有损名誉的事实陈述，要么对当事人或第三人作出了有损名誉的价值判断。事实指过去或现在的具体过程或状态，它可被感知地对现实产生影响，因而可以通过证据证明。价值判断与此恰恰相反，当表达受到主观意见、个人所持有的观点或者想法等要素的影响时，其是否真实属于个人

① *Rengier* BT II § 29 Rn. 20 ff; *Wessels/Hettinger* BT 1 Rn. 508.

确信的范畴就属于价值判断。① 将当事人E称作“一头令人作呕的猪”，是以价值判断的形式对E的蔑视和轻视。因此客观构成要件得以符合。

② 主观构成要件

A在行为时必须具有《德国刑法典》第15条意义上的故意。故意是指对所有行为情状存在认识，实现构成要件的意欲。② A意欲对E轻视。因此主观构成要件得以符合。 3

bb) 违法性

① 正当防卫，《德国刑法典》第32条

但是A的行为或可依据《德国刑法典》第32条的规定排除违法性。这里A必须是为了阻止针对自己或第三人实施的现时的违法攻击而实施防卫行为。攻击是指通过人的行为给法律所保护的法益造成直接的威胁。③ B的亲吻行为可能是对A名誉法益的攻击，因为这在A的价值观中是严重的侮辱。如果攻击并非是现时的，在本案中就不需要考虑亲吻能否确实构成对A名誉的攻击这个问题。现时的攻击是指攻击即将发生、已经开始或是仍在持续。④ 本案中B和E已经结束了亲吻。即使将亲吻行为视为对A名誉的攻击，在A作出有损他人名誉表示的时候，该攻击也已经结束了，因此并不存在现时的攻击。故而正当防卫不能作为违法阻却事由。 4

提示：如果在检验正当防卫时明显缺乏攻击的现时性，那

---

① 对此界定参见BeckOK StGB/*Valerius* § 186 Rn. 4 ff; *Lackner/Kühl* § 186 Rn. 3; LK/*Hilgendorf* § 185 Rn. 2 ff.

② Vgl. BGHSt 19, 295, 298.

③ *Fischer* § 32 Rn. 5.

④ *Wessels/Beulke/Satzger* AT Rn. 487.

么可以例外地提前讨论这个要素，特别是在《德国刑法典》第34条的框架下，待探讨的问题涉及在违法阻却事由的范围内是否以及在多大程度上考量其他文化价值观的时候。

② 阻却违法的紧急避险，《德国刑法典》第34条

5 还可以考虑将《德国刑法典》第34条规定的阻却违法的紧急避险作为违法阻却事由。A必须是为了使自己或他人的名誉法益免受现时的危险而不得已采取行为。现时的危险是指如果不马上采取避险措施，任由事件自由发展将极有可能出现或者加重损害结果的状态。[①] 阻却违法的紧急避险与正当防卫的区别在于，《德国刑法典》第34条同样适用于持续性危险，即随时可以转化为法益侵害的长时间持续的状态，也并不排除距离出现损害结果还有一定时间的可能性。[②]

6 就具体情况而言，可以将E和B之间长期的交往关系视为对A和其他家庭成员名誉的一种现时的危险。然而问题在于，能否将一对来自不同文化背景的男女之间的交往关系视为对名誉法益的危险。对于一个具有坚定信仰的穆斯林而言，这种看法至少不能被完全排除。A也觉得这种关系是对家庭名誉的严重侮辱。

7 依照德国当地的理解（当然也是E的看法），原则上应当否认这种情形。如果没有伴以特殊的、会明显导致贬低当事人的情状，接吻并不能体现为对性伴侣或其家庭名誉的攻击。[③] 只有那些内涵具有消极性质且对当事人而言是“下流的”语言或行为才能构成对名誉的攻击。[④] E和B的交往关系从客观内涵上对

① *Fischer* § 32 Rn. 4.

② *Wessels/Beulke/Satzger* AT Rn. 454.

③ Vgl. *BGH* NStZ 1993, 182; 2007, 218; LK/*Hilgendorf* § 185 Rn. 28 ff.

④ Vgl. Schönke/Schröder/*Lenckner*/*Eisele* § 185 Rn. 4.

A或者他的家庭而言都不具有消极性质。而且对B而言，这种关系并不是下流的，因为她非常希望与E在一起。问题在于，在评判时应当以什么样的观念作为标准。

8 如果将其他文化背景的观念作为名誉损害的评价标准，则会导致德国刑法体系无边无际的评判多元化。在这种情况下建立一种统一的刑事可罚性认定原则和标准会非常困难，尤其会给所致力的法的安定性造成困扰。因此使用德国当地的价值标准对名誉损害进行评判似乎更为合理。而按照这种标准，不同文化之间的情侣交往并非有损名誉的行为，因此A的行为不能依据《德国刑法典》第34条的规定排除违法性。

提示：通过相应论证也可主张其他结论。重要的是能够发现问题所在并进行相应的论证。如果这里认定存在对名誉法益的危险，那么接下来就要进行利益衡量，A和他父母的名誉相比于E的名誉是否占有明显优势，当然这会是更复杂的问题。

③ 正当权益的使用

9 也可以考虑将《德国刑法典》第193条规定的正当权益的使用作为违法阻却事由。正当权益意味着个人或公共不与法律或善良风俗背道而驰的权益。[①] 因此就具体情况而言，恢复家庭名誉也可能被视为正当权益。然而这里可以看到——所使用的权益和被侮辱者的尊重利益之间必须存在一种合理的关系，即相对于被侮辱者的名誉而言，侮辱必须是适当、必要以及相宜的。[②] 本案中A辱骂E是“一头令人作呕的猪”甚至都不具备侮

① Schönke/Schröder/*Lenckner*/*Eisele* § 193 Rn. 9 ff.

② *Rengier* BT II § 29 Rn. 41.

辱的适当性，这样的辱骂并不能恢复家庭的名誉。这仅仅是一种蔑视的表达，因此并不能作为行使正当权益所使用的相宜手段。故而A的行为不能依据《德国刑法典》第193条的规定排除违法性。A的行为违法。

cc) 罪责

10 A可能具有罪责阻却事由。对此可考虑《德国基本法》第4条规定的信仰与良知之自由。但是由信仰与良知之自由能否推导出这样一种法制度（Rechtsinstitut）是极具争议的。[①] 反对观点认为，纯粹主观的信仰选择并不能减轻行为的客观不法。[②] 因此依照通说（也是最具说服力的观点），信仰与良知之自由并不能成为刑法上的罪责阻却事由。这里也不存在其他罪责阻却事由（Entschuldigungsgründe）和罪责排除事由（Schuldausschließungsgründe）。A的行为有责。

dd) 结论

11 A对E构成《德国刑法典》第185条规定的侮辱罪。依据《德国刑法典》第194条第1款第1句的规定，该罪告诉才处理。

提示：《德国刑法典》第186条、第187条在构成要件层面就可以排除。尽管满足A当着B的面对E作出表达这个条件，但是A的表达是价值判断而非事实陈述。

b) 伤害罪，《德国刑法典》第223条第1款（对B）

12 A抓住B的头发将她拉走，涉嫌触犯《德国刑法典》第223条第1款的规定，可能构成伤害罪。

---

① Vgl. Schönke/Schröder/*Lenckner*/*Sternberg-Lieben* Vor § 32 Rn. 118 ff.

② Schönke/Schröder/*Lenckner*/*Sternberg-Lieben* Vor § 32 Rn. 119.

aa) 构成要件符合性

① 客观构成要件

A必须乱待了B的身体（《德国刑法典》第223条第1款第一种情形）或损害了她的健康（《德国刑法典》第223条第1款第二种情形）。乱待身体意味着所有险恶、失当地给他人的身体安宁或身体完整性造成明显损害的行为。[①] A抓住B的头发会给她带来巨大的疼痛，因此是失当的，而且也损害了她的身体安宁。损害健康意味着引起或加剧他人的病理状态，即便该影响只是暂时性的。[②] 从案情中无法看出B的头皮是否受伤，所以无法认定B的健康是否受到了损害。据此，客观构成要件得以符合。 13

② 主观构成要件

A抓着B的头发将她拉走时具有故意，因此主观构成要件得以符合。 14

bb) 违法性

A的行为不能依据《德国刑法典》第32条规定的正当防卫排除违法性。因为即使认定存在攻击，在当时也不具有现时性。根据之前的论述也要排除将《德国刑法典》第34条规定的阻却违法的紧急避险作为违法阻却事由，因为不存在对A名誉的危险。因此A的行为违法。 15

提示：如果之前认定存在对A名誉的危险，可因不满足必要性而排除构成阻却违法的紧急避险，因为抓住头发明显不是避免该危险的最温和的手段。

---

① *Fischer* § 223 Rn. 4.

② *Fischer* § 223 Rn. 7.

cc)罪责

16 A的行为有责。

dd)结论

17 A对B构成《德国刑法典》第223条第1款第一种情形规定的伤害罪。依据《德国刑法典》第230条第1款的规定，该罪告诉才处理。

c)强制罪,《德国刑法典》第240条第1款（对B）

18 A将B拉走，涉嫌触犯《德国刑法典》第240条第1款的规定，可能构成强制罪。

aa)构成要件符合性

① 客观构成要件

19 A必须对B使用暴力或者以显著的恶害相胁迫，强制她为一定作为、容忍或不作为。其中的暴力是指为了压制已经进行或者预期将要进行的反抗而对身体实施的强迫。[①] 这种强制作用是通过抓住头发而实现的。而强制结果是使B在空间上远离了E。因此客观构成要件得以符合。

② 主观构成要件

20 A必须在实施强制行为时具有故意。这是可以认定的，因为A意欲强制B远离E。

bb)违法性

① 一般违法阻却事由

21 在这里同样不能将《德国刑法典》第32条规定的正当防卫作为违法阻却事由，因为B通过接吻对A名誉的攻击无论如何

---

① *Fischer* § 240 Rn. 8.

都不是现时的。A的行为同样不构成《德国刑法典》第34条规定的阻却违法的紧急避险，因为B和E的交往并未对A的名誉造成危险。该强制行为违法。

提示：如果前面认定B和E的交往对A的名誉造成了危险，那么最迟应当在利益衡量时排除构成阻却违法的紧急避险，因为在德国法律体系中，B的意思自由相比A的名誉占据明显优势。

② 强制的应受谴责性

依据《德国刑法典》第240条第2款的规定，如果使用暴力迫使他人达到行为人所追求的目的被视为是应受谴责的，那么该强制行为即是违法的。强制手段、强制目的为法律所不允许或者手段和目的之间的失衡都可以作为应受谴责性的基础。[①] 强制目的是行为人强制受害人实施的行为，这里是使B在空间上远离E。而可能存在的长远目标（例如最终B和E结束交往）在此不予考虑。[②] 当一个行为不为社会所接受，鉴于其极度可憎的特性而受到社会伦理的高度指责时，这个行为就应受谴责。[③] **22**

如果在评判时参考穆斯林严格的道德观，那么A的行为就不能被视为不为社会所接受且会受到高度指责的行为，因此可以排除强制行为的应受谴责性。然而对有违社会性的认定不能以一个特定群体的道德观为基础，而应当以客观的、由整体法秩序推导出的基本原则为基础。[④] 由此可以得出结论，行为人并 **23**

---

① *Rengier* BT II § 23 Rn. 61 f.

② *Fischer* § 240 Rn. 44.

③ *Fischer* § 240 Rn. 41; *Wessels/Hettinger* BT 1 Rn. 426; *Rengier* BT II § 23 Rn. 60.

④ *Fischer* § 240 Rn. 41.

不乐见B和E的交往而抓住B的头发使她远离E的行为并不为社会所接受，应受到高度指责。因此A的行为不为社会所接受，其强制行为应受谴责。

cc)罪责

24 A的行为有责。

dd)结论

25 A对B构成《德国刑法典》第240条第1款规定的强制罪。

d)剥夺他人自由罪，《德国刑法典》第239条第1款（对B）

26 A抓住B的头发拉走她，还涉嫌触犯《德国刑法典》第239条第1款的规定，可能构成剥夺他人自由罪。这里应考虑“以其他方式剥夺他人自由”的情形。但是如果剥夺他人自由没有超越强制罪的必要程度，就不适用《德国刑法典》第239条第1款的规定。[①] 本案恰好是这种情形。抓住头发拉走是一种未超越强制罪构成要件的手段。因此A不构成《德国刑法典》第239条第1款规定的剥夺他人自由罪。

e)缠扰罪，《德国刑法典》第238条第1款

27 因为A跟随并监视B，所以可考虑其构成《德国刑法典》第238条第1款规定的缠扰罪。但是仅仅进行一次监视并不能满足《德国刑法典》第238条第1款意义上的持久性（Beharrlichkeit）。这里必须具备一定的频繁性和纠缠性。但是案情对此并未提及。此外，《德国刑法典》第238条第1款要求具有损害生活状态（Lebensgestaltung）的结果，案件对此也没有给出相应说明，故而应当认定A不构成缠扰罪。

---

① *Fischer* § 239 Rn. 18.

2. D的刑事可罚性

a) 伤害罪,《德国刑法典》第223条第1款

D揍了B一顿，涉嫌触犯《德国刑法典》第223条第1款的规定，可能构成伤害罪。 28

aa) 构成要件符合性

① 客观构成要件

D的殴打可能属于险恶、失当的行为，而这样的行为必须给B的身体安宁或身体完整性造成明显损害。如果B因此出现了诸如瘀青的症状，还可能构成损害健康。问题在于，D的行为是否属于行使父母的惩戒权而作为《德国刑法典》第223条第1款规定的例外情形排除客观构成要件的成立。部分观点认为，使用体罚的教育措施依据《德国民法典》第1631条第2款的规定是被绝对禁止的。① 也有观点认为，温和且程度适当的体罚并不符合伤害罪的构成要件。② 但是本案并不涉及这种争议，因为殴打一个未成年人无论如何也不能被视为是程度适当的体罚行为。因此这里构成乱待身体，客观构成要件得以符合。 29

② 主观构成要件

D在实施伤害行为时必须具有故意。问题在于，D认为她可以殴打B，她具有对法律评价的认识错误，即她认为在这种情况下殴打自己的女儿不是一个可罚的行为。这种错误被称为禁止错误，应当依据《德国刑法典》第17条的规定处理。这种情形不排除构成要件故意，在个案中仅用于排除罪责。③ 因此可以认 30

① *Fischer* § 240 Rn. 40 f.

② *Wessels/Beulke/Satzger* AT Rn. 592.

③ *Wessels/Beulke/Satzger* AT Rn. 691.

定D具有伤害故意。主观构成要件得以符合。

bb)违法性

31 问题在于D的行为是否可以排除违法性。这里首先考虑的还是父母的惩戒权。惩戒权依照主流观点不（再）作为违法阻却事由。[①] 如果遵循传统观点，即父母的惩戒权可以作为违法阻却事由，那么殴打无论如何已逾越了父母惩戒权的范围，故而应予排除。《德国刑法典》第32条规定的正当防卫以及第34条规定的阻却违法的紧急避险依照之前的论述同样不予考虑。因此D的行为违法。

cc)罪责

32 但是D可能依据《德国刑法典》第17条规定的禁止错误而排除罪责，因为D认为她可以殴打B。依据《德国刑法典》第17条的规定，行为人行为时没有认识到自己行为的不法，若该错误不可避免，则其对该行为不负罪责。因此问题就在于，D的认识错误是否可以避免。而其标准为：根据行为人的社会地位、个人能力以及建立在其认识能力和法律道理价值观基础上的可期待性，推测行为人能否认识到自己行为的不法（所谓恪守良知）。[②] 因为D是个具有坚定信仰的穆斯林，她坚决排斥“西方文化”并很少离家，因此按照她的法律道德价值观能否认识到自己行为的不法是存疑的。

33 但是，即使是不懂法律的人也应当在行为前确保其行为在法律给予的可期待的框架之内。行为人应当运用一切知识认知手段，在必要时违背自身的确信，以符合周边环境的价值观行

① MünchKommStGB/*Joecks* § 223 Rn. 63 ff.; *Wessels*/*Beulke*/*Satzger* AT Rn. 592 ff.

② BGHSt 3, 357; 4, 1.

事。[1] D已经在德国生活了很长时间，她完全有机会了解这里现行的法律规定并依此行事。如果D这样做了，就不会产生这样的禁止错误。因此这种认识错误是可以避免的，D不能依据《德国刑法典》第17条的规定排除罪责。

提示：这里通过相应论证完全可以得出其他结论。关键在于在考试中发现问题所在。

dd)结论

D构成《德国刑法典》第223条第1款规定的伤害罪。依据《德国刑法典》第230条第1款的规定，该罪告诉才处理。依据《德国刑法典》第17条第2句和第49条第1款的规定，可以对D减轻处罚。 34

b)虐待被保护人罪，《德国刑法典》第225条第1款

D殴打B的行为涉嫌触犯《德国刑法典》第225条第1款的规定，可能构成虐待被保护人罪。 35

aa)构成要件符合性

D可能对一个处于她照料或保护之下的未满18周岁的人实施了折磨或残忍的乱待行为。[2] 被照料者是指身心健康有赖于行为人依其法定义务进行照顾的人。[3] D对她16岁的女儿具有父母的照料义务。折磨指的是引起长时间持续的或是反复发作的痛苦。[4] 一次殴打并不足以认定为折磨。因此D的行为不符合这一要素。 36

① Schönke/Schröder/*Sternberg-Lieben*/*Schuster* § 17 Rn. 16.

② 对此参见 Schönke/Schröder/*Stree*/*Sternberg-Lieben* § 225 Rn. 7; *Fischer* § 225 Rn. 4, 8。

③ LK/*Hirsch* § 225 Rn. 6.

④ LK/*Hirsch* § 225 Rn. 12.

37 残忍的乱待行为以一种无情的、对他人痛苦缺少同情心的主观态度为前提。[①] 如果行为人的行为是由于他遭受的伤害而一时冲动，那么只有在极特殊的情况下才能认定为“无情的主观态度”，这同样适用于盛怒下的乱待行为。[②] 本案中D因为她的女儿有伤风化的行为而感到深深的伤害和愤怒，因此她的行为并非出于无情的主观态度，而是出于她坚定的宗教信条。故这个构成要件要素同样未得以符合。

bb) 结论

38 D不构成《德国刑法典》第225条第1款第1项规定的虐待被保护人罪。

3. C的刑事可罚性

a) 剥夺他人自由罪，《德国刑法典》第239条第1款

39 C宣布罚B在家禁足40天，涉嫌触犯《德国刑法典》第239条第1款的规定，可能构成剥夺他人自由罪。

aa) 构成要件符合性

40 为此，C必须通过拘禁或者其他方式剥夺B的自由。拘禁是指利用外部设施将他人扣留在密闭的空间，以致他人离开该空间存在客观障碍。[③] 本案并不符合这一点，因为D并没有通过外部设施扣留B，而仅仅是禁止她离开房间。

41 通过其他方式剥夺他人自由是指采取任何从客观上限制被害人行动自由的手段。原则上也可以通过胁迫实施，但这里并不是说所有以显著的恶害相胁迫的行为都足以构成本罪。[④] 在本

① *Fischer* § 225 Rn. 9.

② Schönke/Schröder/*Stree*/*Sternberg-Lieben* § 225 Rn. 13.

③ *Fischer* § 239 Rn. 7.

④ Vgl. *BGH* NJW 1993, 1807.

案中无法确认C对违反禁足行为的胁迫后果。而这里可以看出C仅仅是行使父母的教育权。这种权利可以由《德国基本法》第6条推导出来，因此C有权对B实施禁足。只要不是以侮辱人格的方式实施教育权，这种教育方式是被允许的。[①] 但是案情并没有给出相关的线索。

提示：依照通说的观点，合法地行使家长的教育权结合《德国民法典》第1631条第1款以及《德国基本法》第6条的规定可以排除构成要件。而依照其他观点至少可以排除违法性。如果具体案件中的问题在于是否符合争议规范的客观构成要件，以及是否以侮辱人格的方式实施了教育措施，那么还是应该在客观构成要件的范围内进行讨论。

bb)结论

C不构成《德国刑法典》第239条规定的剥夺他人自由罪。 **42**

b)强制罪，《德国刑法典》第240条

C宣布罚B在家禁足40天，涉嫌触犯《德国刑法典》第240 **43**
条的规定，可能构成强制罪。然而这里同样因家长教育权的有效行使而排除刑事可罚性。因此C不构成《德国刑法典》第240条规定的强制罪。

（二）第二组行为：杀死B

1. A的刑事可罚性

a)谋杀罪，《德国刑法典》第212条第1款、第211条

A向B开枪射击，涉嫌触犯《德国刑法典》第212条第1款、 **44**

① *Lackner/Kühl* § 239 Rn. 7.

第211条的规定，可能构成谋杀罪。

aa) 构成要件符合性

① 客观构成要件

45 B因为A的射击而失去了生命。因此《德国刑法典》第212条第1款规定的客观构成要件得以实现。

46 A从背后向B射击的行为可能实现了谋杀要素之“阴险”（《德国刑法典》第211条第2款第二组第一种情形）。阴险是指行为人明知被害人处于毫无猜疑且毫无防备的境地，却加以利用而将其杀害。毫无猜疑是指被害人在行为时间点对即将到来的攻击毫不知情。[①] 毫无防备是指被害人的毫无猜疑至少限制了其抵御或者防卫的可能性。[②] B在本案中是毫无猜疑的，因为她完全没有想到A在埋伏地等待她并从背后向她射击。B的毫无猜疑导致了毫无防备，而A通过埋伏利用了B所处的这种境地。

提示：通过论证（当然也是非常困难的）也可以主张其他结论，即B原则上应当考虑到可能会有来自其家庭的报复行为。

47 然而文献和判例一致认为，鉴于《德国刑法典》第211条设置的绝对法定刑，应当限缩解释“阴险”这一谋杀要素。判例要求杀人行为必须具有敌意的意思指向。[③] 文献则要求存在行为人应受谴责的失信[④]，并借此将《德国刑法典》第240条第2款规定的“应受谴责性”这一极不明确的构成要件要素转嫁到阴险的教义学讨论中。[⑤] 反对“失信”这一要素必要性的观点认为，

① *Fischer* § 211 Rn. 35.

② *Wessels/Hettinger* BT 1 Rn. 112.

③ BGHSt 9, 385; 30, 105, 119.

④ 对此参见 *Fischer* § 211 Rn. 45 ff.

⑤ 这里是一个法外（praeter legem）的转嫁，不是类推（Analogie）。

如果案件中的行为人和被害人互不相识，即根本未曾建立信任关系，这一要素就无用武之地。因此这里应采纳判例的观点。

48 所以问题就在于，A的杀人行为是否具有敌意的意思指向。本案中A是受父亲的委派实施了杀人行为，并且自己饱受良心的谴责。但是在行为时间点，A对B是具有敌意的，因为他和他的父母一样不同意B和E交往。尽管看上去是B挑起了杀人行为，因为是她触碰了A价值观的红线，然而依照德国的价值观来看，这样的挑衅程度并不强烈。而这里也应当以德国的价值观作为评价标准。在出现与德国的价值观相冲突的情况下，只有当行为人深受某种价值观的影响，以致这种价值观对他具有无法挣脱的绝对支配时，才需要对这种影响加以考量，即便如此也只是在主观层面上加以考虑，不影响客观层面的解释。[①] 这里需要注意的是，A是在德国长大的，并且在德国的学校接受教育。而A对杀人行为产生的强烈的良心谴责也说明他父母强烈的价值观对他并不具有无法挣脱的绝对支配。这里还是应当以德国的评价视角为标准，由此可以认定B并没有对其进行强烈的挑衅。A的行为符合谋杀要素之阴险。

提示：这里通过相应论证也可以得出其他结论。

② 主观构成要件

(a)故意

49 A必须具有阴险杀害B的故意。由于A意欲杀死B，并且对充满阴险的情状存在认知，因此可以认定A在行为时具有故意。

① Vgl. *BGH* NJW 1995, 602.

(b)谋杀要素之“卑劣动机”

50 此外，A还可能出于卑劣动机实施了行为。卑劣动机意指处于道德底层，以一般的价值观念衡量应受严重谴责甚至应受完全鄙视的行为动机。[①] A的行为目的是恢复家庭名誉。在评判这类动机的时候，如上所述应当以德国现行的价值观为标准。行为人可能受到其他价值标准的影响，这一情况有可能影响其个人的应受谴责性，但是无法影响对构成要件要素的客观解释和评判，即使是与内在方面有关的构成要件要素也是如此。因此能否将A的动机评价为卑劣，应当依照德国标准进行判断。

51 行为人在实施一个为其个人和家庭所乐见的杀人行为时，将个人名誉和家庭名誉置于法秩序和他人的生命之上，且其依据的是自己和家庭作出的死刑判决，这样的行为应当受到特别的谴责。这尤其适用于一个将人的生命权置于极高位阶的法律共同体中，生命权位阶之高以至于这个共同体都无权剥夺行为人的生命，即使他承担着能想象得到的最严重罪责。[②] 因此应当认定A出于卑劣动机实施了行为。

bb)违法性与罪责

52 A的行为违法且有责。就具体情况而言，当行为人深受某种价值观的影响，以致这种价值观对其行为产生无法挣脱的绝对支配时，就需要对这种影响加以考量，然而本案中的A并不属于这一情形。A在德国长大并了解德国的价值观，应当认为他在行为时对哪些情状可构成卑劣动机存在认识，也能够在思想上支配并凭意愿控制导致其行为的情绪冲动。[③] 因此这里并不能

① *Lackner/Kühl* § 211 Rn. 5.

② Vgl. *Wessels/Hettinger* BT 1 Rn. 95s.

③ Vgl. *BGH* NJW 1995, 603.

认为A缺乏不法意识（《德国刑法典》第17条）。

b)结论

A构成《德国刑法典》第212条第1款、第211条规定的谋杀罪；同时构成《德国刑法典》第223条第1款、第224条第1款第2项第一种情形和第5项规定的危险伤害罪因补充关系退居次位，排除适用。 53

2. C的刑事可罚性

a)谋杀罪的教唆犯，《德国刑法典》第212条第1款、第211条、第26条

C委派A杀死B，涉嫌触犯《德国刑法典》第212条第1款、第211条、第26条的规定，可能构成谋杀罪的教唆犯。 54

aa)故意且违法的主行为

首先必须存在一个故意且违法的主行为。因为A实施了谋杀行为，所以存在这样的主行为（详见上文边码44及以下）。 55

bb)引起行为决意

C必须唆使（bestimmen）A实施行为。《德国刑法典》第26条意义上的唆使是指引起他人的行为决意。[①] C委派A去杀B。在最初饱受良心谴责后，A应C的要求去杀人。因此C引起了A的行为决意。 56

cc)主观构成要件

① 对主行为的故意

C必须对主行为具有故意。对于杀害B而言这是毫无争议的。问题是C对谋杀要素之“阴险”是否也具有故意。至于用 57

---

① *Wessels/Beulke/Satzger* AT Rn. 814.

何种方式杀害B，C让A随机行事，他并未考虑具体以何种方式杀害B。因此不能认定C对谋杀要素之阴险具有故意，并不能将阴险要素归责于他。

② 对教唆行为的故意

58 C必须对引起A的行为决意具有故意。这一点是可以认定的，因为A最终实施了杀人行为，这正是源于C的要求。

dd) 构成要件偏移

59 这里可能涉及《德国刑法典》第28条规定的构成要件偏移（Tatbestandsverschiebung）。谋杀要素之"卑劣动机"涉及第28条意义上的人身性特别要素。问题是在这种情况下应当适用第28条第1款还是第2款。

60 德国联邦最高法院认为谋杀罪和故意杀人罪属于各自独立的构成要件，各自的不法内涵具有质的不同。因此卑劣动机就是证立刑事可罚性的要素，继而作为适用《德国刑法典》第28条第1款的依据。依照这一观点，即使C不符合人身性特别要素，仍可以考虑他构成谋杀罪的教唆犯。故依据《德国刑法典》第211条、第26条的规定可以对C进行处罚；依据《德国刑法典》第28条第1款、第49条第1款的规定可以对C减轻处罚。然而文献通说恰恰相反，将《德国刑法典》第211条视为第212条的加重构成要件，因此卑劣动机成为加重刑罚事由，故而这里应当适用第28条第2款。[①] 支持文献通说的意见认为，并不能从《德国刑法典》第211条规定的谋杀要素中推导出独立的构成要件类型。从应受特别谴责的杀人犯罪的中心思想可以推知，

① 争议状况参见*Fischer* § 211 Rn. 87 ff.

这只能进行一个刑事应罚性（Strafwürdigkeit）的量化分级。[①]

因此这里对C的刑事可罚性起决定性作用的因素是，他自己是否符合人身性特别要素。如前所述，需要依照德国的价值标准评判C是否出于卑劣动机实施了行为。认定个人的应受谴责性和罪责的关键在于行为人是否认可这样的卑劣动机，以及是否遵循这样的动机行事。按照德国的标准，C也是出于卑劣动机而行为。如果C的行为违法且有责的话，则构成《德国刑法典》第212条、第211条、第26条规定的谋杀罪的教唆犯。 61

ee) 违法性

A的行为违法。 62

ff) 罪责

在讨论个人应受谴责性的时候需要注意，C与A不同，他无法挣脱穆斯林道德观念的深刻影响，以致很可能缺乏不法认识。C可能因为对法律评价的认识错误而构成《德国刑法典》第17条规定的禁止错误。在C的意识中，来自他家乡的价值观仍处于支配地位，在行为时由于他的性格和整体生活环境，他完全无法挣脱这种价值观对自己的支配，致使他无法理解其他可能给予他行为以卑劣评价的评判标准的价值内涵。因此C缺乏不法认识，存在禁止错误。 63

问题在于C的认识错误是否可以避免。认为该错误可以避免的意见认为，C的家庭，包括C本人在内，已经在德国生活很久了，他们的孩子甚至是在德国长大的。即使家庭强烈拒绝“西方文化”，也有理由要求他在如此长时间的居留过程中至少 64

① *Lackner/Kühl* § 211 Rn. 22.

对这个不同文化环境下的基本道德观和价值观有所了解。因此C是可以避免这个认识错误的，他的行为有责。可以依据《德国刑法典》第17条第2句、第49条第1款的规定对C减轻处罚。

提示：如果该认识错误不可避免，那么C就不具有罪责。这样C就不构成《德国刑法典》第211条、第26条规定的谋杀罪的教唆犯，只依据第212条、第26条、第28条第2款的规定构成“基本构成要件”的教唆犯，即故意杀人罪的教唆犯。

b)结论

65 C构成《德国刑法典》第211条、第212条、第26条规定的谋杀罪的教唆犯（可以主张其他结论）；同时成立的伤害犯罪因补充关系退居次位，排除适用。

（三）最终结论与竞合

66 在第一组行为中，A对E构成《德国刑法典》第185条规定的侮辱罪；对B构成第223条第1款规定的伤害罪和第240条第1款规定的强制罪。伤害罪和强制罪成立《德国刑法典》第52条规定的犯罪单数（想象竞合，从一重处罚）。在第二组行为中，A对B构成《德国刑法典》第211条、第212条规定的谋杀罪。两组行为所构成的犯罪成立《德国刑法典》第53条规定的犯罪复数（实质竞合，数罪并罚）。

67 D对B构成《德国刑法典》第223条第1款规定的伤害罪。C对B构成《德国刑法典》第212条第2款、第26条规定的谋杀罪的教唆犯。

四、案例评价

本案从难度和篇幅来看都更适合作为学期作业或者具有相当要求的高年级的闭卷考试。第一组行为的问题主要集中在违法性和罪责。学生需要在违法阻却事由的范围内反复讨论是否以及在多大程度上考量其他文化价值观。一个可能产生分歧的问题在于，如果一种来自不同文化的价值观将来自不同文化背景的两个人的交往关系视为对名誉的损害，那么这种关系能否构成对名誉法益的危险。

在考试中原则上还是建议采用德国的主流观点对有损名誉的行为进行认定。依照主流观点应当否认存在违法阻却事由，因为这样一种交往关系从客观内涵上对相关人而言并不具有消极性质，因此不是“下流的”。而如果从单个家庭成员的主观感受出发，那么就要在必要性和利益衡量的层面上讨论问题。此外，对于C和D的刑事可罚性还需要就父母的惩戒权和教育权进行讨论。

第二组行为包含了典型的“荣誉谋杀”问题。学生需要就谋杀要素之“阴险”和“卑劣动机”进行讨论。除行为人主观上受到其他价值观的深刻影响，以致无法挣脱这种价值观的支配[①]，故而不具有个人的应受谴责性外，都应当以德国现行的价值观作为评判标准。这一问题主要涉及在罪责层面对《德国刑法典》第17条规定的禁止错误的讨论。因此在德国长大并在德国学校接受教育的A构成谋杀罪。对C则需要就应受谴责性问

① 参见*BGH* NJW 1995, 602。

题进行更深入的讨论，因为他确实受到了穆斯林价值观的深刻影响而且坚决拒绝“西方文化”。但是值得注意的是，C的整个家庭已经在德国生活很久了，因此也可以要求他至少对德国基本的价值观和道德观有所了解。这个问题在考试中是在《德国刑法典》第17条规定的禁止错误和可避免性的范围内进行讨论。如果认为认识错误不可避免，那么C就不构成谋杀罪的教唆犯（欠缺出于卑劣动机实施行为的应受谴责性），并且需要依据《德国刑法典》第28条的规定讨论构成要件偏移。因为存在谋杀罪和故意杀人罪之间到底是加重关系还是独立犯罪的争议，而且其结论直接影响到应该适用《德国刑法典》第28条第1款还是第2款，必须简短地表述一下争议内容并选择其中一种情形。

其他延伸阅读：德国联邦最高法院在界定谋杀罪和故意杀人罪时对其他文化价值观考量的先前意见：NJW 1980, 537（卑劣动机的概念）。德国联邦最高法院最新的判决：NJW 1995,602（在血亲复仇中界定谋杀罪和故意杀人罪）；NStZ 2002,369（外国人基于不同的价值观实施的杀人行为）；NJW 2004,1466（来自其他社会文化价值观的杀人动机）；NJW 2006,1008（“血亲复仇”作为卑劣动机）。

Bachmann/*Goeck*, Aktuelle Rechtsprechung des BGH zum Mord (§ 211 StGB), NJ 2001, 397–406; *Dietz*, „ Ehrenmord “ als Ausweisungsgrund, NJW 2006, 1385–139; *Eppner*/*Hahn*, Allgemeine Fragen der Beleidigungsdelikte, JA 2006, 702–707; dies., Die Tatbestände der Beleidigungsdelike, JA 2006, 860–864; *Grünewald*, Tötungen aus Gründen der Ehre, NStZ 2010, 1–9;

Momsen, Der Mordtatbestand im Bewertungswandel?−Abweichende soziokulturelle Wertvorstellungen, Handeln auf Befehl und das Mordmerkmal der „ niedrigen Beweggründe “(§211 StGB), NStZ 2003, 237−242; *Valerius*, Der so genannte Ehrenmord: Abweichende kulturelle Wertvorstellungen als niedrige Beweggründe?, JZ 2008, 912−919.

参考侮辱犯罪：*Hilgendorf*, Fälle zum Strafrecht II中的案例8“律师的呵斥”。

案例 14：高速道路的投掷者

关键词：谋杀罪；危险伤害罪；伤害致死罪；遗弃致死罪；侵害道路交通罪；擅自逃离肇事现场罪；共同正犯；未遂；不作为；教唆犯

难　度：很难

一、案情

由于无聊和情绪消沉，A和B商量好从一条高速道路上方的桥上朝下方驶过的汽车扔石头，以制造一起交通事故。第一辆车驶过的时候，A向B发出信号，B将一块沉重的石头瞄准车的前挡风玻璃猛地扔了下去。石头击中了毫无防备的（驾驶员）P的头部，P当场死亡。

大概在P后方100米处的驾驶员Q目击了全过程，并且看见B又捡起了一块沉重的石头。但此时Q已经无法躲避了，石头砸中了车顶，随后Q的车撞上了旁边的电线杆。Q挣扎着爬出汽车，走了几步之后就昏迷了。A和B看到了这一幕，都认为Q快死了。但是他们没有采取任何措施，因为他们不希望日后Q提供不利于他们的证词。一个小时之后，Q死于重伤。大概10分钟之后，一条快速行驶的车流即将驶过桥下方的两条车道。A没有针对性地扔出一块石头。石头最终砸到了车流的最后一辆车。这辆车的驾驶员没有受伤，并刹住了汽车。但是由于受到惊吓，他在两天之后死于致命的突发心脏病。A和B在事发地点逃走时没有被任何人认出。

二人在小酒馆庆祝了他们成功的行动之后，A建议再去一条高速道路上方的桥上朝下方扔几块石头。然而B拒绝了，因为他一直感觉良心上很愧疚。B对A说这种良心折磨一直在萦绕着他，他想把这些事告诉自己的妻子X。A虽然不怕被追究刑事责任，但是却不想让X知道这些事。B一直不肯放弃这个念头，二人发生了争执。在激烈对骂之后，A转身离开了。但是A突然回头从背后掐住了毫无防备的B的脖子，使他窒息而死。

试问A、B的刑事可罚性。

提示：尽管B已经死亡，但是在分析时仍应例外地考虑他的刑事可罚性。

二、分析提纲

（一）第一组行为：向P的汽车投掷石头 ……………………… 1

1. B的刑事可罚性 ……………………………………………… 1

a) 谋杀罪，《德国刑法典》第212条第1款、第211条 … 1

aa) 构成要件 ……………………………………………… 2

① 客观构成要件 ……………………………………… 2

② 主观构成要件 ……………………………………… 6

bb) 违法性与罪责 ……………………………………… 10

b) 结论 ……………………………………………………… 11

2. A的刑事可罚性……………………………………………… 12

a)谋杀罪的共同正犯,《德国刑法典》第212条第1款、第211条、第25条第2款…… 12
aa)构成要件 …… 13
① 客观构成要件 …… 13
② 主观构成要件 …… 19
③ 构成要件偏移 …… 20
bb)违法性与罪责 …… 22
b)结论 …… 23
3. A、B的刑事可罚性 …… 24
a)损坏财物罪的共同正犯,《德国刑法典》第303条第1款、第25条第2款…… 24
b)侵害道路交通罪的共同正犯,《德国刑法典》第315b条第1款第1项第二种情形和第3款、第25条第2款 …… 25
aa)构成要件 …… 26
① 客观构成要件 …… 26
② 主观构成要件 …… 27
bb)违法性与罪责 …… 28
cc)结论 …… 29
4.结论与竞合 …… 30
(二)第二组行为:向Q的汽车投掷石头 …… 31
1.谋杀罪的共同正犯,《德国刑法典》第212条第1款、第211条、第25条第2款…… 31
a)构成要件 …… 32

b) 结论 …………………………………………………… 33
2. 谋杀罪未遂的共同正犯，《德国刑法典》第212条第1款、第211条、第22条、第23条、第25条第2款 …… 34
a) 预先检验 ………………………………………………… 35
b) 行为决意 ………………………………………………… 36
c) 直接着手 ………………………………………………… 37
d) 违法性与罪责，没有《德国刑法典》第24条意义上的中止 ………………………………………………… 38
e) 结论………………………………………………………… 39
3. 不作为的谋杀罪的共同正犯，《德国刑法典》第212条第1款、第211条、第13条、第25条第2款 ………… 40
a) 构成要件 ………………………………………………… 41
aa) 客观构成要件 ……………………………………… 41
① 出现结果 ………………………………………… 41
②（拟制的）因果关系 …………………………… 44
③ 保证人地位 ……………………………………… 45
④ 等价条款 ………………………………………… 46
bb) 主观构成要件 ……………………………………… 47
b) 违法性 …………………………………………………… 50
c) 罪责………………………………………………………… 51
d) 结论 ……………………………………………………… 52
4. 危险伤害罪的共同正犯，《德国刑法典》第223条第1款、第224条第1款、第25条第2款 ………………… 53
a) 构成要件 ………………………………………………… 54
aa) 客观构成要件 ……………………………………… 54

bb) 主观构成要件 …… 60
b) 违法性与罪责 …… 61
c) 结论 …… 62
5. 伤害致死罪的共同正犯，《德国刑法典》第227条、第25条第2款 …… 63
a) 构成要件 …… 64
aa) 基本构成要件 …… 64
bb) 出现严重结果和因果关系 …… 65
cc) 特定的危险关联 …… 66
dd) 至少具有过失，《德国刑法典》第18条 …… 67
b) 结论 …… 68
6. 遗弃致死罪的共同正犯，《德国刑法典》第221条第1款和第3款、第25条第2款 …… 69
a) 构成要件 …… 70
aa) 客观构成要件 …… 70
bb) 主观构成要件 …… 73
b) 出现严重结果和因果关系 …… 74
c) 特定的危险关联 …… 75
d) 至少具有过失，《德国刑法典》第18条 …… 76
e) 违法性与罪责 …… 77
f) 结论 …… 78
7. 不进行救助罪的共同正犯，《德国刑法典》第323c条、第25条第2款 …… 79
a) 构成要件 …… 80
aa) 客观构成要件 …… 80

bb) 主观构成要件 …………………………………… 82
b) 违法性与罪责 …………………………………… 83
c) 结论……………………………………………… 84
8. 损坏财物罪的共同正犯,《德国刑法典》第303条
第1款、第25条第2款…………………………… 85
9. 侵害道路交通罪的共同正犯,《德国刑法典》第315b
条第1款和第3款、第25条第2款 ……………… 87
10. 擅自逃离肇事现场罪的共同正犯,《德国刑法典》
第142条、第25条第2款 ……………………… 88
a) 构成要件 ………………………………………… 89
b) 结论 …………………………………………… 91
11. 结论与竞合 ……………………………………… 92
(三)第三组行为:车流 ………………………………… 94
1. 故意杀人罪的共同正犯,《德国刑法典》第212条
第1款、第25条第2款…………………………… 94
a) 构成要件 ………………………………………… 95
b) 结论 …………………………………………… 97
2. 谋杀罪未遂的共同正犯,《德国刑法典》第212条第1
款、第211条、第22条、第23条、第25条第2款 …… 98
a) 预先检验 ………………………………………… 99
b) 行为决意…………………………………………… 100
c) 直接着手…………………………………………… 103
d) 违法性与罪责……………………………………… 104
e) 结论………………………………………………… 105

3. 损坏财物罪的共同正犯,《德国刑法典》第303条第1款、第25条第2款 …… 106
4. 侵害道路交通罪的共同正犯,《德国刑法典》第315b条第1款和第3款、第25条第2款 …… 107
a) 构成要件 …… 108
b) 结论 …… 111
5. 侵害道路交通罪未遂的共同正犯,《德国刑法典》第315b条第1款和第3款、第22条、第23条、第25条第2款 …… 112
a) 预先检验 …… 113
b) 行为决意 …… 114
c) 直接着手 …… 115
d) 违法性与罪责,没有《德国刑法典》第24条意义上的中止 …… 116
e) 结论 …… 117
6. 危险伤害罪未遂的共同正犯,《德国刑法典》第223条第1款、第224条第1款、第22条、第23条第1款、第25条第2款 …… 118
7. 伤害致死罪未遂的共同正犯,《德国刑法典》第227条、第22条、第23条第1款、第25条第2款 …… 119
8. 结论与竞合 …… 120
(四)第四组行为:争执 …… 122
1. 谋杀罪的教唆未遂,《德国刑法典》第211条、第30条第1款 …… 122

a) 预先检验 …… 123
b) 对教唆的行为决意 …… 124
c) 结论 …… 125
2. 谋杀罪，《德国刑法典》第212条第1款、第211条（对B）…… 126
a) 构成要件 …… 127
aa) 客观构成要件 …… 127
bb) 主观构成要件 …… 129
b) 违法性与罪责 …… 133
c) 结论 …… 134
3. 侮辱罪，《德国刑法典》第185条 …… 135
4. 结论与竞合 …… 136
（五）最终结论 …… 137

三、案情分析

（一）第一组行为：向P的汽车投掷石头

1. B的刑事可罚性

提示：由于在B扔石头的时候A只是发出了信号，因此建议首先检验B的行为，之后再将他的行为依据《德国刑法典》第25条第2款规定的共同正犯的属性归责于A（分别检验）。

a) 谋杀罪，《德国刑法典》第212条第1款、第211条

B从桥上投掷石头，涉嫌触犯《德国刑法典》第212条第1 1

款、第211条的规定，对P可能构成谋杀罪。

aa) 构成要件

① 客观构成要件

2 P死亡,《德国刑法典》第212条第1款规定的构成要件结果，即他人死亡已经出现。根据条件公式（Conditio-sine-qua-non-Formel），B投掷石头的行为和这一结果之间存在因果关系。设想若不存在投掷石头的行为，则构成要件的结果，亦即P的死亡就不会发生。因此《德国刑法典》第212条第1款规定的客观构成要件得以符合。

3 此外，B可能也实现了与行为相关的谋杀要素之阴险（《德国刑法典》第211条第2款第二组第一种情形）。阴险是指行为人明知被害人处于毫无猜疑且毫无防备的境地，却具有敌意地加以利用。[①] 毫无猜疑是指被害人在行为时间点对即将到来的攻击行为毫不知情。毫无防备是指被害人毫无猜疑至少限制了其抵御或者防卫的可能性。[②] P根本没有想到会有人从高速道路上方的桥上投掷石头，因此他是毫无猜疑的。由于毫无猜疑，他根本不可能进行回避或作出其他应对，因此他是毫无防备的。问题在于B是否有意利用了P的毫无猜疑和毫无防备，因为案情中并没有清晰地给出B在行为时的思想状态。

4 B可能根本就没想过利用P的毫无猜疑和毫无防备。但是，如果行为人知道自己能够让一个因为毫不知情而对其攻击毫无

---

① *Lackner/ Kühl* § 211 Rn. 6. 也有其他观点（在此之外）要求一个应受谴责的失信，参见 *Hassemer* JuS 1971, 626, 630; Schönke/Schröder/*Eser*/*Sternberg-Lieben* § 211 Rn. 26 附有的进一步明证。这一观点的问题在于通常并不存在所谓信任关系而产生的刑罚漏洞，特别是受雇的杀手设伏杀死被害人的情形。

② *Fischer* § 211 Rn. 39 ff.; *Lackner/Kühl* § 211 Rn. 6.

防备的人感到惊讶，就足以认定他有意地利用这种境地。[1] B投掷石头的目的是制造一起事故，其行为也是在具有敌意的意思指向之下作出的。因此B明知P处于毫无猜疑且毫无防备的境地，并对其具有敌意地加以利用，故而实现了谋杀要素之阴险。

此外，B还可能以危害公共安全的方法实施了行为（《德国刑法典》第211条第2款第二组第三种情形）。危害公共安全的方法指的是在具体情况下，行为人并不能完全控制自己所采取方法的作用方式，而该方法能够给不确定的多数人造成危险。[2] 投掷石头在具体情况下并不会给不确定的多数人造成危险，而仅仅针对P，因为B是瞄准他的车投掷的。因此这里投掷石头并不属于以危害公共安全的方法实施行为。B只实现了与行为相关的谋杀要素之阴险。 5

提示：此外，通过相应论证也可以得出其他结论，即向一辆车投掷石头也可能对其他交通参与者造成危险，例如当石头偏离目标车辆的时候。然而从案情中并不能推知这种情形。此外，对于谋杀要素应当进行限缩解释。

② 主观构成要件

B在行为时必须具有故意（《德国刑法典》第15条）。故意是指对所有客观行为情状存在认识，实现构成要件的意欲。[3] 案情没有确切说明B知道投掷石头会造成车内的人员死亡并意欲实现这种结果。B出于无聊和情绪消沉而实施行为，他当时具体的思想状态则不得而知。但是在向一辆疾驰的汽车投掷石头时，B毫无疑问应当预计 6

---

① *BGH* NStZ-RR 1997, 294.

② *Lackner/Kühl* § 211 Rn. 11.

③ *Wessels/Beulke/Satzger* AT Rn. 306.

到，只要击中目标就可能造成致人死亡的事故。因此B在行为时可能具有附条件的杀人故意，但还需要与有认识的过失进行区别。依照通说的观点，有认识的过失是指行为人虽然认为结果可能出现，但是他并非不明确，而是相信结果不会发生。如果行为人对结果的出现仅持无所谓或完全不在意的态度，在法律意义上这就相当于对结果的认可。这里应当对案情进行这样的解读：B对于事故会造成死亡结果持无所谓的态度，因此他认可接受了死亡结果以及并非明确相信该结果不会出现。B认可接受了死亡结果，因此即使对故意杀人罪的故意要求很高[①]，这里还是可以认定B对死亡结果的出现以及阴险要素都具有间接故意（dolus eventualis）。

7 此外，B可能出于杀人嗜好实施了行为（《德国刑法典》第211条第2款第一组第一种情形）。杀人嗜好是指行为人乐于见到他人的死亡；为了恶意、狂妄而乐于毁灭一个人的生命或者为了打发时间杀人；把杀人作为刺激精神的手段或者"运动消遣"。杀人本身必须也是行为的目的。B是因无聊和情绪消沉而实施行为，因此是为了打发时间杀人。这可以作为认定杀人嗜好的一个征表。[②] 但是杀人嗜好这一要素要求行为人必须存在直接的杀人故意，因为行为的动机和目标必须是毁灭一个人的生命。本案中B在行为时只具有间接故意，因此未实现谋杀要素之杀人嗜好。[③]

8 B的行为可能出于卑劣动机（《德国刑法典》第211条第2款第一组第四种情形）。卑劣动机是指处于道德底层，以一般的价值观念衡量应受严重谴责甚至应受完全鄙视的行为动机。[④] 其他

① MünchKommStGB/*Schneider* § 212 Rn. 10 附有进一步的明证。

② *Fischer* § 211 Rn. 8；也可参见 *BGH* VRS 63, 119。

③ Schönke/Schröder/*Eser*/*Sternberg-Lieben* § 211 Rn. 15; *Fischer* § 211 Rn. 8.

④ *Lackner*/*Kühl* § 211 Rn. 5.

的卑劣动机包括由毫无顾忌的自私自利支配的，因而特别可鄙的动机，或者以行为动机和轻视他人生命之间的严重失衡为依据的动机。本案中B出于无聊和情绪消沉从高速道路上方的桥上向（无辜的）汽车驾驶员投掷石头进行发泄。B在挑衅和恣意轻视被害人的个人价值。从案情的具体细节可以看出这里存在特别可鄙的、不可理喻的，而其整体处于道德底层的行为情状。

因此B的行为出于卑劣动机（也可主张其他结论）。 9

bb) 违法性与罪责

B的行为违法且有责。 10

b) 结论

B构成《德国刑法典》第212条第1款、第211条规定的谋杀罪；同时构成的《德国刑法典》第223条第1款，第224条第1款第2项第二种情形、第4项和第5项规定的危险伤害罪因补充关系退居次位，排除适用。 11

2. A的刑事可罚性

a) 谋杀罪的共同正犯，《德国刑法典》第212条第1款、第211条、第25条第2款

A在B投掷石头的时候向他发出信号，涉嫌触犯《德国刑法典》第212条第1款、第211条、第25条第2款的规定，可能构成谋杀罪的共同正犯。 12

aa) 构成要件

① 客观构成要件

B的行为实现了《德国刑法典》第212条第1款规定的构成要件结果。尽管A并没有亲自投掷石头，但是B的行为仍可能因共同正犯归责于A（《德国刑法典》第25条第2款）。为此，二 13

人必须有共同的犯罪行为计划以及共同的实行行为。A、B取得一致意见，从桥上往下投掷石头。因此他们有共同的犯罪行为计划。

14 问题在于共同的实行行为。A“仅仅”向B发出了信号，因此也可以考虑构成《德国刑法典》第27条规定的帮助犯。为辨明这里出现的是共同正犯还是帮助犯，需要借助主观说或犯罪行为支配说（Tatherrschaftslehre）对正犯和共犯的界限进行分析。

15 依照德国联邦最高法院的观点，正犯表现为行为人作出自己的行为贡献，其行为贡献是他人行为的组成部分，并且将他人的行为当作自己行为的补充。[①] 行为人的行为贡献不能仅仅表现为对其他人行为的支持（这样就是帮助犯）。德国联邦最高法院原则上是从主观视角出发去探求行为人的设想［意思（animus）］。如果行为人想将犯罪作为自己的行为，则是正犯；如果他想支持他人行为，则是共犯。但是德国联邦最高法院是借助客观标准探求行为人的认识［最近称之为规范结合说（normative Kombinationstheorie）］[②]，主要依据行为人在犯罪结果上的自身受益程度以及参与范围。

16 A和B约定，一起从桥上往下投掷石头。因此发出信号对A而言并不只是提供帮助，而是意味着不同分工下的行为贡献。因此A将犯罪作为自己的行为，他是正犯。

17 对判例立场的批判意见认为，这样的区分方式太过主观化，以至于最终仍要求助于客观标准。而通说试图以犯罪行为支配作为评判标准来得出合理的结论，该观点直接使用客观标准作为界定的依据。依照这一观点，正犯是能阻止或推动事件进程

---

① *BGH* NJW 1991, 1068.

② LK/*Schünemann* § 25 Rn. 23.

的人；而共犯是只具有边缘角色、不具有犯罪行为支配的人。[①]

从生活常识的角度可以认定，如果A没有向B发出信号，B就不会投掷石头。因此A并非只贡献了一个附属行为，而是通过自己的行为贡献极大地影响了事件进程。依照这一观点，A同样是（共同）正犯。因此根据两种观点，客观构成要件都得以符合，B的行为（投掷石头）也可以归责于A。 **18**

② 主观构成要件

A在行为时和B一样具有间接故意。 **19**

③ 构成要件偏移

问题在于，B符合的谋杀要素是否也能归责于A。按照一般规则，阴险这类与行为相关的谋杀要素是可以归责于共同正犯的。A明知B阴险的行为方式且也意欲这样实行行为。因此阴险是他们共同犯罪行为计划的一部分。故而A对作为B以阴险的行为方式直接实施行为的共同正犯存在认识。所以这一要素的实现可以归责于A(《德国刑法典》第25条第2款)。 **20**

人身性特别要素，如与行为人相关的要素“卑劣动机”涉及《德国刑法典》第28条的特殊规定。原则上共同正犯需要亲自实现这类要素——这里涉及对《德国刑法典》第211条和第212条关系的讨论。《德国刑法典》第211条究竟是第212条的加重构成要件还是独立的构成要件，继而应当适用《德国刑法典》第28条第1款还是第2款的讨论在这里可以暂且搁置。因为A本来也是出于卑劣动机实施行为，因此无论如何他都可以作为谋杀罪共同正犯而具有刑事可罚性。 **21**

① *Zieschang* AT Rn. 654.

bb)违法性与罪责

22 A的行为违法且有责。

b)结论

23 A构成《德国刑法典》第212条第1款、第211条、第25条第2款规定的谋杀罪的共同正犯；同时构成的《德国刑法典》第223条第1款，第224条第1款第2项第二种情形、第4项和第5项，第25条第2款规定的危险伤害罪的共同正犯因补充关系退居次位，排除适用。

3. A、B的刑事可罚性

a)损坏财物罪的共同正犯，《德国刑法典》第303条第1款、第25条第2款

提示：对接下来的其他犯罪则可以共同检验A和B的刑事可罚性，因为此前已经讨论了归责标准。

24 A、B用石头损坏了P车的挡风玻璃。因为这辆汽车对于A、B而言属于他人财物，并且二人在行为时均具有故意，其行为违法且有责，所以A、B构成《德国刑法典》第303条第1款、第25条第2款规定的损坏财物罪的共同正犯。

b)侵害道路交通罪的共同正犯，《德国刑法典》第315b条第1款第1项第二种情形和第3款、第25条第2款

25 A、B因为投掷石头涉嫌触犯《德国刑法典》第315b条第1款第1项第二种情形和第3款、第25条第2款的规定，可能构成侵害道路交通罪的共同正犯。

aa)构成要件

①客观构成要件

首先需要满足的前提是，这是一个来自外部的交通侵害。因为A、B不是本罪意义上的交通参与者，而是从外部投掷石头侵害交通，进而侵害道路交通安全并危及他人的生命（这里指P的生命），因此存在一个来自外部的交通侵害。A、B必须毁坏、损坏或除去交通工具。[①] 轿车是本罪意义上的交通工具，对其投掷石头实现了《德国刑法典》第315b条第1款第1项第二种情形意义上的损坏。 26

②主观构成要件

A、B意欲通过投掷石头损坏交通工具并以此侵害道路交通安全。因此二人在行为时具有故意。此外，二人意图引发一起交通事故，至少是一起发生在高速道路上且通常情况下非常严重的事故。[②] 因此二人满足了《德国刑法典》第315条第3款第1项a所规定的加重构成要件的主观要素。 27

bb)违法性与罪责

A、B的行为违法且有责。 28

cc)结论

A、B构成《德国刑法典》第315b条第1款第1项和第3款、第25条第2款规定的侵害道路交通罪的共同正犯。 29

4.结论与竞合

A、B构成《德国刑法典》第212条第1款、第211条、第25条第2款规定的谋杀罪的共同正犯；第303条第1款、第25条第2 30

---

① Vgl. *Fischer* § 315b Rn. 6; *Otto* BT § 80 Rn. 17.

② MünchKommStGB/*Pegel* § 315 Rn. 82 f.

款规定的损坏财物罪的共同正犯；第315b条第1款第1项和第3款、第25条第2款规定的侵害道路交通罪的共同正犯。三者成立《德国刑法典》第52条规定的犯罪单数（想象竞合，从一重处罚）。

（二）第二组行为：向Q的汽车投掷石头

1.谋杀罪的共同正犯，《德国刑法典》第212条第1款、第211条、第25条第2款

31 A、B向Q的车顶投掷石头，涉嫌触犯《德国刑法典》第212条第1款、第211条、第25条第2款的规定，可能构成谋杀罪的共同正犯。

a)构成要件

32 Q死亡。这个死亡结果必须可归责于A、B。[①] Q在汽车被石头击中又撞上电线杆之后自己从车内爬出，在昏迷一个小时后才最终死去。在此期间，A、B生成了一个新的意思决定：他们为了避免被刑事追诉，虽然看到了这个情况但是没有采取任何措施。尽管Q的死亡是由投掷石头造成的，但这一行为并不能作为杀人行为而以一种法律上可谴责的方式归责于A、B。结果的发生更应当归责于之后的不作为。

b)结论

33 A、B不构成《德国刑法典》第212条第1款、第211条、第25条第2款规定的谋杀罪的共同正犯。

2.谋杀罪未遂的共同正犯，《德国刑法典》第212条第1款、第211条、第22条、第23条、第25条第2款

34 然而A、B向Q的汽车投掷石头的行为涉嫌触犯《德国刑法

① 客观归责参见 *Wessels/Beulke/Satzger* AT Rn. 251 ff.

典》第212条第1款、第211条、第22条、第23条、第25条第2款的规定，可能构成谋杀罪未遂的共同正犯。

a)预先检验

由于缺少可归责的杀人行为（即客观构成要件的缺失），因此A、B的行为没有既遂。依据《德国刑法典》第212条第1款、第211条、第12条第1款、第23条第1款第一种情形的规定，谋杀罪未遂可罚。 **35**

b)行为决意

A、B必须具有针对谋杀的行为决意。行为决意包括对实现构成要件的故意以及其他可能存在的主观构成要件要素。投掷石头时，A、B对造成他人死亡和使用阴险的行为方式具有故意（《德国刑法典》第15条）。此外，A、B都出于卑劣动机而行为（详见上文边码8、19）。因此可以认定A、B具有行为决意。 **36**

c)直接着手

A、B必须已经直接着手实现构成要件（《德国刑法典》第22条）。依照通说"主客观混合说"的观点，如果行为人按照自身的设想实施实行行为，以致该实行行为在不存在间隔行为或时间间隔的情况下不受干扰继续发展下去就能顺利实现构成要件，而且行为人主观上已经越过了"现在开始动手"的界限，就可以认定为直接着手。[①] 最迟在投掷出石头时，A、B就已经直接着手实现构成要件。 **37**

d)违法性与罪责，没有《德国刑法典》第24条意义上的中止

A、B的行为违法且有责。本案中不存在《德国刑法典》第 **38**

① *BGH* NStZ 1997, 83.

24条意义上的中止情形。特别是A、B并没有自愿阻止结果的发生（参见《德国刑法典》第24条第2款）。

e)结论

39 A、B构成《德国刑法典》第212条第1款、第211条、第22条、第23条、第25条第2款规定的谋杀罪未遂的共同正犯。投掷石头和使Q车撞上电线杆已经构成了《德国刑法典》第223条、第224条、第25条第2款规定的危险伤害罪的共同正犯既遂（详见边码53及以下），尤其不能适用时间间隔。为了清楚起见，也可将这些罪名一并列出。

3.不作为的谋杀罪的共同正犯，《德国刑法典》第212条第1款、第211条、第13条、第25条第2款

40 A、B没有救助Q，涉嫌触犯《德国刑法典》第212条第1款、第211条、第13条、第25条第2款的规定，可能构成不作为的谋杀罪的共同正犯。

a)构成要件

aa)客观构成要件

① 出现结果

41 《德国刑法典》第212条第1款规定的构成要件结果（他人死亡）已然出现。A、B没有采取任何措施避免这一结果的发生，尽管客观上采取措施是完全可能且必要的。Q在受伤后一个小时才死去，因此无论如何至少通过报警来获得救助是完全可能的。必要且被要求的救助行为对A、B二人而言是可期待的，并且不会损害他们自身值得肯定的利益。尽管是A、B担心因向汽车投掷石头而要付出代价，但是与人的生命相比，冒着受到刑事追诉的危险而为必要行为并非是不可期待的，二人完全可以匿名给急

救中心提供线索。因此这个必要行为对于A、B是可期待的。[①]

此外还有疑问的是，A、B是否实现了与行为相关的谋杀要素。A、B放任Q死亡的行为并不构成阴险的行为方式，因为他们没有利用Q的毫无猜疑。 42

但是A、B可能符合谋杀要素之残暴（《德国刑法典》第211条第2款第二组第二种情形）。残暴地杀害是指行为人冷酷无情地给被害人施加痛苦或折磨，这些痛苦或折磨在强度、频率以及持续性上都远远高于杀人所必要的程度。[②] 本案是否属于这种情形是有争议的。这里必须注意，所有谋杀要素都指向行为人被处以绝对法定刑（终身自由刑）这一法律后果，因此必须以严格符合比例原则的方式进行解释和运用，以满足法治国原则的要求。[③] 由此可以得出结论：必须限缩解释和运用谋杀要素。由于案情并没有给出足够的说明可以认定残暴的行为方式，所以应认定没有实现与行为相关的谋杀要素。 43

②（拟制的）因果关系

这里的问题是，不作为和结果之间是否存在因果关系。按照经典的条件公式（Conditio-sine-qua-non-Formel），设想一个行为若不存在，则某个具体形态的结果不会发生，那么行为与结果之间便具有因果关系。但是这一公式无法适用于不作为犯罪，因为在不作为犯罪中不存在可以设想剔除的积极行为。故而在不作为犯罪中应对条件公式进行相应修正，这里需要考量的是假设一个行为的实施以几近确定的概率能够避免具体结果 44

① 依照另一种观点，在处理不真正不作为犯时应当在罪责层面检验期待可能性，参见案例1“生死临界”。

② *Fischer* § 211 Rn. 56.

③ Vgl. BVerfGE 45, 187.

的发生［所谓拟制的因果关系（Quasi-Kausalität）］。[①] 如果A、B及时向救援人员报告了情况，可以认为Q就不会失去生命，他在得不到救助的情况下一个小时后才死去。因此此处存在因果关系。

③ 保证人地位

45 A、B必须是阻止结果发生的保证人（《德国刑法典》第13条）。这里涉及的是源自先行行为（危险前行为）的保证人地位。依照主流观点，当行为人通过先前实施的行为造成了出现损害的危险时，他就有义务阻止该损害的发生。当然前提是先行行为本身是一个违反义务的行为。如果这个行为是个合法行为，那么就会产生争议，即产生何种程度的保证人地位。但是这里并不存在这个问题，因为A、B之前投掷石头的行为无论如何是违反义务的。A、B因源自先行行为而具有保证人地位。

④ 等价条款

46 依据《德国刑法典》第13条的规定，由不作为实现的法定构成要件要与由作为实现该构成要件具有等价性（所谓等价条款）。因为《德国刑法典》第212条、第211条规定的是结果犯，并且不存在其他的反面依据，因此具有等价性。

bb) 主观构成要件

47 A、B在行为时必须具有故意。A、B均认为Q即将死亡，也都认可接受了这一结果。因此两人在行为时具有指向《德国刑法典》第212条第1款规定的故意。

48 此外，还可考虑与行为人相关的谋杀要素之意图掩盖其他犯罪行为。A、B意欲掩盖之前通过投掷石头实施的犯罪行为。而A、B对死亡结果仅具有间接故意并不会影响这一结论。

---

① Vgl. BGHSt 6, 1, 2; 37, 106, 126.

A、B为了避免受到刑事追诉而没有实施救助行为，因此他们具有掩盖其他犯罪行为的意图。 49

b)违法性

A、B的行为违法。 50

c)罪责

A、B的行为有责。 51

d)结论

A、B构成《德国刑法典》第212条第1款、第211条、第25条第2款、第13条规定的不作为的谋杀罪的共同正犯。 52

4.危险伤害罪的共同正犯，《德国刑法典》第223条第1款、第224条第1款、第25条第2款

A、B从高速道路上方的桥上往下方投掷石头，涉嫌触犯《德国刑法典》第223条第1款、第224条第1款、第25条第2款的规定，可能构成危险伤害罪的共同正犯。 53

a)构成要件

aa)客观构成要件

A、B投掷石头造成了Q的受伤。因此他们对Q的身体完整性造成了明显损害且引起了病理状态。 54

此外，石头可能属于《德国刑法典》第224条第1款第2项第二种情形意义上的危险工具。如果一个可移动的物体就其客观属性以及具体的使用方法而言，能够造成严重的身体伤害，那么这个物体就是危险工具。一块从桥上向下方驶过的汽车投掷的沉重石头就是这样的物体。因此石头符合《德国刑法典》第224条第1款第2项规定的构成要件（即危险工具）。 55

至于能否将电线杆认定为危险工具则非常有争议。首先它 56

不是可移动的物体，其次也无法证明行为人的犯罪故意中涵盖了使汽车撞向电线杆的内容。

57 A、B的行为可能符合《德国刑法典》第224条第1款第3项规定的“阴险的突然袭击”。突然袭击意味着对毫不知情的被害人进行突发的、出乎意料的攻击。[①] 如果行为人按照计划掩饰了自己的伤害意图，从而使被害人难以进行防卫，那么这种突然袭击就是阴险的。仅利用意外性因素并不足以认定实现“阴险”要素。[②] A、B在桥上等待汽车靠近，他们埋伏等待被害人并按照计划掩饰了自己的伤害意图，从而使被害人无法及时地对攻击作出应对。因此A、B的行为属于阴险的突然袭击（由于Q意识到A、B的企图，也可以主张其他结论）。

58 A、B的行为还可能符合《德国刑法典》第224条第1款第4项规定的“与他人共同实施伤害行为”。问题在于A、B是否共同提升了行为的危险性，因为《德国刑法典》第224条第1款处罚的是因行为方式而提升的危险性。[③] 如果没有A，B就不会有针对性地向驶过的汽车投掷石头（详见上文边码18）。因此可以认定A、B共同提升了行为的危险性。因此A、B的行为符合《德国刑法典》第224条第1款第4项规定的情形。

59 A、B的行为同样可能构成《德国刑法典》第224条第1款第5项规定的“以危害生命的方式伤害他人”。对于这一条款的争议是，必须出现一个具体的生命危险，还是出现一个抽象的生命危险即可。[④] 然而这一争议在这里可以搁置不议，因为已经出现了

---

① LK/*Lilie* § 224 Rn. 31.

② *Lackner/Kühl* § 224 Rn. 6.

③ *Fischer* § 224 Rn. 11a.

④ 对此参见*Wessels/Hettinger* BT 1 Rn. 282。

一个具体的生命危险，甚至已经造成了损害。

bb)主观构成要件

A、B对所有客观构成要件要素具有故意。 60

b)违法性与罪责

A、B的行为违法且有责。 61

c)结论

A、B构成《德国刑法典》第223条第1款，第224条第1款第2项、第3项、第4项和第5项，第25条第2款规定的危险伤害罪的共同正犯。 62

提示：在这里可以忽略对伤害罪的检验，因为案情提供检验的《德国刑法典》第224条规定的要素特别明显。

5.伤害致死罪的共同正犯，《德国刑法典》第227条、第25条第2款

A、B还涉嫌触犯《德国刑法典》第227条、第25条第2款的规定，可能构成伤害致死罪的共同正犯。 63

a)构成要件

aa)基本构成要件

《德国刑法典》第223条规定的构成要件已然实现。 64

bb)出现严重结果和因果关系

同样，《德国刑法典》第227条意义上的严重结果（Q的死亡）已然出现。此外根据条件公式，伤害行为和严重结果之间具有因果关系。如果没有受到由投掷石头和撞到电线杆产生的伤害，被害人Q就不会死亡。 65

cc)特定的危险关联

66 对于一个像《德国刑法典》第227条规定的结果加重犯而言，在基本构成要件和严重结果之间必须存在一个所谓特定的危险关联（gefahrspezifischer Zusammenhang）。这里不仅要求一个纯粹的因果关系，还要求基本构成要件的典型危险必须在严重结果中得以实现。① 存在争议的是，对于《德国刑法典》第227条而言，究竟是要求在伤害结果和死亡之间存在直接关联，还是要求在伤害行为和死亡之间存在直接关联。从桥上向下方驶过的汽车投掷的石头在击中汽车时造成的强烈冲击和汽车失控的结果，在通常情况下会给驾驶员造成可能致死的伤害。但是在本案中可以搁置这一争议，因为无论是伤害结果和死亡之间还是伤害行为和死亡之间都存在直接关联。Q是因为受伤而死亡的。因此可以认定存在特定的危险关联。

dd)至少具有过失，《德国刑法典》第18条

67 依据《德国刑法典》第18条的规定，行为人对严重结果的出现至少因具有过失而应受谴责。② 本案中行为人对严重结果的出现甚至具有故意（详见上文边码36）。

b)结论

68 A、B构成《德国刑法典》第227条、第25条第2款规定的伤害致死罪的共同正犯。

6.遗弃致死罪的共同正犯，《德国刑法典》第221条第1款和第3款、第25条第2款

69 A、B在Q受伤的时候没有采取任何措施，涉嫌触犯《德国

---

① *Wessels/Hettinger* BT 1 Rn. 299.

② 然而依据《德国刑法典》第11条第2款的规定，对于整体行为而言还是具有故意。

刑法典》第221条第1款和第3款、第25条第2款的规定，可能构成遗弃致死罪的共同正犯。

提示：《德国刑法典》第221条第3款是结果加重犯，和第227条相似。因此造成严重结果（这里是死亡）的行为人必须依据《德国刑法典》第18条的规定至少具有过失。

a) 构成要件

aa) 客观构成要件

首先A、B必须使他人处于无助状态（《德国刑法典》第221条第1款第1项）。无助意味着被害人不能运用自身的力量摆脱导致死亡或严重健康损害的具体危险。[①] 本案中Q在事故后受伤以至于昏迷，他自己不再具有诸如去医院的能力。因此Q处于无助状态。 **70**

A、B必须致使Q处于这种无助状态。依照主流观点，“使……处于”要素并不以发生位移为前提。[②] 因此使……处于意味着任何可以直接导致无助状态的行为方式。[③] A、B通过投掷石头使Q处于无助状态。 **71**

行为人通过行为必须给被害人带来死亡或严重健康损害的（具体）危险。这里不仅仅造成了死亡的具体危险，该危险甚至已经在Q的死亡结果中实现。因此客观构成要件得以符合。[④] **72**

bb) 主观构成要件

A、B在行为时具有故意。 **73**

---

① *Lackner/Kühl* § 221 Rn. 2.

② Vgl. *Jäger* JuS 2000, 31 , 32.

③ *Joecks* § 221 Rn. 7附有进一步的明证。

④ *Wessels/Hettinger* BT 1 Rn. 315.

b)出现严重结果和因果关系

74 本案中出现了《德国刑法典》第221条第3款意义上的严重结果（Q的死亡）。而使被害人处于无助状态与严重结果的出现之间具有因果关系。

c)特定的危险关联

75 遗弃罪（构成要件）特定的（即专属的）危险必须在严重结果中得以实现。A、B通过遗弃行为创设了使Q所受的致命伤害无法得到救助的危险。因此可以认定存在特定的危险关联。

d)至少具有过失,《德国刑法典》第18条

76 依据《德国刑法典》第18条的规定，A、B对严重结果的出现至少因具有过失而应受谴责。本案中行为人对严重结果的出现甚至具有故意，由于不希望Q日后提供不利于他们的证词，因此A、B意欲Q死去。

e)违法性与罪责

77 A、B的行为违法且有责。

f)结论

78 A、B构成《德国刑法典》第221条第1款第1项和第3款、第25条第2款规定的遗弃致死罪的共同正犯。

7.不进行救助罪的共同正犯,《德国刑法典》第323c条、第25条第2款

79 A、B还可能涉嫌触犯《德国刑法典》第323c条、第25条第2款的规定，可能构成不进行救助罪的共同正犯。

提示：与《德国刑法典》第211条、第13条不同,《德国刑法典》第323c条规定的是“真正”不作为犯。这意味着无须适

用《德国刑法典》第13条的规定，因而不需要讨论行为人是否具有保证人地位的问题。

a)构成要件

aa)客观构成要件

首先必须存在一个意外事故。意外事故是指会给人或有价值的财物带来巨大危险的突发事件，但不要求一定出现损害结果。[①]由投掷石头的行为导致Q发生交通事故是一个意外事故。 80

A、B必须未提供必要且可期待的帮助行为。A、B并未求助救援人员，即使这对他们来讲是完全可能的。问题在于是否可期待A、B实施这样的救助行为，危险是由他们造成的，他们因此面临刑事追诉的后果。但依照主流观点，期待可能性并不因行为人（共同）造成的面临刑事追诉的危险而消失。[②]因此构成要件得以符合。 81

bb)主观构成要件

A、B在行为时具有故意。 82

b)违法性与罪责

A、B的行为违法且有责。 83

c)结论

A、B构成《德国刑法典》第323c条、第25条第2款规定的不进行救助罪的共同正犯。 84

8.损坏财物罪的共同正犯，《德国刑法典》第303条第1款、第25条第2款

因为Q的汽车对于A、B而言属于他人财物，而他们通过投 85

① *Fischer* § 323c Rn. 3.

② *Fischer* § 323c Rn. 15.

掷石头损坏了Q的汽车。因此A、B构成《德国刑法典》第303条第1款、第25条第2款规定的损坏财物罪的共同正犯。

86 至于A、B是否因损坏电线杆而具有刑事可罚性，由于缺少更进一步的线索而无法得出结论。特别是案情中并没有说明电线杆到底受到了何种程度的损坏。

9. 侵害道路交通罪的共同正犯，《德国刑法典》第315b条第1款和第3款、第25条第2款

87 依照前面的论述，A、B构成《德国刑法典》第315b条第1款和第3款、第25条第2款规定的侵害道路交通罪的共同正犯。

10. 擅自逃离肇事现场罪的共同正犯，《德国刑法典》第142条、第25条第2款

88 A、B直接离开现场，涉嫌触犯《德国刑法典》第142条、第25条第2款的规定，可能构成擅自逃离肇事现场罪的共同正犯。

a) 构成要件

89 首先必须存在一个《德国刑法典》第142条意义上的交通事故。这是指由道路交通及其危险引发的、伴以并非完全无关紧要的人身或财物损害结果的突发事件。[①] 如果故意引发的损害事件和道路交通所具有的典型危险具有直接关联，且并非仅仅呈现出一般交通风险的效果，同样可以符合构成要件。[②]

90 鉴于《德国刑法典》第142条规定的保护目的涉及事故当事人要求防止证据灭失、通过调查揭露事故发生过程以获得损害赔偿的个人利益，若损害是由犯罪行为计划造成的，就缺乏典型的交通风险。[③] 本案中并不存在《德国刑法典》第142条意义

---

① *Wessels/Hettinger* BT 1 Rn. 1004.

② Schönke/Schröder/*Sternberg-Lieben* § 142 Rn. 18, 19.

③ *Fischer* § 142 Rn. 13.

上的交通事故，因为实现的是使Q成为犯罪行为被害人的一般生命风险。[①] A、B将石头瞄准下方驶过的汽车投掷，是有针对性地计划了损害行为。故而Q不是《德国刑法典》第142条意义上的交通事故被害人，而是这个有针对性的犯罪行为的被害人。因此A、B的行为不符合《德国刑法典》第142条规定的构成要件。

b)结论

A、B不构成《德国刑法典》第142条第1款、第25条第2款规定的擅自逃离肇事现场罪的共同正犯。 91

11.结论与竞合

本案中,《德国刑法典》第224条因特殊关系排除第223条的适用；同样，第211条、第13条排除第212条、第13条的适用。所实现的《德国刑法典》第212条、第211条、第22条、第23条、第221条、第224条、第227条以及第323c条所规定之罪因补充关系让位于第211条、第13条所规定之罪。 92

因此A、B构成《德国刑法典》第211条、第13条、第25条第2款规定的不作为的谋杀罪的共同正犯；第315b条第1款第1项和第3款、第25条第2款规定的侵害道路交通罪的共同正犯；第303条第1款、第25条第2款规定的损坏财物罪的共同正犯。三者成立《德国刑法典》第52条规定的犯罪单数（想象竞合，从一重处罚）。 93

（三）第三组行为：车流

1.故意杀人罪的共同正犯,《德国刑法典》第212条第1款、第25条第2款

A、B对车流最后一辆车的驾驶员实施的行为涉嫌触犯《德 94

---

① Schönke/Schröder/*Sternberg-Lieben* § 142 Rn. 18, 19.

国刑法典》第212条第1款、第25条第2款的规定，可能构成故意杀人罪的共同正犯。

a)构成要件

95 驾驶员死亡，因此出现了《德国刑法典》第212条第1款规定的构成要件结果。如果A、B没有投掷石头，该驾驶员就不会在两天后由于受到惊吓而死于致命的突发心脏病。因此行为和结果之间具有因果关系。

96 然而问题在于，能否将该死亡结果在客观上归责于行为人。当行为人创设了一个法所不允许的危险，而且这一危险在构成要件结果中得以实现时，就可以将结果在客观上归责于行为人。① 因此这里需要面对的问题就是，两天后死于致命的突发心脏病是否还属于A、B所创设的初始危险的结果。这里可能涉及一个非典型的因果进程（atypischen Kausalverlauf）。当结果发生完全脱离了所期待的事件的通常发展以及日常生活经验时，便存在一个非典型的因果进程。② 依照日常生活经验难以想象向一辆车投掷石头或者类似的撞击会在几天之后导致驾驶员心脏病发作。因此这个具体形态的结果属于一个非典型的因果进程的结果，而并非两天前所创设的危险的实现。这里非典型的因果进程是一种排除客观归责的情形。③ 因此这里不符合客观构成要件。

提示：完全可以在客观构成要件层面主张其他结论，因为文献立场诉诸客观归责理论，会认为客观构成要件不符合。与之相对，判例和（反对该理论的）部分学说会认定客观构成要

① *Wessels/Beulke/Satzger* AT Rn. 251.

② *Wessels/Beulke/Satzger* AT Rn. 289.

③ 这里也可以认定实现了日常生活风险。

件的成立。判例会通过故意解决这一问题，即依据《德国刑法典》第16条的规定，通过因果进程的认识错误排除故意（因果关系是客观构成要件要素，行为人必须对此具有故意）。

b)结论

A、B不构成《德国刑法典》第212条第1款、第25条第2款规定的故意杀人罪的共同正犯。 97

2.谋杀罪未遂的共同正犯，《德国刑法典》第212条第1款、第211条、第22条、第23条、第25条第2款

A、B涉嫌触犯《德国刑法典》第212条第1款、第211条、第22条、第23条、第25条第2款的规定，可能构成谋杀罪未遂的共同正犯。 98

a)预先检验

A、B的行为因在客观上欠缺可归责性而没有既遂。依据《德国刑法典》第211条、第23条第1款第1项、第12条第1款的规定，谋杀罪未遂可罚。 99

b)行为决意

A、B必须具有行为决意，即必须对驾驶员的死亡结果具有故意。由于欠缺进一步的说明，因此无法具体认定A、B的主观意图和（或）认知。但不论何人从桥上向下方驶过的汽车投掷石头，都应当预见到这可能会引发致命的事故。A、B对此予以认可接受。因此A、B在行为时具有间接故意（详见上文边码6、19）。 100

此外，A、B对于以阴险的方式实施行为也具有故意，因为他们具有敌意地利用了汽车驾驶员毫无猜疑且毫无防备的境地 101

（详见上文边码3、4）。

102 问题在于A、B是否也具有以危害公共安全的方法实施行为的行为决意。尽管A、B所投掷的石头可能击中车流中的任何一辆汽车，但问题是无论如何也只可能击中一辆汽车。然而，从很有可能引发连环车祸这一点也可以推导出对多数人造成的危险。A、B肯定认识到了这种可能性，但他们还是对此予以认可接受。因此他们对投掷石头的公共安全危险性也具有故意。另外，A、B也是出于卑劣动机而实施了这一行为（详见上文边码8及以下）。因此A、B具有行为决意。

提示：与第一组行为的不同之处在于，这里石头是向一组车流投掷的，这会给不确定的多数人造成巨大危险。

c)直接着手

103 最迟在投掷石头的时候，A、B就已经直接着手实现构成要件（《德国刑法典》第22条），因为从此时起，他们已对事件进程放手。

d)违法性与罪责

104 A、B的行为违法且有责。

e)结论

105 A、B构成《德国刑法典》第212条第1款、第211条、第22条、第23条、第25条第2款规定的谋杀罪未遂的共同正犯；同时构成的《德国刑法典》第223条、第224条、第22条、第23条规定的危险伤害罪未遂因补充关系退居次位，排除适用。

3.损坏财物罪的共同正犯，《德国刑法典》第303条第1款、第25条第2款

106 A、B损坏了车流中的最后一辆汽车，汽车对二人而言是他

人财物。A、B构成《德国刑法典》第303条第1款、第25条第2款规定的损坏财物罪的共同正犯。

4.侵害道路交通罪的共同正犯,《德国刑法典》第315b条第1款和第3款、第25条第2款

A、B涉嫌触犯《德国刑法典》第315b条第1款和第3款、第25条第2款的规定，可能构成侵害道路交通罪的共同正犯。 **107**

a)构成要件

《德国刑法典》第315b条规定的是一个双层的犯罪。首先必须存在一个《德国刑法典》第315b条第1款第1项至第3项意义上的对道路交通安全的侵害。其次这个侵害必须对他人的身体、生命或贵重物品造成了具体危险。 **108**

A、B通过投掷石头损坏了汽车，以此给道路交通安全造成了抽象危险。但是A、B必须通过损害行为造成具体危险结果，损害行为本身不能作为符合构成要件的具体危险结果[①]，即对道路交通安全的抽象危险必须与对他人身体或生命的具体危险相结合。[②] 虽然在犯罪行为可以直接导致具体危险时也可以符合本罪的构成要件[③]，但是该具体危险必须作为侵害道路交通安全的结果出现，因而需要对《德国刑法典》第315b条进行严格解释，只能将对他人身体、生命或贵重物品造成的危险理解为交通特定的危险。这是指具体危险（至少）可以归咎于道路行驶过程典型前进力［道路交通动力（Dynamik des Straßenverkehrs）］的作用方式。本案中驾驶员还可以控制汽车停下并毫发无伤地下车。这 **109**

---

① *Rengier* BT II § 45 Rn. 5.

② *Fischer* § 315b Rn. 17.

③ BGHSt 48, 119, 122 f.

里对车辆造成的损害与道路交通中车辆自身的动力毫无关联，而仅仅与投掷石头带来的撞击动力有关。因此A、B的行为并不符合《德国刑法典》第315b条第1款第1项规定的构成要件。[①]

110 基于同样的理由也可以排除依据《德国刑法典》第315b条第1款第2项和第3项规定的刑事可罚性。

b)结论

111 A、B不构成《德国刑法典》第315b条第1款第1项和第3款、第25条第2款规定的侵害道路交通罪的共同正犯。

5.侵害道路交通罪未遂的共同正犯,《德国刑法典》第315b条第1款和第3款、第22条、第23条、第25条第2款

112 然而A、B可能构成《德国刑法典》第315b条第1款和第3款、第22条、第23条、第25条第2款规定的侵害道路交通罪未遂的共同正犯。

a)预先检验

113 行为没有既遂。依据《德国刑法典》第315b条第2款、第23条第1款、第12条第2款的规定，侵害道路交通罪未遂可罚。

b)行为决意

114 A、B在行为时必然会考虑到，投掷石头可能导致一种危急的交通情况，并由此给驾驶员造成身体或生命的具体危险。A、B对此予以认可接受，因此他们意图引发一起交通事故（《德国刑法典》第315b条第3款和第315条第3款第1项）。[②]

c)直接着手

115 通过投掷石头，A、B已经直接着手实现构成要件（《德国

① 也可参见*BGH* VersR 2003, 257。

② 对此参见*Fischer* § 315 Rn. 22。

刑法典》第22条)。

d)违法性与罪责，没有《德国刑法典》第24条意义上的中止

A、B的行为违法且有责。没有线索表明本案中存在《德国刑法典》第24第2款意义上的中止情形。 116

e)结论

A、B构成《德国刑法典》第315b条第1款和第3款、第22条、第23条、第25条第2款规定的侵害道路交通罪未遂的共同正犯。 117

6.危险伤害罪未遂的共同正犯,《德国刑法典》第223条第1款、第224条第1款、第22条、第23条第1款、第25条第2款

A、B投掷石头的行为构成《德国刑法典》第223条第1款、第224条第1款、第22条、第23条第1款、第25条第2款规定的危险伤害罪未遂的共同正犯，因为驾驶员最终毫发无伤地下车了。但本罪相比于谋杀罪未遂退居次位，排除适用。 118

7.伤害致死罪未遂的共同正犯,《德国刑法典》第227条、第22条、第23条第1款、第25条第2款

此外，A、B构成《德国刑法典》第227条、第22条、第23条第1款、第25条第2款规定的伤害致死罪未遂的共同正犯。虽然基本构成要件只成立未遂(详见上文边码118)，但却出现了严重结果。所以这里可考虑“结果加重犯未遂”(erfolgsqualifizierter Versuch)。依照主流观点，如果与构成要件行为的关联导致了结果加重犯未遂，那么结果加重犯未遂也是可罚的。 119

8.结论和竞合

本案中,《德国刑法典》第224条因特殊关系优先于第223条适用；同理，第211条、第22条、第23条优先于第212条、 120

第22条、第23条适用。危险伤害罪未遂（《德国刑法典》第224条第1款、第22条、第23条第1款）相对于伤害致死罪未遂属于补充关系。其余诸罪成立《德国刑法典》第52条规定的犯罪单数。

121 A、B构成《德国刑法典》第211条、第22条、第23条、第25条第2款规定的谋杀罪未遂的共同正犯；第315b条第1款和第3款、第22条、第23条、第25条第2款规定的侵害道路交通罪未遂的共同正犯；第227条、第22条、第23条第1款、第25条第2款规定的伤害致死罪未遂的共同正犯；第303条、第25条第2款规定的损坏财物罪的共同正犯。四者成立《德国刑法典》第52条规定的犯罪单数（想象竞合，从一重处罚）。

（四）第四组行为：争执

1. 谋杀罪的教唆未遂，《德国刑法典》第211条、第30条第1款

122 A建议B再去一条高速道路上方的桥上往下方投掷石头，涉嫌触犯《德国刑法典》第211条、第30条第1款的规定，可能构成谋杀罪的教唆未遂。

a) 预先检验

123 由于B没有被说服，因此教唆行为没有既遂。依据《德国刑法典》第211条、第12条第1款的规定，谋杀罪是重罪，因此依据《德国刑法典》第30条第1款的规定，谋杀罪的教唆未遂可罚。

b) 对教唆的行为决意

124 A必须对一个具体、故意且违法的主行为具有行为决意。计

划的犯罪行为不用具体到每一个细节，但必须大致确定时间、地点等要素。本案中A从未明确指出去的另一条高速道路的桥是哪一座桥，从其他细节也无法看出A的行为决意。因此A意欲教唆的行为还不够具体，因而不能认定为教唆未遂。

提示：通过相应论证也可以得出其他结论。

c)结论

A不构成《德国刑法典》第211条第1款、第30条第1款规 **125**
定的谋杀罪的教唆未遂。

2.谋杀罪，《德国刑法典》第212条第1款、第211条（对B）

A掐死B，涉嫌触犯《德国刑法典》第212条第1款、第211 **126**
条的规定，可能构成谋杀罪。

a)构成要件

aa)客观构成要件

B被A掐死。因此《德国刑法典》第212条第1款规定的基 **127**
本构成要件得以实现。

A可能实现了谋杀要素之阴险。在攻击的时间点，B没有 **128**
想到A会攻击他，因为A刚刚转身离开，因此B是毫无猜疑的。毫无猜疑限制了B的防卫可能性，因此他是毫无防备的。A在行为时具有故意的意思指向，因此谋杀要素之阴险已然成立。

bb)主观构成要件

A在行为时对客观构成要件具有故意。 **129**

同时A也可能实现了谋杀要素之意图掩盖其他犯罪行为。 **130**
但是这里存在争议的是，这个要素是以行为人想逃避刑事追诉为前提，还是行为人满足于想对他人掩盖犯罪行为。

131 依照德国联邦最高法院的观点，《德国刑法典》第211条规定的谋杀要素之“意图掩盖其他犯罪行为”具有特殊的保护目的：防止行为人为了进行自我保护而提升杀人动机。但是这也适用于行为人努力避免其行为的非刑事后果，以至于强烈到产生了杀害第三人动机的情况。① 因此这里A实现了谋杀要素之意图掩盖其他犯罪行为。而按照另一种观点的看法，避免非刑事后果的动机最好归于卑劣动机这一要素中。②

132 判例的观点更具有说服力，因为从法条的字面含义上并不能看出本条只限于行为人“避免刑事追诉的动机”。因此A的行为具有掩盖其他犯罪的意图（可以采纳其他观点）。

b)违法性与罪责

133 A的行为违法且有责。

c)结论

134 A构成《德国刑法典》第212条第1款、第211条规定的谋杀罪。

3.侮辱罪，《德国刑法典》第185条

135 这里还可考虑A构成《德国刑法典》第185条规定的侮辱罪。由案情可知，A因为激烈的争执，口头辱骂了B。然而由于缺少争执的具体内容，因此必须排除构成侮辱罪。同时也可以考虑将《德国刑法典》第193条规定作为侮辱行为的违法阻却事由。

4.结论与竞合

136 A构成《德国刑法典》第212条第1款、第211条规定的谋杀罪；同时构成的伤害犯罪因补充关系退居次位，排除适用。

---

① *BGH* NStZ 1999, 615, 616.

② *Rengier* BT II § 4 Rn. 56 附有进一步的明证。

（五）最终结论

A、B在第一组行为中构成《德国刑法典》第212条第1款、第211条、第25条第2款规定的谋杀罪的共同正犯；第303条第1款、第25条第2款规定的损坏财物罪的共同正犯；第315b条第1款第1项和第3款、第25条第2款规定的侵害道路交通罪的共同正犯。三者成立《德国刑法典》第52条规定的犯罪单数（想象竞合，从一重处罚）。 137

A、B在第二组行为中构成《德国刑法典》第211条、第13条、第25条第2款规定的不作为的谋杀罪的共同正犯；第315b条第1款第1项和第3款、第25条第2款规定的侵害道路交通罪的共同正犯；第303条第1款、第25条第2款规定的损坏财物罪的共同正犯。三者成立《德国刑法典》第52条规定的犯罪单数（想象竞合，从一重处罚）。

A、B在第三组行为中构成《德国刑法典》第211条、第22条、第23条、第25条第2款规定的谋杀罪未遂的共同正犯；第315b条第1款和第3款、第22条、第23条、第25条第2款规定的侵害道路交通罪未遂的共同正犯；第227条、第22条、第23条第1款、第25条第2款规定的伤害致死罪未遂的共同正犯；第303条、第25条第2款规定的损坏财物罪的共同正犯。四者成立《德国刑法典》第52条规定的犯罪单数（想象竞合，从一重处罚）。

此外，A还构成《德国刑法典》第212条第1款、第211条规定的谋杀罪。该罪与上述诸罪成立《德国刑法典》第53条规定的犯罪复数（实质竞合，数罪并罚）。 138

四、案例评价

本案难度属于家庭作业程度。难度主要体现在由一系列单独的小问题组成的问题链，以及大量需要讨论的罪名。相应地，优秀的分析首先需要依据行为集合、犯罪参与人和犯罪行为构建一个体系分析框架。对于缺乏经验的学生而言，讨论所有应考虑的罪名和问题就是一种挑战。因此在这里有条理地设置重点是通往成功之匙。

对第一组行为的检验应当从B的刑事可罚性，也就是向P的汽车投掷石头的人是否构成谋杀罪开始。之后按照一般规则讨论该犯罪行为能否因共同正犯归责于A。在确认构成共同正犯之后，就可以在其余的罪名中（这里指损坏财物罪和侵害道路交通罪）共同检验A、B的行为。

在第二组行为中首先要强调的是，杀害Q应受谴责性的重点在于积极作为还是不作为。由于整个案件的发展过程存在时间间隔，这里认定不作为的选择更好，但也不意味着排除了因为积极作为构成的谋杀罪未遂和伤害罪既遂的刑事可罚性。在不作为犯罪刑事可罚性的探讨中尤其要注意由先行行为形成的保证人地位和救助行为的期待可能性，当然也不能忽视《德国刑法典》第227条、第221条第1款第1项和第3款规定的结果加重犯。

第三组行为与之前最大的不同在于驾驶员因为受惊吓而导致心脏病发作所涉及的非典型的因果进程问题。也正因如此，应当排除A、B因故意杀人罪既遂的刑事可罚性。在对谋杀罪未遂的检验中还应对谋杀要素之危害公共安全的方法进行讨论，因为与之前的情形不同，这次是向一条车流投掷石头。

第四组行为中则没有出现新问题，只需要进行简短而清晰的分析以展现一个井井有条的闭卷考试的收尾即可。特别是对竞合问题的处理也能凸显出这是一篇优秀的案例分析。

其他延伸阅读： *BGH* NJW 2003, 836–838（“投石者”侵害道路交通）；*BGH* NStZ 2009, 100–101（侵害道路交通罪中的交通特定的具体危险）。

Berz/Saal, „Steinewerfer“. Gefährlicher Eingriff in den Straßenverkehr, NZV 2003, 198–199; *Deckers/Fischer/König/Bernsmann*, Zur Reform der Tötungsdelikte Mord und Totschlag–Überblick und eigener Vorschlag, NStZ 2014, 9–17; *Eisele*, Der Tatbestand der Gefährdung des Straßenverkehrs (§ 315c StGB), JA 2007, 168–173; *Geppert*, Die unterlassene Hilfeleistung (§ 323c StGB), Jura 2005, 39–48; *Hardtung*, Die Körperverletzungsdelikte, JuS 2008, 884–869; *Marlie*, Voraussetzungen der Mittäterschaft–Zur Fallbearbeitung in der Klausur, JA 2006, 613–616; *Rönnau*, Grundwissen–Strafrecht: Mittäterschaft in Abgrenzung zur Beihilfe, JuS 2007, 514–515; *Rönnau/Faust/Fehling*, Durchblick: Kausalität und objektive Zurechnung, JuS 2004, 113–118.

词汇简全称对照表

a. A.	andere(r) Ansicht
abl.	ablehnend
Abs.	Absatz
a. E.	am Ende
a. F.	alte Fassung
AG	Amtsgericht
Alt.	Alternative
Anm.	Anmerkung
Art.	Artikel
AT	Allgemeiner Teil
Aufl.	Auflage
BAK	Blutalkoholkonzentration
BayObLG	Bayerisches Oberstes Landesgericht
Bd.	Band
BGB	Bürgerliches Gesetzbuch
BGH	Bundesgerichtshof
BGHSt	Sammlung der Entscheidungen des Bundesgerichtshofs in Strafsachen
BGHZ	Sammlung der Entscheidungen des Bundesgerichtshofs in Zivilsachen
Bsp.	Beispiel
Bspr.	Besprechung
BT	Besonderer Teil
BT-Drs.	Bundestag-Drucksache
Buchst.	Buchstabe
BVerfG	Bundesverfassungsgericht
BVerfGE	Sammlung der Entscheidungen des Bundesverfassungsgerichts
bzgl.	bezüglich
bzw.	beziehungsweise
ca.	circa
CR	Computer und Recht (Zeitschrift)

ders.	derselbe
d.h.	das heißt
dies.	dieselbe(n)
DJT	Deutscher Juristentag
DS	Der Sachverständige (Zeitschrift)
EC	Electronic Cash
EGMR	Europäischer Gerichtshof für Menschenrechte
EMRK	Europäische Menschenrechtskonvention
etc.	et cetera
EUR	Euro
f.	folgende
ff.	fortfolgende
FS	Festschrift
GA	Goltdammer's Archiv für Strafrecht
GG	Grundgesetz
GS	Großer Senat
h.L.	herrschende Lehre
h.M.	herrschende Meinung
Hs.	Halbsatz
i.E.	im Ergebnis
i.S.	im Sinne
i.S.d.	im Sinne der/des
i.S.v.	im Sinne von
ITRB	Der IT-Rechtsberater (Zeitschrift)
i.V.m.	in Verbindung mit
JA	Juristische Arbeitsblätter (Zeitschrift)
JR	Juristische Rundschau (Zeitschrift)
Jura	Juristische Ausbildung (Zeitschrift)
JuS	Juristische Schulung (Zeitschrift)
Justiz	Die Justiz – Amtsblatt des Justizministeriums Baden-Württemberg
JZ	Juristenzeitung

Kap. .... Kapitel
Kfz .... Kraftfahrzeug
KG .... Kammergericht
krit. .... kritisch

LG .... Landgericht
Lit. .... Literatur
Losebl. .... Loseblatt

m. Anm. .... mit Anmerkung
m. Bespr. .... mit Besprechung
MDR .... Monatsschrift für Deutsches Recht
MedR .... Medizinrecht (Zeitschrift)
MiStra .... Anordnung über Mitteilungen in Strafsachen
m. w. N. .... mit weiteren Nachweisen

NJ .... Neue Justiz (Zeitschrift)
NJW .... Neue Juristische Wochenschrift
Nr(n). .... Nummer(n)
NStZ .... Neue Zeitschrift für Strafrecht
NStZ-RR .... NStZ-Rechtsprechungs-Report Strafrecht
n. v. .... nicht veröffentlicht
NZV .... Neue Zeitschrift für Verkehrsrecht

o. Ä. .... oder Ähnliches
OLG .... Oberlandesgericht
OWiG .... Gesetz über Ordnungswidrigkeiten

PIN .... Persönliche Indentifikationsnummer
Pkw .... Personenkraftwagen

RGSt .... Sammlung der Entscheidungen des Reichsgerichts in Strafsachen
RiStBV .... Richtlinien für das Strafverfahren und das Bußgeldverfahren
Rn. .... Randnummer
Rspr. .... Rechtsprechung

S. .... Seite
sog. .... sogenannt
StGB .... Strafgesetzbuch

StPO	Strafprozessordnung
str.	strittig
StrRG	Gesetz zur Reform des Strafrechts
StV	Strafverteidiger (Zeitschrift)
StVG	Straßenverkehrsgesetz
StVO	Straßenverkehrs-Ordnung
u. a.	unter anderem
Urt.	Urteil
usw.	und so weiter
u. U.	unter Umständen
UWG	Gesetz gegen den unlauteren Wettbewerb
Var.	Variante
VGH	Verwaltungsgerichtshof
vgl.	vergleiche
Vorb.	Vorbemerkung
VRS	Verkehrsrechtssammlung
VVG	Versicherungsvertragsgesetz
wistra	Zeitschrift für Wirtschafts- und Steuerstrafrecht
WRP	Wettbewerb in Recht und Praxis (Zeitschrift)
z. B.	zum Beispiel
ZJS	Zeitschrift für das Juristische Studium
ZPO	Zivilprozessordnung
ZRP	Zeitschrift für Rechtspolitik
ZStW	Zeitschrift für die gesamte Strafrechtswissenschaft

文献简全称对照表

Arzt/Weber/Heinrich/ Hilgendorf BT	*Arzt/Weber/Heinrich/Hilgendorf,* Strafrecht Besonderer Teil, 3. Aufl. 2015
Auer/Menzel/Eser	*Auer/Menzel/Eser,* Zwischen Heilauftrag und Sterbehilfe, 1977
Baumann/Weber/ Mitsch AT	*Baumann/Weber/Mitsch,* Strafrecht Allgemeiner Teil, 11. Aufl. 2003
BeckOK StGB/ *Bearbeiter*	Beck'scher Online Kommentar StGB, 31. Edition (Stand: 1.6.2016)
BeckOK StPO/ *Bearbeiter*	Beck'scher Online Kommentar StPO mit RiStBV und MiStra, 24. Edition (Stand: 28.4.2016)
Beulke	*Beulke,* Strafprozessrecht, 13. Aufl. 2016
Fischer	*Fischer,* Strafgesetzbuch, 63. Aufl. 2016
Frank	*Frank,* Das Strafgesetzbuch für das Deutsche Reich, 18. Aufl. 1931
Frister AT	*Frister,* Strafrecht Allgemeiner Teil, 7. Aufl. 2015
Heinrich AT	*Heinrich,* Strafrecht Allgemeiner Teil, 4. Aufl. 2014
Hilgendorf	*Hilgendorf,* Tatsachenaussagen und Werturteile im Strafrecht, 1998
Hilgendorf/Valerius AT	*Hilgendorf/Valerius,* Strafrecht Allgemeiner Teil, 2. Aufl. 2015
Hillenkamp AT	*Hillenkamp,* 32 Probleme aus dem Strafrecht – Allgemeiner Teil, 14. Aufl. 2012
Hillenkamp BT	*Hillenkamp,* 40 Probleme aus dem Strafrecht – Besonderer Teil, 12. Aufl. 2013
Jakobs AT	*Jakobs,* Strafrecht, Allgemeiner Teil, 2. Aufl. 1993
Jescheck/Weigend AT	*Jescheck/Weigend,* Lehrbuch des Strafrechts – Allgemeiner Teil, 5. Aufl. 1996
Joecks	*Joecks,* Strafgesetzbuch, 11. Aufl. 2014
Kindhäuser BT II	*Kindhäuser,* Strafrecht Besonderer Teil II, 8. Aufl. 2014

Köhler/Bornkamm/
Bearbeiter .... *Köhler/Bornkamm,* Gesetz gegen den unlauteren Wettbewerb, 34. Aufl. 2016
Krey/Hellmann/
Heinrich BT 1 .... *Krey/Hellmann/Heinrich,* Strafrecht Besonderer Teil, Bd. 1: Besonderer Teil ohne Vermögensdelikte, 15. Aufl. 2012
Krey/Hellmann/
Heinrich BT 2 .... *Krey/Hellmann/Heinrich,* Strafrecht Besonderer Teil, Bd. 2: Vermögensdelikte, 17. Aufl. 2015
Kühl AT .... *Kühl,* Strafrecht – Allgemeiner Teil, 7. Aufl. 2012
Lackner/Kühl .... *Lackner/Kühl,* Strafgesetzbuch, 28. Aufl. 2014
LK/*Bearbeiter* .... Leipziger Kommentar Strafgesetzbuch, 12. Aufl. 2006 ff.
Maurach/Schroeder/
Maiwald BT 1 .... *Maurach/Schroeder/Maiwald,* Strafrecht Besonderer Teil, Teilbd. 1: Straftaten gegen Persönlichkeits- und Vermögenswerte, 10. Aufl. 2009
MünchKommStGB/
Bearbeiter .... Münchener Kommentar zum Strafgesetzbuch, 2. Aufl. 2011 ff.
NK/*Bearbeiter* .... Nomos Kommentar Strafgesetzbuch, 4. Aufl. 2013
Ohly/Sosnitza/
Bearbeiter .... *Ohly/Sosnitza,* Gesetz gegen den unlauteren Wettbewerb, 7. Aufl. 2016
Otto BT .... *Otto,* Grundkurs Strafrecht – Die einzelnen Delikte, 7. Aufl. 2005
Pfeiffer .... *Pfeiffer,* Strafprozessordnung, 5. Aufl. 2005
Rengier BT I .... *Rengier,* Strafrecht Besonderer Teil I – Vermögensdelikte, 18. Aufl. 2016
Rengier BT II .... *Rengier,* Strafrecht Besonderer Teil II – Delikte gegen die Person und die Allgemeinheit, 17. Aufl. 2016
Roxin AT I .... *Roxin,* Strafrecht Allgemeiner Teil, Bd. I: Grundlagen. Der Aufbau der Verbrechenslehre, 4. Aufl. 2006
Roxin AT II .... *Roxin,* Strafrecht Allgemeiner Teil, Bd. II: Besondere Erscheinungsformen der Straftat, 2003
Schmidhäuser BT .... *Schmidhäuser,* Strafrecht Besonderer Teil, 2. Aufl. 1983
Schönke/Schröder/
Bearbeiter .... *Schönke/Schröder,* Strafgesetzbuch, 29. Aufl. 2014
SK/*Bearbeiter* .... Systematischer Kommentar zum Strafgesetzbuch, Losebl., 148. Ergänzungslieferung (Stand: 2014)
Welzel .... *Welzel,* Das deutsche Strafrecht, 11. Aufl. 1969
Wessels/Beulke/
Satzger AT .... *Wessels/Beulke/Satzger,* Strafrecht Allgemeiner Teil, 45. Aufl. 2015

Wessels/Hettinger BT 1 .... *Wessels/Hettinger,* Strafrecht Besonderer Teil 1, 39. Aufl. 2015
Wessels/Hillenkamp BT *2* .... *Wessels/Hillenkamp,* Strafrecht Besonderer Teil 2, 38. Aufl. 2015
Zieschang AT .... *Zieschang,* Strafrecht Allgemeiner Teil, 4. Aufl. 2014

关键词索引

法律人进阶译丛

⊙法学启蒙

《法律研习的方法：作业、考试和论文写作（第9版）》，
　［德］托马斯·M. J. 默勒斯著，2019年出版

《如何高效学习法律（第8版）》，［德］芭芭拉·朗格著

《如何解答法律题：解题三段论、正确的表达和格式（第11版增补本）》，
　［德］罗兰德·史梅尔著，2019年出版

《法律人的实习与入职：阶段、机会与申请（第2版）》，
　［德］托尔斯滕·维斯拉格、斯特凡妮·贝格曼等著

⊙法学基础

《民法学入门：民法总则讲义·序论（第2版增订本）》，［日］河上正二著，
　2019年出版

《民法的基本概念（第2版）》，［德］汉斯·哈腾豪尔著

《民法总论》，［意］弗朗切斯科·桑多罗·帕萨雷里著

《物权法（第32版）》，［德］曼弗雷德·沃尔夫、马尼拉·威伦霍夫著

《债法各论（第12版）》，［德］迪尔克·罗歇尔德斯著

《刑法分则I：针对财产的犯罪（第21版）》，［德］鲁道夫·伦吉尔著

《刑法分则II：针对人身与国家的犯罪（第20版）》，
　［德］鲁道夫·伦吉尔著

《基本权利（第6版）》，［德］福尔克尔·埃平著

《法律解释（第6版）》，［德］罗尔夫·旺克著

《德国民法总论（第41版）》，［德］赫尔穆特·科勒著

⊙法学拓展

《奥地利民法概论：与德国法相比较》，
　［奥］伽布里菈·库齐奥、海尔穆特·库齐奥著，2019年出版

《民事诉讼法（第4版）》，［德］彼得拉·波尔曼著
《所有权危机：数字经济时代的个人财产权保护》，
［美］亚伦·普赞诺斯基、杰森·舒尔茨著
《消费者保护法》，［德］克里斯蒂安·亚历山大著
《日本典型担保法》，［日］道垣内弘人著
《日本非典型担保法》，［日］道垣内弘人著

⊙**案例研习**

《德国大学刑法案例辅导（新生卷·第三版）》，［德］埃里克·希尔根多夫著
《德国大学刑法案例辅导（进阶卷·第二版）》，［德］埃里克·希尔根多夫著
《德国大学刑法案例辅导（司法考试备考卷·第二版）》，
［德］埃里克·希尔根多夫著
《民法总则（第5版）》，［德］约尔格·弗里茨舍著
《法定之债（第3版）》，［德］约尔格·弗里茨舍著
《意定之债（第6版）》，［德］约尔格·弗里茨舍著
《物权法（第4版）》，［德］延斯·科赫、马丁·洛尼希著
《德国劳动法案例（第4版）》，［德］阿博·容克尔著
《德国商法案例（第3版）》，［德］托比亚斯·勒特著

⊙**经典阅读**

《法学中的体系思维和体系概念》，［德］卡纳里斯著
《法律漏洞的发现（第2版）》，［德］克劳斯-威廉·卡纳里斯著
《欧洲民法的一般原则》，［德］诺伯特·赖希著
《欧洲合同法（第2版）》，［德］海因·克茨著
《民法总论（第4版）》，［德］莱因哈德·博克著
《法学方法论》，［德］托马斯·M. J. 默勒斯著
《日本新债法总论（上下卷）》，［日］潮见佳男著